# 取調べにおける被誘導性

心理学的研究と司法への示唆

A・M・リドリー、F・ギャバート、D・J・ラルーイ 編

渡邉和美 監訳
和智妙子、久原惠理子 訳

北大路書房

本書を捧ぐ

アン・M・リドリー
　私の家族 —— マイケル，ニック，ジョー，ルー —— に

フィオナ・ギャバート
　本書作成中に結婚したブライに

デイビッド・J・ラルーイ
　私の友人，ロジャー・スミスに

Wiley Series in the Psychology of Crime, Policing and Law

# Suggestibility in Legal Contexts
Psychological Research and Forensic Implications

Edited by
Anne M. Ridley, Fiona Gabbert and David J. La Rooy

SUGGESTIBILITY IN LEGAL CONTEXTS
by Anne M. Ridley, Fiona Gabbert and David J. La Rooy
Copyright©2013 by John Wiley & Sons, Ltd.
All Rights Reserved. Authorized translation from the English
language edition published by John Wiley & Sons Ltd.
Responsibility for the accuracy of the translation rests solely
with Kitaohji Shobo and is not the responsibility of John Wiley & Sons Ltd.
No part of this book may be reproduced in any
form without the written permission of the original copyright
holder, John Wiley & Sons Lmited.

Japanese translation published by arrangement with John
Wiley & Sons Ltd, through The English Agency(Japan) Ltd.

## シリーズ序文

　ワイリー出版社の「犯罪，警察活動，司法の心理学」シリーズは，現代研究の重要でかつ新たな領域に関する研究論文やレビューを出版している。本シリーズの目的は，単に研究知見を明確で読みやすいかたちで示すだけでなく，実務と政策のための示唆をももたらすことである。本シリーズにおける書籍は，心理学者だけでなく犯罪の検知と予防，子どもの保護，警察活動，刑事司法過程に関わるすべての人にとっても有用である。

　「誘導されやすさ」や「被誘導性」といった言葉は，法と心理学において最も広く使用されているが，最も理解されていない用語の一つであるに違いない。これらのラベルは，さまざまな個人や状況——若い犯罪者の特徴から，子どもの目撃者の記憶，イラクの大量破壊兵器の存在に関する世界のリーダーたちが継続してもつ信念にいたるまで——に用いられてきた。この遍在性を考えると，この難解な概念を明確にし，犯罪や法律への影響を探求することに費やした本がほとんどないことは，驚くべきことである。

　アン・リドリーが最初の章で明らかにしたように，これが心理学の歴史において必ずしもそうではなかった。もし実証的な心理学の黎明期に戻るならば，先駆者として，アルフレッド・ビネーやヒューゴ・ミュンスターバーグが目撃証言を理解するための中心的な概念として被誘導性を掲げたことを，また他方で，ジークムント・フロイトやピエール・ジャネが彼らの患者たちの非合理的な行動や信念を説明するために被誘導性を引き合いに出したことを見いだすことができる。臨床心理学は被誘導性について，とりわけハンス・アイゼンクや，デスモンド・フルノー，後のギスリー・H・グッドジョンソンの研究を通して

探索を続けた。しかし，実験心理学では，行動主義の悪影響のもとでこの最も心的な概念の研究に多くが背を向けた。被誘導性がメインストリームに戻るのを見たのは，認知心理学の出現時であり，とりわけエリザベス・ロフタスの研究においてであった。ロフタスによる事後の誤情報に関する研究は，目撃者個人に影響を及ぼす状況的な要因――とりわけ，言語的な叙述や発問のフレーズ――の結果として被誘導性を扱った。このアプローチは，被告人の誘導されやすさにおける個人差と，その結果としての虚偽自白を強調したグッドジョンソンらの研究とは対照的である。被誘導性を生む個人要因と状況要因の役割は，初期の先駆者たちによって議論されてきたが，この論争は，今日，後進のステファン・セシやゲイル・グッドマンの間で進行中の議論において復活した。その議論とは，どの程度まで若年の目撃者が本質的に誘導されやすいといえるのか，そしてどの程度まで法廷における証言の信頼性に帰結できるのかというものである。

　これらの重要な問題のすべては，本書の執筆者によって現代の力が与えられ，近年において現われた新たな司法の問題とともに提示される。事後情報効果と尋問による被誘導性はともに，法的見地ならびに心理学的見地から広範囲に注目を集めている。目撃者や被疑者における心的または情緒的な脆弱性と被誘導性の高さとのつながりについても徹底的に探索されている。また，回復した記憶は，被誘導的な反応の一つの現代的な徴候であると考えられている。もし，ビネーやミュンスターバーグが今日生きていたならば，私たちがどれくらい学んだのか，そして基本的な問題がどれだけそのまま残されているのかということに驚くだろう。

　編者は国際的に知られた執筆者を本書に迎え，彼らの貢献を一貫した一冊の本に仕上げるという素晴らしい仕事をした。アン・リドリー博士は，現在，ロンドン・サウスバンク大学の心理学における主任講師であり，法心理学の教鞭を執り研究の関心はそこにある。また，捜査に関する法心理学の修士プログラムに貢献しており，指導と学習の学部ディレクターの役割も担っている。アンは，被誘導性に関する本の発想を生み出し，発展させ，出版にいたるまでを監修した。彼女は，いずれも目撃証言に関する知識の豊富な研究者であるスコットランド・アバーティー大学のフィオナ・ギャバート博士とデイビッド・J

ラルーイ博士の助けを借りて，原稿を検討し，発展させた。本書『取調べにおける被誘導性：心理学的研究と司法への示唆』は，刑事司法システムの中で犯罪者や目撃者を対象としなければならないすべての実務家や研究者にとって有益な書籍である。

グラハム・デイビス
レスター大学

# 序　文

　2003 年に終えた博士課程の研究「目撃証言における不安」の中で，本書の種が蒔かれました。取調べにおける被誘導性の本に関するアイデアが本当に発芽し始めたのは，マストリヒトで開催された学会の夕食会に向かうバスの中でのレイ・ブル教授との会話から数年経った後のことでした。レイは，このトピックスが，ワイリー出版社の「犯罪，警察活動，司法の心理学」シリーズの関心と合致するだろうと助言してくれました。

　当初，異なる「タイプ」の被誘導性の基礎となるメカニズムを明確に説明するために，本のすべてを自分自身で書くという野望をもっていました。しかし，すぐに，そのような大きなプロジェクトを行なうことは，私がもともと考えていたより，ずっと難しいことになるだろうということに気づきました。最初の段階で，編者になることを考える価値があるのではないかという示唆を含む計り知れないほど有益な助言をしてくれたグラハム・デイビス教授（レイ・ブルとともにシリーズ本の編者）と緊密に協力関係をもちました。グラハムは，被誘導性の概観をできるだけ幅広くすることのできる，非常に素晴らしい著者たちを紹介してくれました。私は，それほど多くの専門家が本書に賛同し，貢献してくれることを非常に嬉しく思いました。

　自身が担当する章を執筆し，著者たちの投稿を受け取る間に，すぐに，レビューして編集する作業が私一人の孤独な作業なのだと気づきました。最初に会ったとき，ともに博士課程の学生だったフィオナ・ギャバートは，初めて本書に関与した人の一人であったことから，共同編集者に誘いました。デイビッド・J・ラルーイがもつ子どもの面接に関する研究の知識と，ワイリー出版社

から出した『子どもの証言（*Children's Testimony*）』という本を最近編集した経験は素晴らしく，3人目の編者として非常にふさわしいと考えました。私たちは，すべての執筆者と一緒に作業する中で，互いに，被誘導性について非常に多くのことを学びました。さらに，それは非常に楽しい経験でした。

　私たちは，今後の研究のために現在の知見とアイデアを概観した本書が，被誘導性の文献において重要で最新の貢献をし，研究者や学生，実務家たちが一様に有用だと気づき，彼らを啓蒙するものとなることを望みます。

アン・リドリー

## 謝　辞

　執筆者の皆様の貢献により本書ができました。執筆者の皆様に感謝いたします。また，本シリーズの編者であるグラハム・デイビス教授とレイ・ブル教授から助言と励ましをいただいたことに感謝いたします。最後に，本書を出版する機会を与えてくださったワイリー出版の皆様，とりわけ忍耐と支援を示してくださったアンドリュー・ペアートさん，カレン・シールドさん，ヴィクトリア・ハリデイさん，そして出版までの手助けをしてくださった彼らの同僚の皆様に感謝いたします。

# Contents

シリーズ序文　i
序　文　iv
謝　辞　vi

## 001　Chapter 1
## 被誘導性：歴史と導入

1. 被誘導性とは何か　003
2. 被誘導性は単一の構成概念か，それとも複数の構成概念か　004
3. 被誘導性に関する研究の歴史　006
   催眠と被誘導性／目撃証言に関する初期の研究／取調べにおける被誘導性
4. 被誘導性と関連する認知的要因：記憶と注意　015
5. 被誘導性と社会的要因　017
6. 本書について　020
7. 結論　021

## 023　Chapter 2
## 誤情報効果：過去の研究と最近の発展

1. 矛盾する誤情報と干渉による誤情報現象の説明　025
2. 誘導された詳細情報の偽りの記憶と，誤情報効果の構成主義的説明　030
3. 誤情報パラダイムの最近の進展：強制された捏造と故意に捏造された詳細情報に関する偽りの記憶　036
4. すべてが偽りである出来事についての強制された捏造と説明役割仮説　040
5. 結論　046
6. 司法への示唆　047

## 049 Chapter 3

## 尋問による被誘導性と迎合性

1. 尋問による被誘導性の定義と初期の開発　050
2. 尋問による被誘導性に関するグッドジョンソンとクラークのモデル（1986）　053
   GSS の修正版／迎合性
3. 個人差と GSS と GCS　057
   記憶に対する自信の欠如と被誘導性／被誘導性と迎合性，真偽が問われる自白や虚偽自白
4. GSS と GCS の反応歪曲　063
5. 結論と司法への示唆　065

## 067 Chapter 4

## 被誘導性と記憶の同調

1. はじめに　067
2. 実生活における記憶の同調の影響　068
3. 記憶の同調に関する研究における異なる方法論的アプローチ　071
4. 記憶の同調が生じる理由についての理論的説明　077
5. 記憶の同調研究の展望　087
6. 結論　088
7. 記憶の同調効果に関する司法への示唆　089

## 091 Chapter 5

## 被誘導性と個人差：心理社会的尺度と記憶尺度

1. 被誘導性と心理社会的変数　094
   不安／自尊心／逆境／結論：被誘導性と心理社会的変数

2. 被誘導性と記憶の要因　　103
　　記憶／記憶不信／結論：被誘導性と記憶の要因
3. 全体的な結論　　111
4. 被誘導性の個人差に関する司法への示唆　　112

# 115 Chapter 6
# 出来事そのものについての回復した記憶と被誘導性

1. 異なるタイプの「回復した記憶」の経験　　117
2. 誤信念 対 虚記憶　　120
3. 自然な状態での誤信念と虚記憶　　121
4. 実験室での誤信念と虚記憶　　124
5. 実験室で作られた誤信念と虚記憶はどのくらい持続するのか？　　129
6. 誤信念と虚記憶の影響　　129
7. 誤信念と虚記憶の永続性　　132
8. 次はどこへ？　　133
9. 結論と司法への示唆　　134

# 135 Chapter 7
# 健常児や知的障害児の被誘導性と個人差

1. 健常児の被誘導性：ナラティブの能力，心の理論，感情状態の役割　　137
　　被誘導性とナラティブの能力／心の理論と被誘導性／感情的な出来事に関する子どもの被誘導性
2. 知的障害児　　146
　　被誘導性において，知的障害児と健常児の違いはあるのだろうか？
3. 結論　　153
4. 司法への示唆　　154

## Chapter 8

### 脆弱な人たちにおける被誘導性：知的障害，自閉スペクトラム症，高齢の目撃者　157

1. はじめに　157
2. 知的障害　158
   知的障害と刑事司法システム／なぜ知的障害者は誘導に脆弱なのか／知的障害者の被誘導性を検討する研究
3. 自閉スペクトラム症　164
   自閉スペクトラム症（ASD）と刑事司法システムにおける自閉スペクトラム症の有病率／なぜ自閉スペクトラム症の人たちは誘導に脆弱なのか／自閉スペクトラム症の人たちにおける被誘導性を検討する研究
4. 高齢の目撃者　168
   高齢化と刑事司法システムにおける高齢の目撃者の出現率／なぜ高齢者は誘導に脆弱なのか／高齢の目撃者における被誘導性を検討する研究
5. 結論　176
6. 司法への示唆　177

## Chapter 9

### 警察の尋問における急性の被誘導性：脆弱性の主なメカニズムとしての自己制御の障害　179

1. 尋問の影響力に抵抗するための基礎：抵抗力の減退による脆弱性の増大　185
2. 尋問の影響力には何があるのか，また，どのように抵抗することができるのか？　186
   抵抗への動機づけ／抵抗する能力
3. 尋問の影響力に対する抵抗の主要なメカニズムとしての自己制御　191
   自己制御の検討：二重課題パラダイム
4. 尋問に関連した制御の減退と，抵抗に関する急性の障害：主要な3要因　194
   1. 情緒的苦痛／2. 不快感，疲労，睡眠剥奪／3. グルコース欠乏

5. 主要な3要因の協働：尋問に関連した深刻な制御の減退（IRRD）　202
6. 結論　203
7. 全体のまとめと結論　204
8. 司法への示唆　205

**207** **Chapter 10**

被誘導性と被害者・目撃者
認知面接とNICHDプロトコルによる面接

1. 成人の目撃記憶を促進する：認知面接　209
2. 子どもの証言を獲得する：NICHDプロトコル　217
3. 結論　225
4. 司法への示唆　226

**227** **Chapter 11**

取調べにおける被誘導性：私たちは何を知っているのか？

1. KEY POINTS のレビュー　227
2. 司法への示唆　234
3. 今後の展望　240

引用文献　241
索　引　286
訳者あとがき　292

Suggestibility:
A History and Introduction
Anne M. Ridley

# Chapter 1

# 被誘導性:歴史と導入

アン・M・リドリー

**KEY POINTS**

この章は,取調べにおける被誘導性について,現代の研究や理論に貢献した概念的,歴史的な要因について概観を示す。
- 被誘導性の定義
- 被誘導性が単一の現象か,もしくは複数の現象かを示す初期の研究
- 20世紀初頭における目撃証言
- 20世紀初頭における被誘導性
- 被誘導性と関連する認知理論と社会理論

　取調べにおける被誘導性の研究領域は,20世紀初頭までほとんど無視されてきたが,1970年代から1980年代初頭には新たな時代の到来を告げた。実験的な研究を用いて,アメリカのエリザベス・ロフタス(Loftus, E.)は,ある環境下において目撃した出来事に関する不正確な詳細情報を思い出すよう,人を誤誘導することがいかに容易であるかを示した(Loftus, Miller, & Burns,1978)。ロフタスの手法は「**実験的な**」アプローチであった。ヨーロッパにおいて,ギスリー・H・グッドジョンソン(Gudjonsson, G. H.)は,自

身の臨床や，司法の業務を通して，ある個人が，他の人たちと比較してより誘導されやすいことを指摘した。このアプローチは，被誘導性が「**特性**」であると仮定し，尋問による被誘導性（interrogative suggestibility）のモデルの構築に導いた（Gudjonsson & Clark, 1986）。それに続き，被誘導性が特性であるのか——すなわち，ある人たちは本質的に他の人たちよりも誘導されやすいのか——あるいは，被誘導性が実験的に操作しうる状況的な要因の結果にすぎないのかについて，多くの研究と議論が行なわれた。しかしながら，双方のアプローチに共通するのは，犯罪の捜査中に得られる情報の正確性に与える影響という視点から被誘導性を検討するという事実であり，それが本書における関心の中心である。

「**尋問による被誘導性**」という考えは，ビネー（Binet, 1900）によって初めて提案され，それ以降，他の者たち，とりわけグッドジョンソンによって使用されてきた（Gudjonsson 2003; Gudjonsson & Clark, 1986 など）。尋問による被誘導性という用語の近年の使用は，ふつう，否定的なフィードバックや強圧的な面接技術のかたちで示される，プレッシャーを伴う不適切な質問の存在によって生ずる被誘導性に限定されている。もし，被誘導性が確かに特性であるならば（そしてその証拠は曖昧である。Baxter, 1990 のレビューを参照），そうしたプレッシャーがある状況下において発現する傾向が最も高くなるといえる。しかしながら，以前に目撃した出来事に関する誤った情報にさらされることによって，もしくは誘導質問への反応として，そうでなければ支持的な証拠収集型面接において，個人が単に誘導されてしまうという可能性もある。このように偶発的に生じる被誘導性と，尋問のプレッシャーによって生じる被誘導性とを区別するために，私たちは「**聴取による被誘導性**」という用語を用いるべきであると主張する。そして，それゆえ，本書では適宜2つの用語を使い分ける。

# 1. 被誘導性とは何か

被誘導性は,「誘導されやすくなる特異な心の状態である」

(Sidis, 1898, p.15)

　「**被誘導性**（suggestibility）」や「**誘導**（暗示, suggestion）」の定義は多数ありさまざまである。そして，これがこの蔓延する，いまだ複雑な人間の行動面を突きとめることを難しくしている。マルクーゼ（Marcuse, 1976; Wagstaff, 1991からの引用）は，「**被誘導性**」を，「同意のない他者に与える影響，考えの植え込み，従順な傾向をもつこと，無意識へのはたらきかけ」（p.132）という状況的な用語として記述している。同様に，シュテルン（Stern, 1910, p.273）は，証言の心理学を語る中で，影響を受ける個人の観点から「自発的に生じたという錯覚によって，心的な態度の模倣を本当だと思い込むこと」として「**誘導（暗示）**」を定義している。後者の定義は，誘導（暗示）というより被誘導性を定義しており，その違いは，原語のドイツ語からの翻訳の過程で失われたのだろう。

　誘導（暗示）や被誘導性は関連しているが，異なる概念である。一般的に，後者の被誘導性は前者の誘導（暗示）から生じる。「誘導（暗示）」は，影響を与えるコミュニケーションの一つのタイプとして言及されるが，「被誘導性」は，同等な環境において誘導（暗示）に反応する人々の個人差として言及される（Hilgard, 1991, p.37）。この違いは，先に引用した，初期のサイディス（Sidis, 1898）の定義によって明確にとらえられている。このように，催眠の文脈であれ，社会的影響の文脈や誤情報の文脈であれ，誘導（暗示）は，誘導されやすい状態やその瞬間に導くことができる。犯罪心理学では，被誘導性は「閉鎖的な社会的相互作用の中で，正式な取調べの間に送られたメッセージを受け入れるようになり，その結果としてその後に続く行動的な反応が影響される程度」として，心理社会的な用語で記述されてきた（Gudjonsson & Clark, 1986, p.84）。前述した定義と明確に異なるわけではないが，パワーズら（Powers, Andriks,

& Loftus, 1979）は，被誘導性を記憶過程の観点から定義し，「『人々』が事後情報の一部を受け入れ，想起の中に組み込むようになる程度」（p.339）であると述べている。誘導（暗示）が行動よりも記憶に影響するかどうかは，1980年代以降においてたびたび行なわれてきた被誘導性に関する状況的アプローチ対特性的アプローチの激しい議論を反映している。

## 2. 被誘導性は単一の構成概念か，それとも複数の構成概念か

　前節までに示したように，被誘導性を明確にすることは難しい。多くの研究者が，過去1世紀ほどにわたり被誘導性の統一した概念はなく，被誘導性という一つの単語がさまざまな現象を記述するために用いられてきたと指摘してきた（たとえば Binet, 1900; Eysenck, 1989; Wagstaff, 1991）。この問題を解決するために，アイゼンク（Eysenck, 1947）は，一次性，二次性，三次性という3つのタイプの被誘導性を提唱した。

　一次性の被誘導性は，身体の動きについての思考やイメージがその動きを起こしうる，思考－運動現象を指している。これは，体動検査（Box 1.1 参照）や腕下げ・振り子揺れ検査において実験的に示されている。一次性の被誘導性は，催眠のかかりやすさや神経症的傾向と強く関連している。これに対して，二次性の被誘導性は，誘導の目的が明らかではない間接的な誘導（暗示）と関連している。これは，催眠のかかりやすさとは関連せず，知能と負の関連がある。言い換えれば，「騙されやすい」（Eysenck & Furneaux, 1945）人は，より誘導されやすいのである。

　アイゼンクと共同研究者によって行なわれた研究以降に実施されてきた研究は，一次性の被誘導性という考えを支持していた（たとえば Duke, 1964; Evans, 1966, Evans, 1967 による引用; Stukat, 1958）が，二次性の被誘導性という考えについては支持していなかった。エバンス（Evans, 1967）は，アイゼンクとフルノー（Eysenck & Furneaux, 1945）の方法論に疑問を呈した。彼は，データを再評価し，二次性の被誘導性という考えは正当化できないことを見い

## Box 1.1　アイゼンクとフルノー（Eysenck & Furneaux, 1945）による一次性と二次性の被誘導性

　アイゼンクとフルノーは，被誘導性が単一の心的特性なのか，複数の異なる被誘導性からなるのか（p.485）について疑問を呈した。彼らは，軍病院において60人の神経症の患者たちを対象に研究を行なった。12種類の検査が実施され，それらの間の関係や，一次性と二次性の被誘導性の考えが支持されるかどうかが検討された。実施された検査の例と関連すると仮定された被誘導性のタイプは，次のとおりである。

- ■**絵画報告（二次性）**：絵画が30秒間提示され，それに続き，提示された絵画について14個の質問が行なわれた。質問のうち，5つに誤った詳細情報が含まれていた。被誘導性は，誘導した詳細情報を受け入れた数として測定された。
- ■**インクブロット誘導検査（二次性）**：ロールシャッハ検査のインク図版への典型的な反応を，もっともらしくない反応とともに示した。被誘導性は，もっともらしくない誘導（暗示）を受け入れた数として測定された。
- ■**体動検査（一次性）**：目を閉じた参加者に，身体が前に傾いていると誘導した。参加者の着衣に着けられた糸によって身体の傾斜の程度が測定された。「完全に倒れた場合には，任意に12インチと記録した」（p.487）。
- ■**臭気誘導検査（二次性）**：参加者は異なるボトルに入れられたにおいを特定するように求められた。最後の3本のボトルには水が入っていた。被誘導性は，水が入っているだけなのににおいがしたと報告されたボトルの数によって測定された。
- ■**催眠（一次性）**：「明るい物体の凝視，一定の小さな音，言葉による誘導」によって誘発を試みた（p.488）。疲労感や幻覚などのさまざまな暗示が参加者に行なわれた。催眠の合計点は，誘導（暗示）に対する反応から算出された。

　分析により，2つのタイプの被誘導性が支持されたが，二次性よりも一次性の被誘導性がより強く支持された。一次性の被誘導性を測定する最良の検査は体動検査と催眠であった。また，インクブロット検査と臭気検査は二次性の被誘導性を測定する最良の検査であった。
　取調べにおける被誘導性にとりわけ関連するのは，絵画報告検査であり，そこで用いられる方法は，聴取による被誘導性の研究で今まで採用されてきたものととてもよく似ている。被誘導性の効果は相対的には小さく，最大得点5.0の中で平均1.0（標準偏差1.1）であり，絵画報告検査は二次性の被誘導性の概念に強く位置づけられたものではなかった。

だした。エバンスは被誘導性の3タイプとして,「一次性(受動的運動)」「挑戦」「イメージ(感覚)」の3つが特定可能であると結論づけた (p.127)。「一次性」と「挑戦」の被誘導性は身体的な運動に関わるため,聴取による被誘導性にはあまり関係はないだろう。「イメージ」は有望なものとして,聴取による被誘導性との関連が研究されてきた (Eisen, Winograd, & Qin, 2002 のレビューを参照)。

　アイゼンク (Eysenck, 1947) は,3つめの,つまり「三次性」の被誘導性も提唱した。彼は,これを態度変化や説得に結びつけ,誘導(暗示)する人の権威についての知覚といった対人関係要因の重要性を強調した。エバンス (Evans, 1967) は,この影響についてほとんど証拠がないと結論づけていたが,取調べにおける被誘導性に関するより最近の研究は異なる結果を示しており,現在では,尋問による被誘導性と三次性の被誘導性との関連は広く認められている (Eysenck, 1989; Sheehan, 1989)。さらに,シーハン (Sheehan, 1989) は,グッドジョンソン被誘導性尺度を,間接的な誘導(暗示)の一つの形式であると考えた。「間接的な」という用語は,上述の二次性の被誘導性と結びつく。このように,尋問による被誘導性はアイゼンクの提唱した被誘導性のカテゴリのうち二次性と三次性の2つを結びつける可能性があると主張できる。

# 3. 被誘導性に関する研究の歴史

## —— 催眠と被誘導性 ——

　これまでの節で示したように,被誘導性の歴史は催眠の研究と密接に結びついている。この2つは,催眠を「知覚や記憶の歪曲を生じさせるために誘導が用いられうる状態」と定義したオルヌ (Orne, 1977; Gheorghiu, 1989, p.4 からの引用による) によって結びつけられてきた。

　催眠は,リラックスして眠気を催した状態として特徴づけられ,その状態にある間に,影響を受ける個人が幻覚や年齢の退行などの誘導(暗示)に対して反応する。その状態のさらなる特徴は,催眠を受けた個人がその後に自分が催

眠下にあったことを報告できることである（Barber, Spanos, & Chaves, 1974）。ただし，時々，催眠下での経験について健忘が生じることがある。この記憶の健忘は誘導されて生じるか，もしくは具体的な誘導（暗示）とは独立に生じるものであろう（Eysenck & Furneaux, 1945）。催眠は，心理的な抑うつから依存の治療，痛みの除去まで，さまざまな種類の心理療法において幅広く用いられている。そのような心理療法は，時には，結果として子どもの頃の性的虐待の記憶をよみがえらせ，また催眠術は，警察の捜査で証言を得るためにも用いられてきた（例として，Orbach, Lamb, La Rooy, & Pipe, 2012 を参照）。

　催眠の使用には長い歴史があり，17世紀のド・モンターニュ（de Montagne）や18世紀のフランツ・メスメル（Mesmer, F.）にまで遡る。メスメルは，彼の患者に「催眠術」をかけた（mesmerized）ときに観察された効果を，動物磁気（患者に接触した結果として生じる外界の生命力）によるものと信じていた。彼は，患者の想像力が主な原因であるとするド・モンターニュの考え方には反対していた。今になってみれば，ド・モンターニュのほうが真実に近かったようだ。催眠術の研究は，数多の研究者の中でも，フロイト（Freud, S.）やジャネ（Janet, P.），ビネー（Binet, A.）の研究を通して続いたが，おそらく最初に催眠を被誘導性に関連づけたのはベルンハイム（Bernheim, 1888/1964）だった。彼は，催眠は被誘導性を高めた状態であると提案した。現代の研究者たちは，一つにはこの理論の循環的な性質（被誘導性が催眠を導き，催眠が被誘導性を導く）のために，この見解には同意していない。しかしながら，この2つの現象が密接に関連していることは一般的に受け入れられている。エドモンストン（Edmonston, 1989）は次のように述べている。

> ……誘導（暗示）は，おそらく催眠の状態を確立するための手段であるけれども，私たちは，催眠は誘導（暗示）ではなく，誘導（暗示）は催眠ではないということ，そして，一方を研究することは，必ずしも他方を研究することと同じではないことに同意しなければならない。　　　　　　　　　(p.73)

　エドモンストンは，また，催眠と被誘導性との関係の重要な点は，誘導（暗示）の効果は，覚醒時よりも，催眠下にあったほうが「より大きくなる」こと

であると指摘した。

　催眠と被誘導性の問題は，取調べにおける被誘導性に直接関連している。ある状況下では，催眠は，誤った方向に誘導された情報の想起やある種の偽記憶の生成，誘導質問に含まれる説得的なメッセージの受容が生じる傾向を高める(Sheehan, 1989)。しかしながら，オーバッハら(Orbach et al., 2012)は，催眠下の面接で，女児から，彼女の姉妹を誘拐した人物を逮捕するために重要な詳細情報を引き出した例を報告している。その面接の分析では，誘導質問が一つも使用されていなかったことが示されていた。

## ── 目撃証言に関する初期の研究──

　ヒューゴ・ミュンスターバーグ（Münsterberg, H.：1863-1916）は，目撃証言研究の父として記述されてきた（たとえば，Wrightsman, 2001）。さらに，2008年の *Applied Cognitive Psychology* の特集号に掲載された論文(たとえば，Bornstein & Penrod, 2008; Sporer, 2008)が示しているように，20世紀初頭は「心理学と法」がブームとなった時期である。以下では，ミュンスターバーグやウィリアム・シュテルン（Stern, W.：1871-1938），アルフレッド・ビネーや，他の初期の捜査心理学者たちの研究について簡潔に概要を述べる。

　ミュンスターバーグの著書『目撃証言について（*On the Witness Stand*）』(1908/1925)には，心理学と法に関する一連のエッセイが盛り込まれていた。「目撃者の記憶」「真実ではない自白」「法廷での誘導」（これらのうち最初に提示されたものの1節については，Box 1.2を参照）といったタイトルのエッセイが含まれていた。ミュンスターバークは，ヴィルヘルム・ヴント（Wundt, W.）の学生であり，目撃者の記憶の研究に実験的なアプローチを推奨した。彼は，近年の欧米において心理学研究が多く蓄積されてきたにもかかわらず，法廷がこれに対してまったく注意を払っていないこと，一方で医学などの他の科学から，さらには筆跡学などの彼が偽科学と呼ぶものまでの知見が，法廷において鑑定として示されることが許されているという事実を嘆いた。ミュンスターバークの研究は，入手して読むことができるため，そしておそらくボーンシュタインとペンロッド（Bornstein & Penrod, 2008）が示唆するように，ウィ

> **Box 1.2　ミュンスターバーク（Münsterberg, 1908/1925）
> による著書「目撃証言について」にある
> エッセイ「目撃者の記憶」からの一節**
>
> 　これは，彼の家で起きた侵入盗の被害に関する彼自身の記憶に基づいている。
>
> 　このように，私の最善の意図にもかかわらず，よい記憶や落ち着いた気分にもかかわらず，すべての混同，錯覚，忘却，誤った結論，誘導（暗示）を受け入れることは，宣誓のもとで報告しなければならないことと混じり合った。私の唯一の慰めは，世界中の数千もの場所の数千もの法廷において，目撃者たちは毎日，まったく同じやり方で宣誓して，はるかに悪い，真実と真実でないものの混合や，記憶と錯覚，知識と誘導，経験と誤った結論の組み合わせを証言しているという事実である。私の過ちのどれもが，取るに足らないものだったわけではない。しかし，これは常にそうなのだろうか？　誤った証拠が，真実であることや，信じる価値があることを示す外的基準をもつことによって，日常のエラーが司法の仕事に入り込んでいると考えることはより自然なことではないだろうか？　もちろん，判事や陪審員，のちに新聞の読者は証拠の重みづけに最善を尽くそうとする。すべての宣誓のもとでの証言がまったくの真実として許容されているわけではない。目撃者間の矛盾は，あまりにもよく知られている。しかし，直感的な疑いは主として信ぴょう性に注意を向けさせる。普通，一般の人たちは，目撃者が嘘の証言をしたと疑うときに，もし彼が正常で責任の意識があれば，そのことを忘れてしまったのかもしれないと考えるが，彼が誤ったことを思い出しうるということは信じないだろう。記憶の信頼性に対する自信はあまりにも一般的であり，記憶が錯覚するという疑いは陪審員の心の中で明らかに小さい役割しかなく，反対尋問をする弁護士でさえ，誤った供述は意図的な嘘の産物であるという考えにほとんど支配されている。

グモア（Wigmore, 1909）によって「イリノイ・ロー・レビュー（*Illinois Law Review*）」で（これほどの悪評はないということで）批判されたことによって後世に残った。

　ジークフリード・スボアラー（Sporer, 2008）は，目撃証言に関する現代の

研究者たちが，ミュンスターバーグと同様に，シュテルンからも多くの恩恵を受けていると主張している。ミュンスターバーグとシュテルンはともにドイツ人であるが，ミュンスターバークはハーバード大学に移り，その渡米により彼の研究の影響を英語圏の国々に広めた。これに対して，シュテルンの研究の多くは，(Binet, 1900 と同様に）英語に翻訳されなかった。シュテルンは，事後情報や誘導質問，虚記憶によって引き起こされる問題をよく認識していた。個々の目撃者が質問されたときに異なる真実性の基準を適用するであろうという事実を明らかにするために，意図の連続線上に誤りと欺瞞を置いた。このように，真実性は，課題と知覚された結果に応じてさまざまなものになるだろう。ある実験研究において，シュテルンは，誤りをすべて排除する手段はないけれども，宣誓することは正確さを増すことを見いだした (Stern, 1902; Sporer, 2008 からの引用）。人が反応方法を決めたときの報告内容や特定性のレベル，目標に依存した適用基準に影響を与える要因を探索したハイファ大学（イスラエル）のアッシャー・コリアットとモリス・ゴールドスミスによる一連の研究（たとえば，Koriat & Goldsmith, 1996; Koriat, Goldsmith & Pansky, 2000）と同様に，これらの問題は，確信度と正確性に関するより最近の研究の多くで取り上げられるテーマに影響を与えた。

## ── 取調べにおける被誘導性 ──

　取調べにおける被誘導性に関する初期の研究の多くは，子どもに関して行なわれた。アルフレッド・ビネー (Binet, 1900) は，自著『被誘導性 (*La Suggestibilité*)』に基づいて，被誘導性の重要性を初めて強調した一人であり，「証言の実践的な科学の創造から生まれる利点」を指摘している (Whipple, 1909, p.154)。ビネー (1900) は，催眠の結果として生じるのではない被誘導性を検討したいと強く主張した。彼は，個人差アプローチを用いて被誘導性を検討したが，ある課題において誘導されやすい個人は，他の課題では同じレベルの被誘導性を示さないだろうということを認めている。彼は，被誘導性は，事実，複数の現象であると主張した（以下，[　] 内に現代で同等の意味をもつ言葉を記載した）。それは，彼が被誘導性という単語の本当の意味であると

考えていた権威ある人への服従や，模倣［同調］，批判的思考を妨げる先入観［バイアスとステレオタイプ］，鮮明なイメージについての無意識の誤り［作話］，注意の拡散による無意識の過程もしくは意識変容状態である。

　ビネーは，「取調べ」（'l' interrogatoire, p.244）に関する多くの研究を行ない，おそらく初めて尋問による被誘導性に言及した。彼は，小学生の子どもたちに，日常的なものを示した6つのカードを並べて示した。最初の研究では，彼は，子どもたちが見た物についていくつ思い出せるかをテストしたが，それは6つすべてから最小値である3までの範囲であった。その後，子どもたちに，見たものについて41の質問を尋ねた。1つは，産業ストライキの場面の絵であった。特定の内容に関する誤った再生から，その場面に似もしない記述（今日，作話と特定されるであろうもの）まで，さまざまな異なるタイプの誤りが記録された。ビネーは，これらを記憶の誤りとして記述した。誤りの数は5～14の範囲であり，最頻値は11であった。彼は，その後，似たような実験を行なったが，このときには子どもたちに自由に書き出させた。誤りの数は劇的に減少した。さらにその後の研究では，ビネーは，①「非誘導質問」，②「～じゃない？」といったタグを用いた「中程度の誘導質問」，③誤誘導情報を含む強制選択質問といった「強い誘導質問」，のいずれかが含まれる質問紙を用いた。その結果，③の質問紙への回答は，正確な回答よりも，誘導された回答が多かった（Table 1.1参照）。ビネーは，強い誘導で回答を求められた場合に，子どもたちが明らかに不快さを示したと記述した。それは，誘導（暗示）の情報を個人的には受け入れていないことを示唆している。

　「私たちの結果は，発問のフレーズでさえも反応に影響を与えることができ，誤った事実を生み出すことができることに議論の余地がないことを示している」（Binet, 1900, p.316, Ridleyによる訳出）。ビネーは，焦点化質問が，子どもを，たとえ記憶が不確かでも答えなければならないという気持ちにさせ，そ

Table 1.1　誘導（暗示）に対する反応の平均得点（Binet, 1900）

| 質問紙1（手がかり質問） | | 質問紙2（中程度の誘導） | | 質問紙3（強い誘導） | |
|---|---|---|---|---|---|
| 誤反応の平均 | 正反応の平均 | 誘導反応の平均 | 正反応の平均 | 誘導反応の平均 | 正反応の平均 |
| 2.9 | 8.1 | 4.9 | 8.09 | 7.9 | 5.09 |

の結果として子どもの被誘導性を高めてしまうと主張した。それゆえ，彼は，ベスト・エビデンスを，次のように提案している。

> ……自発的になされるもので，細部に関する質問なしで，いかなる種類の進行も受けずに自ら話を進めるものである。私たちは，自発的な証言でさえ誤りを生じるが，尋問的な質問における誤りよりも少ないということを見いだしてきたのである。 (pp.316-317., Ridley による訳出)

　被誘導性を検査することに加え，ビネーは，迎合と同調（本章の中で，のちに定義を詳述する）の証拠も見いだしている。彼の迎合研究において，ほとんどの子どもたちは誘導に同意するが，その後に尋ねると，（色や線の長さについて）答えた情報が間違いであることによく気づいていたと記述されていた。同調研究において，ビネーは，3人のグループで一緒に作業した子どもと，1人で作業した子どもの誘導質問への回答を比較した。驚くべきことに，グループで作業した子どもたちは13の質問のうち12の質問で誘導されていた。これに対し，1人で作業した子どもたちはそれほど誘導されておらず，平均して13の質問のうち8問で誘導されていた。彼は，グループで作業した子どもたちは課題への注意が少なかったのだろうと説明した。この結果を得て，彼は，群衆の被誘導性に関する政治的・社会的危険性への懸念を示した。

　ビネーの一連の研究は，その視点において包括的なものであり，方法論的に妥当なものであった。それは，今日においてもいまだ重要な問題である被誘導性，同調，迎合という3つの重要な領域に取り組むものであった。それ以来，これらはすべて広く研究されており，目撃証言やベスト・エビデンスを得る方法に重要な示唆を与えている。

　フランスで取り組まれた研究から，ドイツで取り組まれた研究に話題を移そう。ウィリアム・シュテルンは，アメリカのクラーク大学で，自身の研究について一連の招待講演を行なった。彼は，絵や写真の記憶についての研究を報告し，その中で，次のように述べている。

> 「ナラティブ（自由な語り）」には5〜10%の誤りがあり，「尋問的な」質

問には 25 〜 30％ の誤りがあった。「誘導的な」質問の力は，年齢という変数に大きく依存しており，7 歳児の場合には誤りが 50％，18 歳の者では誤りが 20％であった。　　　　　　　　　　　　　　　　　(Stern, 1910, p.272)

シュテルンは，なぜナラティブ（自由な語り）や自由再生の報告に比較して，尋問的な質問をした場合に正確性が減少するのかについて議論を進めた。彼は，具体的な質問が威圧的なものとしての役割を果たし，そして詳細な記憶は限られているであろうから，個人が尋問的な質問に回答するときには，より断片的な情報に依存しなければならないのだろうと説明した。とりわけ肯定的な反応を招く質問の場合には，それに対する肯定的な回答は受け入れられやすい。シュテルンによれば，次のとおりである。

　純真な人間は，提示されたどんな考えにも賛同する傾向が強い。つまり，それを客観的な存在として信用する。この種の誘導質問は，若くて教養のない者の場合に，そして男性よりは女性において特別な力を発揮する。　(p.273)

この引用の最初の部分は，社会的要因と記憶の双方が被誘導性に関連していると正しく結論づけているが，後半の部分は，いくぶん軽率で過剰な一般化がなされている。

　被誘導性へのナラティブと具体的な質問の影響を検討することに加え，シュテルンは，さらに，誘導のレベルを上げるさまざまな尋問的質問について記述している（Whipple, 1909 からの引用）。たとえば，「絵の中に犬はいますか？」(p.158) のように，**完全に選言的**もしくは誘導的な質問や，「絵の中に犬はいませんよね？」のように答えを強く示唆する**期待を示す**質問である。これらは，本章の最初のほうで示したビネーの分類を反映しているだけでなく，マイケル・ラム（Lamb, M.）と共同研究者たちによって使用されている現代の分類にも反映されている（Lamb, Hershkowitz, Orbach, & Esplin, 2008 のレビューを参照）。

　ヴァレンドンク（Varendonck, 1911; Whipple, 1913 や Goodman, 1984 から引用）は，ベルギーの心理学者で，彼の実験的な研究や事例研究は，子どもに

対する誘導的な質問や誘導（暗示）の効果を実証した。ヴァレンドンクは，被害者の2人の遊び友だちの証言を証拠として，9歳の女児に対する強姦殺人で訴えられた一人の男性の事例で，鑑定を行なった。彼は，2人の女児の証言が信頼に足るものとして考えられるかを判断するための基礎として，子どもが誘導されやすいかを立証するために多くの実験を行なった。彼は，子どもたちが，不適切な言い回しで質問された場合に，被誘導性が高くなると結論づけた。そして彼は，子どもたちは不十分な証言をしたとみなし，続けて「すべての文明国家において，法廷で子どもたちに耳を傾けるのをあきらめるのはいつだろうか」と言った（Goodman, 1984, p.27 から引用）。しかしながら，グロス（Gross, 1910; Whipple, 1911, p.308 から引用）は，「健康で成長途中にある少年」は最善の目撃証言をしたと言い，反論した。

　自由再生の利点と，具体的な質問を過剰に使用することの危険性は，（ビネーやシュテルン，ヴァレンドンク，それ以降の多くの者たちによって示されているように），**アチービング・ベスト・エビデンス**（Achieving Best Evidence, Ministry of Justice, 2011）や NICHD プロトコル（Lamb et al., 2008）のように，脆弱な被害者や目撃者に対する発問技術として推奨される現代の方法に反映されている。

　しかしながら，法廷における変化は小さなものでしかなかった。シュテルンが示した**期待を示す質問方法**が，現代の弁護士たちによって，目撃者を誘導するために一般的に用いられている点は注目に値する。ウィップル（Whipple, 1909）が，

> ……平均的な法廷弁護人の威嚇するような話し方には，被誘導性を避けようとするための特別な配慮は見受けられない。　　　　　　　　　　(p.165)

と品良くまとめたように，明らかにこれは目新しいことではない。

## 4. 被誘導性と関連する認知的要因：記憶と注意

　上記で議論した初期の研究のいくつかは，記憶の側面が被誘導性に寄与することについて認識していた。そのため，20世紀における，おそらく最も影響力のある（それ自身が被誘導性に寄与する）記憶の誤りやすさに関する研究，すなわちフレデリック・バートレット卿（Sir Frederick Bartlett）による研究について言及することは重要である。

> 想起することは，単に再生することというよりは，創出することであるということは決定的である。　　　　　　　　　　　　　　（Bartlett, 1932, p.205）

　被誘導性と記憶との関係は，明瞭なものとは程遠く，過去25年にわたる議論の多くは，被誘導性がそもそも記憶とは関係するのかどうかということに焦点を当ててきた。それにもかかわらず，私たちが記憶について知っていることは，ある状況下では，出来事に関する誤った情報を記憶に埋め込むようになりうると言えそうだということくらいである。

　多くの研究に基づき，バートレットは，歌や詩を覚えるように，いくつかの丸暗記の記憶が存在するが，記憶は主に**再構成**の過程（reconstructive process）であると説明した。彼は，インディアンの民話「幽霊の戦い（*The War of the Ghosts*）」を，一人の人から次の人に再生による伝達を繰り返す系列再生法で，あるいは一人の人が時間をおいて繰り返し再生する反復再生法で，参加者に再生するよう求めたとき，次の4種類の誤りが生じる傾向があったと記述した。①省略（特に，枝葉となる詳細の部分，もしくは読者自身の文化体験から外れた部分について），②合理化（意味を求めた探求），③詳細情報の変換（特に，馴染みのないものから馴染みのあるものへ），④出来事の順序の入れ替え（たとえば，読者が関係する詳細情報が優先される）である。これらの観察の結果，バートレットは，記憶はスキーマのようだと提案した。「スキーマ（schema）は，過去の反応や過去の経験の能動的な**体制化**である」（p.201，太字はRidleyによる強調）。私たちは，非常に多くの情報を絶えず記銘し，それに続いて記憶に

保存しているために，この体制化は必要であると考えられる。それゆえ，出来事の記憶は，関連する利用可能なスキーマに照らして再構成される傾向がある。さらに，誘導質問や，誤った事後情報が，合理化や馴染みのないものから馴染みのあるものへの変換を許すならば，目撃者が出来事の再生時にいかにこれらの誘導を取り入れ，スキーマに一致させようとするかをみることはたやすい。

　バートレットは，記憶研究における正確性を志向したアプローチの先駆者としても認められている（Koriat et at., 2000）。エビングハウス（Ebbinghaus, 1885/1964）に遡る，量を志向したアプローチとは明らかに異なり，正確性を志向した研究は，生じる誤りやそれら誤りの性質を考慮し，いかにオリジナルの刺激に一致した再生が得られるかについて立証しようとしている。被誘導性を含む目撃者の記憶に関する研究は，正確性を志向するアプローチにまさに適合している。

　バートレットとそれ以降の者たちによる研究によれば，人間は自分自身で記憶の詳細を変える能力がかなりあるということが，十分に説明されてきた。それゆえ，ある状況下で，外部の情報源から与えられた情報もまた再構成につながりうるということは，非常にもっともらしくみえる。しかしながら，オストとコストール（Ost & Costall, 2002）は，バートレット自身の知見のいくつかでさえ，記憶は非常に正確であり，被誘導性に関する研究においてさえ，真の記憶が誘導的な刺激に直面しても回復できることを示す多くの証拠があることを示していると指摘している。

　記憶すべき出来事の記憶は，個人がそれに対して向けていた注意に依存する。さらに，ビネー（Binet, 1900）が指摘するように，注意は被誘導性の一つの要因でもあるだろう。彼は，子どもたちが1人で作業していた場合に比較してグループで作業していた場合に，質問に対する子どもたちの回答がより多く誘導されていたことを記述している。彼がこの被誘導性の原因と考えたのは注意の拡散である。リップマン（Lipmann, 1911）も情報を記銘するときの注意の重要性について述べており，子どもの注意をひく内容は成人のそれとは異なる傾向があることを指摘している。同じ出来事を見た成人が，子どもの目撃者に対して出来事について質問した場合に，子どもたちが具体的な内容について再生できないならば，子どもが不完全な記憶をもっていると考えるだろう。しかし，

実際には，子どもは同じ出来事について，単に異なるが正しい記憶をもっているのかもしれない。注意を向けることは，記憶が再構成されるという性質に寄与するだろう。そして，これは，目撃時の出来事への注意とその後になされる誘導への注意の両方に関連するだろう。悪魔はその差異を徐々になくしていく。

## 5. 被誘導性と社会的要因

　上記では，いかにビネーが，子どもにおける被誘導性だけでなく，迎合や同調についても研究を行なったかについて概要を説明した。この章を通して，被誘導性は，社会的な相互作用あるいは記憶，もしくはその両方に関連することが明らかになった。社会的影響は，強力な現象であり，2つの重要な概念は迎合（服従，いずれも compliance）と同調（conformity）である。これらの考えは，本書の他の部分で詳細に検討されるであろうが，いずれも社会的影響である迎合と同調の類似点と相違点について明らかにした2つの古典的な研究を簡単に説明することには意味があるだろう。

　1つめの研究は，アッシュ（Asch, 1951, 1955）による同調実験である。彼の研究では，50人の参加者が，個別に，表向きは参加者である7人がいるグループに参加した。グループは，さまざまな長さの線を提示され，参照する線と比較して長さが同じか異なるかについて回答を求められた。実際には，同じグループの7人の参加者は実験のサクラであり，あらかじめ決められた明らかに正しくない回答をした。それにもかからず，3分の1の参加者は，大多数に同調して正しくない回答をした。参加者たちは，個人的には自分がした回答を信じていなかったが，グループの他のメンバーは自分が気づいていない何かを知っていると考えていた。以降，多くの研究が同調効果の強さを支持している。

　2つめの研究は，今では有名となった，スタンレー・ミルグラム（Milgram, 1963）が行なった服従実験である。参加者（実験のために先生として割り当てられた）は，見えない「学生（実験のサクラ）」に対して，記憶課題で間違えた場合に電気ショックを与えるよう求められた。電気ショックの強度は，間違

えるたびに強くなった。電気ショックを与えている参加者は，サクラが痛がる反応を聞くことができた。ミルグラムは，約3分の2の参加者が，生命に危険が及ぶレベルの電気ショックを与えるとわかっていても，「先生」によって電気ショックを与えるように教示されれば電気ショックを与え続けることを見いだした。グッドジョンソン（Gudjonsson, 2003）は，服従（迎合）は権威ある人を喜ばせたいという気持ちと，彼らとの葛藤の回避のいずれか，もしくはその双方の結果であると指摘した。

　被誘導性は，同調や迎合とは重要な点で異なっている。誘導された反応は，当事者が本当であると信じている。対照的に，同調と迎合では，誘導された情報が正しいと個人が許容しているとは限らない。被誘導性と同様に，迎合と同調は，人が誤った情報にさらされたときに，なぜ誤った情報を報告する人々がいるのかを説明するのに役に立つ。多くの社会的理論が，なぜある人たちが，他の人たちに比較して誘導されにくいのかを説明するのにも役立ちうる。それらは，認知的不協和理論，リアクタンス理論，信念固執である。

　認知的不協和理論（cognitive dissonance theory, Festinger, 1957）は，態度と行動が一致していないときに人が感じるであろう不快感を説明するために提唱された。たとえば，ダイエット中の人であれば，彼らの態度はチョコレートを食べるべきではないというものになるだろう。もしチョコレートを食べれば，彼らの行動が態度に一致しないことになり，それが認知的不協和を引き起こす。この認知的不協和を減らすために，人は自身の態度を「う〜ん，これはたった180キロカロリーにすぎない」と，チョコレートを食べるほうに変えるだろう。警察の事情聴取において，誘導質問で尋ねられたならば，おそらく自身にとって不確かな内容について誘導されているという認識は，認知的不協和を引き起こすだろう。この関連する不快感を軽減するためには，目撃者は，警察官は真実を知っているに違いないので，誘導を受け入れるのが妥当だと合理化するかもしれない。あるいは，尋ねられた情報について自身がもつ記憶に沿った行動（反応）を維持するために，誘導情報を拒否するかもしれない。

　リアクタンス（reactance, Brehm, 1966）は，——たとえば，政治的キャンペーンを行なう人による強引な販売などのように——特定の態度をとるように他者を説得しようとするときに生じうる。そのような状況で人は，個人の選択の自

由を守るために，**反対の立場をとろうとすることが多いだろう**。これは，他の状況下において，その提案に賛成すると思われる場合でさえも起こりうる。警察の取調べ場面では，特に被疑者にとって，これがどのように機能するかを示す興味深い例を提供してくれる。誘導質問で尋ねられたときに，それが真実かどうかにかかわらず，ある人は誘導に応じるだろうが，ある人は，それが真実であると知っている場合でさえ，誘導に同意しないことによってそれに**反対しようとする**だろう。有罪の被疑者は，自己の利益のために，どのような場合でもその傾向があるだろう。仮に圧倒されるような証拠があれば，この立場を維持するのは難しくなるだろう。それでも，ある人は，もはやそうすることが自己の利益でなくなったとしても，リアクタンスを行使し続けるかもしれない。

　信念固執（belief perseverance）は，その後に反論の証拠や反対に影響を与える試みがあったとしても，人や社会的な状況について最初にもった意見や仮説に固執する傾向を指す（Anderson, 2007）。これは，もちろん，提示された誤った情報を受け入れたり，思い出したり，真実だと判断してしまう誘導で生じていることとは逆のことである。それにもかかわらず，ビアホフとクライン（Bierhoff & Klein, 1989）は，信念固執の背後にあるメカニズムが，二次性の被誘導性，つまり認知過程にバイアスをかける期待を説明するために用いられてきたメカニズムと非常に似ていると論じた。信念固執の問題は，司法の文脈，たとえば警察が被疑者に対する取調べを行なっている場面で生じるとき，重要である。現代の取調べ技術は，オープンマインドであり続けることの重要性を強調しているが，一度捜査員が被疑者は有罪であると思い込んで尋問が開始されると，無実の被疑者は，たとえ有罪を否定する証拠に直面したとしても，対峙する捜査官の心はそれを受け入れようとしないことに気づくだろう。メイスナーとカシン（Meissner & Kassin, 2004）によれば，取調官は「（有罪であるとの）信念を証明するような行動の情報を無意識に作り出してしまう」（p.94）かもしれない。

　要約すると，認知心理学，社会心理学はともに，被誘導性の基盤となる要因，そして逆にこれらの影響から私たちを防護する要因についての理解に十分に貢献している。

# 6. 本書について

　本書の目的は，取調べにおける被誘導性に関する証拠を，研究や関連する理論，実務家への示唆を考慮しながらレビューすることである。各章では，内容と結論が箇条書きで明確に述べられており，最後に司法への示唆を明示している。

　Chapter 2 は，クイン・M・クロバック（Quin M. Chrobak）とマリア・S・サラゴサ（Maria S. Zaragoza）が担当し，誤情報効果の研究で用いられているさまざまな実験手法を概観し，それに続き，理論的な議論を概説している。この章は，まったくのフィクションである出来事を強制的に作話させる最近の研究で結んでいる。

　Chapter 3 は，著者のギスリー・H・グッドジョンソン（Gisli H. Gudjonsson）によって概念化された尋問による被誘導性（interrogative suggestibility）と密接に関連する領域を取り上げている。この章は，グッドジョンソン被誘導性尺度（GSS, 1983, 1984）の開発と応用的な活用について記述し，尋問による被誘導性のモデルを概説している。

　Chapter 4 は，同じ出来事を目撃した他の目撃者と記憶内容を話し合う際に生じる記憶の同調について議論している。フィオナ・ギャバート（Fiona Gabbert）とロレイン・ホープ（Lorraine Hope）は，この現象を検討するために研究者が用いてきた手法を概説する。この領域の研究から得られる知見や，理論的説明，司法への示唆が示される。

　Chapter 5 は，アン・リドリー（Anne M. Ridley）とギスリー・H・グッドジョンソンが担当し，いかに個人差の研究が被誘導性に関する私たちの理解を促進することができるかについて議論している。このレビューでは，心理社会的変数（不安，自尊心，逆境）と記憶に関連する要因に焦点を当てている。

　Chapter 6 は，ジェームズ・オスト（James Ost）が担当し，児童期の性的虐待についての回復した記憶という論争を引き起こしている問題を検討する。彼は，そのような記憶を長期間完全に忘れてしまう可能性を検討し，個人的に体験されたトラウマティックな出来事の虚記憶を実験的に誘導することが可能

であることを示す証拠をレビューする。

Chapter 7 では，カマラ・ロンドン（Kamala London），ルーシー・A・ヘンリー（Lucy A. Henry），トラヴィス・コンラッド（Travis Conradt），ライアン・コーサー（Ryan Corser）が，子どものナラティブ（自由な語り）の能力や，心の理論，感情状態，知的障害に着目し，子どもの被誘導性における個人差に関する最近の研究を概説する。

Chapter 8 は，3つの脆弱なグループにおける被誘導性に関する研究をレビューする。ケイティ・L・マラス（Kaite L. Maras）は，知的障害や自閉スペクトラム症の成人について検討し，レイチェル・ウィルコック（Rachel Wilcock）は高齢の目撃者に関する研究を概説する。

Chapter 9 では，デボラ・デイビス（Deborah Davis）とリチャード・A・レオ（Richard A. Leo）が，被疑者が強圧的な取調べ方法による尋問を受けた場合に，急性の「尋問による被誘導性」を生じさせる要因をレビューする。

Chapter 10 は，デイビッド・J・ラルーイ（David J. La Rooy），ディアードレ・ブラウン（Deirdre Brown），マイケル・E・ラム（Michael E. Lamb）が担当し，近年において開発された面接技術（認知面接やNICHDプロトコル）が，捜査を誤った方向に導きかねない誘導された反応を被害者や目撃者がする可能性を減らすことにいかに役立ってきたかを検討する。

Chapter 11 は，編者が本書から得られる重要な知見をまとめ，司法への示唆を示す。

# 7. 結論

- 被誘導性は，人間の行動の現象として，その複雑さを反映したさまざまな方法で定義され，概念化されうる。
- 20世紀初頭における目撃証言に関する初期の研究は，現在でも非常に関連性が強い。
- 被誘導性に関する初期の研究を主に子どもたちを対象に行なったビネー

やシュテルン，他の研究者たちは，今日の研究者にとっても重要な方法論やプロトコルを開発した。
■記憶の構成的な性質に関するバートレットの研究は，同調や迎合（服従）に関する社会理論と同様に，いかに誘導された反応が生じるかを説明するのに役立つ。

The Misinformation Effect:
Past Research and Recent Advances
Quin M. Chrobak and Maria S. Zaragoza

# Chapter 2

# 誤情報効果：過去の研究と最近の発展

クイン・M・クロバック，マリア・S・サラゴサ

**KEY POINTS**

この章では，誤情報効果について包括的なレビューをする。
特に：

- 誤情報効果に関する研究について歴史的概観を行ない，この効果とそれに関連する現象についての研究と理論の進化をたどる
- 誤情報現象の研究に関連する方法論的問題を議論する
  その際，実験結果を解釈するための示唆に重きを置く
- 誤情報現象を説明するために出されてきたさまざまな理論的提案を述べる
- 誤情報効果について最近のより生態学的に妥当な研究の発展や，新しい理論的発展，実生活における司法への示唆を示す

　心理学者たちは，捜査面接が目撃者の証言を歪めてしまう可能性について長い間懸念を示してきたが（Binet, 1900; Münsterberg, 1908），この話題に関する近年の研究は，1970年代にいたるまで開始されなかった。1970年代になって，エリザベス・ロフタスと共同研究者による「誤情報効果」に関する一連の研究が行なわれ，心理学者たちのこの懸念が裏づけられ，記憶に関する心

学研究の新しい時代の先駆けとなった。**誤情報効果**とは，目撃した出来事の後に，誤誘導するような事後の暗示を行なうと，目撃者の記憶を汚染してしまう可能性が非常に高いという知見である。いくつかの事例では，実際には起きていない誘導された出来事を，自信をもって思い出すということにつながった (Zaragoza, Belli, & Payment, 2007 のレビュー参照)。

　誤情報効果は，実験心理学において最も影響力のある発見の一つである。この単語をグーグル・スカラーで検索すると，およそ 2,000 のヒットがある。誤情報効果を生み出す実験パラダイムの単純さを考えると，驚くべき数である。典型的な実験では，参加者は犯罪に関連する複雑な出来事，たとえば交通事故や窃盗を描写した一連のスライドを見る。その後すぐに，参加者は目撃した出来事について質問される。実験操作の重要な点は，事後の質問に間違った，あるいは誤誘導の暗示が含まれていることである。この暗示は，通常，前提や誘導質問のかたちで導入される。最後に，参加者は，その目撃した出来事についての記憶をテストされる。「誤情報効果」とは，誤情報を与えられていない統制群の参加者と比較して，誤誘導された群の参加者が，実際に目撃した出来事よりも誤誘導の暗示を報告する傾向があるという知見である。誤情報は参加者の注意をひかないような偶発的なやり方で導入されるので，この誤情報効果は，本書では**聴取**による**被誘導性**と言及されているタイプの被誘導性である。

　なぜ誤情報効果に関する研究が驚くほど長く行なわれてきたのであろうか？　第1の理由として，誤情報効果は実験心理学において最も堅固で信頼できる知見の一つであり，数えきれないほどの実験室で，さまざまな目撃対象の出来事や誘導項目を用いて，さまざまなテスト条件で追試されてきたことがあげられる。長期間にわたる関心の第2の理由は，人間の記憶とその妥当性について，根本的な問題を取り上げていることである。私たちが経験した出来事はどれほど正確に記憶に貯蔵されているのか？　記憶は永続するのか，それとももとに戻すことができない消失や変容が生じやすいのか？　過去を想起することの基礎にある記憶表象の本質とは何か？　実際に発生していない架空の出来事について本物の虚記憶を作り出すことは可能か？　これらは，誤情報現象の文脈で検討されてきた基本的問題のほんのいくつかである。最後に，誤情報効果は，司法行政において目撃証拠に依拠する法制度に重大な示唆を与えて

いる。目撃記憶の誤りやすさは，多くの有名な事件の中心的な問題であり（たとえば，Thompson-Cannino, Cotton, & Toreneo, 2009），目撃証言の信頼性や妥当性についての関心を高めている。目撃記憶と事後の誘導による影響の受けやすさに対する科学的理解を促進することは，理論的および実務的観点の双方から明らかに重要である。以下では，「誤情報効果」と分類されうる現象を概観し，その現象を説明するために提案された，いくつかの優れた理論的説明を取り上げる。

## 1. 矛盾する誤情報と干渉による誤情報現象の説明

　基本的な「誤情報効果」は，ロフタスら（Loftus, Miller, & Burns, 1978）による影響力の高い論文によって最初に実証された。この研究では，最初にすべての参加者が一時停止の標識（stop sign）の近くで起こった車と歩行者との事故に関する一連のスライドを見た。その後，彼らが見た出来事について面接されるときに，誤誘導条件の参加者たちは，以下の誘導的な質問を尋ねられた。「赤いダットサンが前方優先道路の標識（yield sign）で停車しているとき，別の車が追い越しましたか？」。統制条件の参加者は，目撃後の面接中に前方優先道路の標識に関する誤情報にはさらされなかった。目撃した出来事についての最終的な記憶のテスト時には，すべての参加者が，一時停止標識（スライドで目撃したもの）と前方優先道路の標識（誤誘導群の参加者に対して呈示された事後の誤情報）の二肢択一で強制選択する再認テストを受けた。この事例では，事後情報と対応するスライド情報とは矛盾している。というのは，2つの項目は互いに排他的であり——道路の角には，交通標識は1つだけであるため——テストの2つの選択肢のうち1つだけが正しいからである。統制群の参加者の75％がテストで正しく停止標識を選択したのに対し，誤誘導された参加者の41％だけが停止標識を正しく選択したというのは重大な発見である。誤情報にさらされた結果として起こる記憶成績の大幅な低下を示す同様の証拠は無数の研究で追試されている（Ayers & Reder, 1998; Zaragoza et al., 2007 のレビュー

を参照)。

　最初は，誤情報効果の理論的説明では原記憶の「結末」に着目した。誤誘導された参加者は，実際にはスライドで目撃した詳細情報を思い出すことができるが，テストでは単になんらかの理由でその情報を報告しなかったということなのか？（たとえば，誤情報をより最近得たため，など）。この問題を解決するために，ロフタスと共同研究者によるその後の研究では，誤情報を選んだ参加者に，2つめの推測をしてもらった（たとえば，それは「停止標識」でしたか，それとも「駐車禁止」標識でしたか？）。おそらく，参加者が目撃した情報にアクセスできるのなら，2回めのチャンスを与えられれば，目撃した情報を選ぶ可能性が高いだろう。しかし，結果によると，成績はチャンスレベルであった。これにより，ロフタスは（Loftus 1979a, b; Loftus & Loftus, 1980），矛盾した誤情報にさらされると，目撃時の原記憶の痕跡を「上書き」する結果となるという考えを提示している。

　主流の見解とは大きく外れているが，マクロスキーとサラゴサ（McCloskey & Zaragoza, 1985a）は，誤情報効果では，目撃記憶が誤誘導の暗示によって障害されたという決定的な証拠が示されていないと論じている。彼らは，誤情報実験の参加者は，犯罪捜査に関連する事件の目撃者のように，**たとえ誤誘導の事後情報**がなかったとしても，目撃した事件の情報を完全には思い出せないだろうと述べている。これは，ロフタスら（1978）のデータにおいて，統制群（誤情報にさらされなかった参加者）の裁決項目の成績が上限よりもかなり低かったことからも，明らかに示されている。このように，（たとえば，その標識を記銘するのに失敗したために）どのようなタイプの交通標識を見たか覚えていない誤誘導条件の参加者にとって，前方優先道路の標識に関する誤情報は，記憶のギャップを埋めることになる。さらに，これらの参加者は，前方優先道路の標識と矛盾する停止標識の記憶がないために，テストでは系統的に誤情報を報告するほうに偏る傾向がある。対照的に，停止標識を記銘するのに失敗した統制群の参加者は，誤った選択肢（前方優先道路の標識）を一様に選択する傾向はないはずである。なぜなら，彼らは実験の介入段階で，その情報にさらされていないからである。

　誤情報にさらされることで，原体験で目撃した詳細情報が消えてしまうかど

うかを調べるために，マクロスキーとサラゴサ（1985a）は，ロフタスら（1978）と同じ基本的なパラダイムを利用して一連の実験を実施しているが，彼らは異なる目撃事象――ここでは，事務所荒らし――を利用した。簡潔にいえば，参加者は，保守作業員の男が事務所からお金を盗み，自分の道具箱に隠す様子を描いた一連のスライドを見た。その男性が自分の道具箱からハンマーを持ち上げるのを目撃した参加者は，のちに，その男性が道具箱からレンチを持ち上げたという誤情報が入っている事務所荒らしの説明文を読んだ。したがって，この例では，道具のタイプが裁決項目であり，「ハンマー」がもともと目撃した項目で，「レンチ」が誤誘導の事後情報として機能している。マクロスキーとサラゴサ（1985a）は，もともと見た項目と誘導された項目（たとえば，ハンマーとレンチ）のいずれかを参加者に強制的に選択させる標準テストを実施したところ，堅固な事後情報効果を得た。6つの実験における誤誘導条件の平均正解率は37％，統制条件の平均正解率は72％であった。このように，彼らはロフタスら（1978）によって実証された事後情報効果を追試した。目撃時の原記憶（たとえばハンマー）が誤情報（たとえばレンチ）にさらされることで消去されたのかどうかを調べるために，マクロスキーとサラゴサ（1985a）は，テストの選択肢に誤誘導する事後の暗示を含まない，修正版の再認テストを開発した。修正版再認テストでは，参加者は，目撃時に提示された項目（たとえばハンマー）と同じカテゴリの新しい項目（たとえばスクリュードライバー）のどちらかを選択するように強制されたが，誤誘導項目（たとえばレンチ）はテストの選択肢にはなかった。マクロスキーとサラゴサは，もし誤誘導された参加者がもつ「ハンマー」の原記憶が，「レンチ」にさらされることによって上書きされたとしたら，誤誘導された参加者は，誤誘導されていない統制群の参加者よりも，修正版再認テストで悪い成績をとるだろうと予測した。その結果は明らかであった。修正版再認テストを利用した6つの実験にわたって，誤誘導された参加者は，テストで示された目撃時の項目（たとえばハンマー）を，統制群の参加者と同程度に選択した。6つの実験における誤誘導条件の平均正解率は72％，統制条件の平均正解率は75％であった。これらの結果は，誤情報にさらされたことによって目撃時の項目が記憶から削除されるのではないという強い証拠を提供している。

要するに，マクロスキーとサラゴサ（1985a）は，誤誘導された参加者の成績は，誘導された誤情報がテストの選択肢に入っているかどうかに完全に起因しているということを証明した。原刺激にあった項目と誘導された項目の選択肢が与えられると，誤誘導された参加者は，彼らが実際に見た項目よりも，誘導された誤った項目を圧倒的に選択した。しかし，原刺激にあった（正しい）項目と，それと似た新しい項目の選択肢を与えられると，誤誘導群の成績は，統制群の成績と同様に正確であった。この修正版テストにおいて誤誘導群の成績の低下がみられないという証拠に基づき，マクロスキーとサラゴサ（1985a）は，誤情報にさらされることは，原体験の出来事の詳細を消去するわけでも，アクセスできなくするわけでもないと論じた。むしろ，誤情報効果は恐らく，ギャップを埋めるためである——つまり，もともと見た項目を記銘する，もしくは想起することに失敗した誤誘導された参加者が，誘導された項目を受け入れ，テストで系統的にそれを報告する傾向である——と結論づけた。

　マクロスキーとサラゴサ（1985a）の議論と一致して，矛盾する誤情報効果は，原体験として目撃された詳細情報の記憶が弱いか存在しない状況で最も観察されそうである，という主張を実証的な証拠は支持している。たとえば，誤情報効果は通常は重要ではない細部（たとえば停止標識）に限られており，話の筋にとって中心的ではなく，通常はあまりよく記憶されていないものに限られている（たとえば，Tousignant, Hall, & Loftus, 1986）。さらに，誤情報効果は，目撃された出来事と誤情報への暴露との間の期間が長くなるにつれて増すという多くの証拠がある。おそらくこれは，原体験で目撃された項目の記憶が時間とともに弱まるからである（たとえば，Loftus et at., 1978; Paz-Alonso & Goodman, 2008; Pezdek & Roe,1995 も参照。要点の記憶とは対照的に，逐語的な記憶の急速な忘却が誤情報効果の基礎をなすという関連する議論については，たとえば，Brainerd & Reyna, 1998 を参照）。逆に，矛盾する誤情報にさらされる前に，原体験で目撃した詳細情報についての参加者の記憶を喚起する手続きは，参加者への誤情報効果に対する"予防接種"となることが証明されている。たとえば，パンスキーとテネンボイム（Pansky & Tenenboim, 2011）は最近，ある出来事を見た後すぐに，目撃した特定の項目を再生するように頼まれた参加者が——そしてそれを正確に再生したが——のちに提示された矛盾

する誤情報に抵抗力があることを示した。総合的にみると，これらの知見は，誤情報が記憶にあるギャップを埋めるときには参加者が矛盾する誤情報に影響されるが，そうでなければ誤情報に抵抗するという見解を支持している。

　誤誘導の事後情報は原記憶を障害しないというマクロスキーとサラゴサ(1985a)の主張は，多くの研究と議論を活性化した（Belli, 1989, 1993; Belli, Windschitl, McCarthy, & Winfrey, 1992; Bowman & Zaragoza, 1989; Chandler, 1989; Eakin, Schreiber, & Sergent-Marshall, 2003; Lindsay, 1990; Loftus, Donders, Hoffman, & Schooler, 1989; Loftus & Hoffman, 1989; Loftus, Schooler, & Wagenaar, 1985; McCloskey & Zaragoza, 1985b; Metcalfe, 1990; Paz-Alonso & Goodman, 2008; Schooler, Foster, & Loftus, 1988; Schreiber & Sergent, 1998; Tversky & Tuchin, 1989; レビューについては，Ayers & Reder, 1998; Zaragoza et at., 2007 参照）。修正版テストによるマクロスキーとサラゴサ（1985a）の発見は，何度も，多くの条件下で追試されてきた。しかし，今は，たとえ修正版テストが利用されても，小さいけれども信頼性のある記憶障害効果が得られうるという明らかな証拠がある（ただし，その障害効果が起こる正確な条件を特定することは難しい。この議論については Zaragoza et al., 2007 を参照）。修正版再認テストを利用した 44 の公刊された論文にある実験をメタ分析したところ（Payne, Toglia, & Anastasi, 1994），44 の実験のうち 14 の実験のみで，統制条件と比較して誤誘導条件の参加者の成績が有意に低かった。ただし，合計でみると，全体の記憶障害効果は統計的に有意であった。

　結論として，誤誘導の事後情報が目撃時の原記憶を障害することがあるという実証的な証拠がある。ただし，こうした障害効果は小さく一貫していない。そのような障害効果は，原記憶の痕跡を上書きしたために起こるのか，あるいは，完全な原記憶の痕跡にうまくアクセスできないために起こるのかを最終的に判断することはできない。実際，人間の記憶表象をのちの経験によって永遠に変えることが可能かという根本的な問題は，神経科学者の間で非常に強い関心と議論の対象であり続けている（たとえば，Schiller & Phelps, 2011 参照）。

　総合的にみて，事後情報が記憶障害効果を引き起こす可能性に関する実証的な研究が示しているのは，誤情報が引き起こす干渉——それが上書きであれ記憶にアクセスができないことであれ——は，参加者が目撃した出来事の原記憶

に誤誘導情報を組み込む傾向に，ごく小さな役割しか果たしていないということである。しかし，誤情報効果による記憶障害の説明では，これらの現象に関する重要な問いに回答していない。なぜ，参加者は，誘導された事後情報を目撃した出来事の記憶の報告に組み込む傾向があるのか，そしてどのようなメカニズムで組み込むのか？ 誤誘導された参加者は，誤誘導情報を目撃したという本物の偽りの記憶を生成させるようになるのか？ このような問いに対する回答は，誤情報効果が起こりそうなときを予測するために，そして，誤情報効果を防ぐための介入を促進させるために，明らかに重要である。次の節では，これらの疑問に関係する証拠を概観する。

　これらの問題を解決するために，後に続く多くの目撃者の被誘導性研究では，誤誘導の事後情報が原体験で目撃した詳細情報に矛盾するというよりは，補完するものとして機能する場合を研究してきた。たとえば，実際には窃盗犯が拳銃をもっていなかった場合に，事後情報では窃盗犯が拳銃をもっていたと示唆する（Gabbert, Memon, & Wright, 2006 参照）。補完的な誤情報を利用することで，なぜ参加者や目撃者が誤誘導の暗示を受け入れるようになるのかという疑問と，誤情報の潜在的な記憶障害効果についての疑問を分けることができる。補完的なあるいは追加の誤情報に関わる状況では，誤情報と矛盾するような原体験における対象物や詳細情報は存在せず，誤情報は原体験の記憶と直接的に対立することはない。このように，補完的な誤情報に関わる状況では，原記憶の「障害」は被誘導性を説明しない。

## 2. 誘導された詳細情報の偽りの記憶と，誤情報効果の構成主義的説明

　科学論文のレビューによると，事後の暗示にさらされることによって「虚記憶（false memory）」が生まれうるという証拠として，誤情報現象が記述されることがよくある。しかし，「虚記憶」という用語が正確には何を意味しているのかは明らかではないことが多い。いくつかのケースでは，研究者は参加者の

記憶成績の簡潔な表現として「虚記憶」という用語を使用している。すなわち，その用語を，目撃した出来事の記憶テストで，参加者が誤った情報を報告することや，誤った情報を選択することを示すために使用している。このやり方で「虚記憶」という用語を使用することは，参加者の信念，心の経験，あるいは誤った回答の根拠についてなんの仮定もしていない。しかし，別のケースでは，その用語は，参加者が誤情報を目撃したという本物の偽りの記憶を生成することを意味するのに用いられている。以下で論ずるように，参加者が出来事の記憶テストで誤誘導の選択肢を選ぶ（あるいは報告する）という結果は，必ずしも，参加者が誤誘導の詳細情報を目撃したという偽りの記憶をもっていることを示してはいない。実際，たとえ参加者が誤情報を誤って記憶していなくても，目撃した出来事に関する強制選択式の再認テストで誤情報を報告すると思われるいくつかの理由がある。したがって，もし偽りの記憶（false recollection）という言葉が「虚記憶（false memory）」という用語と同じ意味であるなら，標準パラダイムを用いて得られてきた誤情報効果を「虚記憶」の決定的な証拠とみなすことはできない。以下では，研究者が誤誘導された参加者の回答の根拠を調べるために用いてきた方法を説明する。これらの方法により，誘導された参加者が，誤情報にさらされた結果として本物の偽りの記憶を生成させたかどうかを，より直接的に研究者が調べることが可能になった。

典型的な誤情報実験で参加者が直面する状況には，かなりの要求が含まれている。おそらく知識があり，権威者であると参加者がみなすであろう実験者によって，誤情報は「真実である」と提示される。したがって，参加者が，実験者によって提示される誘導に従うようなプレッシャーや要求を感じるために，誤誘導の選択肢を選択することが考えられる。あるいは，そうではなく，参加者が実験者は正しいと考えるために，誤誘導の選択肢を選択する可能性もある。これらの理由のために，誤誘導された参加者は，たとえ誤情報を目撃したと記憶していないことがわかっていたとしても，その誤情報を報告することを選択した可能性がある。

最終的な記憶テストの成績における要求の影響を最小限にするために研究者たちが用いてきた一つの方法は，典型的には最終の記憶テストの前に，事後の物語や質問票に含まれている情報は信用できないと警告することである。この

ことは，一般的には，事後の情報源が目撃した出来事にはない事後情報を含んでいた（あるいは含んでいたかもしれない）と参加者に知らせる，あるいは，事後の情報源が誤誘導する意図をもっていると参加者に「社会的な」警告をすることでなされる（Echterhoff, Hirst, & Hussy, 2005 のレビューを参照）。警告は，誤情報の報告を減らす傾向があるが，除去することはないという一貫した結果が得られている（たとえば，Chambers & Zaragoza, 2001; Echterhoff et al., 2005 参照）。このことは，参加者が誤誘導されたと気づいていて，おそらく誤情報によって影響されるのを避けようと動機づけられているときでさえ，参加者が誤情報を報告することがあることを示している。

　もちろん，参加者が警告されたときでさえ誤情報を報告するという結果は，必ずしも参加者が偽りの記憶を生成させたということを示してはいない。マクロスキーとサラゴサ（1985a）が言及するように，多くの参加者が，原体験で目撃した出来事の特徴を覚える，もしくは記銘することに失敗しており，誘導された誤情報に直接対抗することのできる自身の記憶がない。したがって，そのような参加者は誤情報を「誤り」として拒否する理由がないため——なぜなら，彼らは反証となる情報にアクセスできないため——警告が効果的ではないのかもしれない。ここで留意すべきことは，標準的な事後情報実験の課題では，参加者が最終の再認テストで回答を選択するように期待されているということである。「わからない」や「どちらでもない」という回答は，通常は選択肢として与えられていない。したがって，もし誤誘導項目に非常に親しみがあり，参加者がそれは誤りであると信じる理由がないのであれば，彼らはそれを目撃したことを記憶していないとわかっていたとしても，テストでその選択肢を選択するかもしれない。

　誤誘導された参加者が，事後情報を目撃した出来事の一部として誤って記憶しているかどうかを直接的に調べるために，目撃した出来事に対する記憶の最終テストとして，研究者は情報源再認テストを用いている。通常の情報源テストは，参加者に，可能性のある記憶の情報源を提示し——たとえば，原体験で目撃した出来事，事後の質問もしくは事後の物語，原体験で目撃した出来事と事後の情報源の両方，そのいずれにも該当しない——，各項目の本当の情報源を特定するように依頼する。このように，情報源再認テストは，標準的な手続

きに備わっている要求を排除している。というのは，それらのテストは参加者に，事後の情報源が原体験の出来事にない情報を含んでいることを知らせており，誤誘導の情報源として選択することを可能にしているからである。参加者が原体験の出来事を誤って誤情報の情報源とみなすかどうかというのは興味ある問いである。

　多くの研究にわたり一貫した結果によると，情報源再認テストが用いられたときでさえ，また情報源テストが直接的で明確な警告を伴っていたときでさえ，誤誘導された参加者は，統制群よりも頻繁に，誤情報を目撃したことを記憶していると主張する（Ackil & Zaragoza, 2011; Belli, Lindsay, Gales, & McCarthy, 1994; Chambers & Zaragoza, 2001; Drivdahl & Zaragoza, 2001; Frost, Ingraham, & Wilson, 2002; Hekkanen & McEvoy, 2002; Lane, Mather, Villa, & Morita, 2001; Lindsay, 1990; Mitchell & Zaragoza, 1996, 2001; Zaragoza & Lane, 1994; Zaragoza & Mitchell, 1996）。それにもかかわらず，標準的な再認テストに対して，情報源再認テストは，原体験で目撃した出来事の中で誤誘導の情報を目撃したという主張を減らす傾向があることも真実である。恐らく，情報源再認テストによって要求される区別によって，参加者は他のテスト状況で自発的に思い出すよりも，より情報源が明らかである情報を思い出すようになるのだろう。

　情報源再認テストにおいて，参加者が事後に示された暗示を，目撃した出来事に誤って帰属するという結果は，「偽りの記憶」の強い証拠を提示していると思うかもしれない。しかし，これらの知見は，それ自体が偽りの記憶というよりはむしろ，誤情報が目撃した情報から得られたものであるという，強い確信をもつ誤った信念を反映している可能性がある。言い換えると，参加者はたとえその情報を明確に思い出すことができなくても，その情報が存在したと信じるかもしれない。参加者が本物の偽りの記憶を生成させることがあるという，より説得力のある証拠は，現象学的経験（Tulving, 1985）の尺度を用いた研究で示されている。たとえば，目撃した出来事の中の誤情報を覚えていると主張する参加者は，その後に，彼らが原体験の出来事の中で誘導された項目を目撃したということを記憶しているか，それが原体験の出来事の中にあると単純に信じているかどうかを尋ねられた（たとえば，Lane & Zaragoza,

2007; Zaragoza & Mitchell, 1996; Zaragoza, Mitchell, Payment & Drivdahl et al., 2011)。その結果，情報源テストで誤情報を目撃したことを覚えていると主張している参加者の中には，すべての参加者ではないが，それを目撃したことが「記憶にある」と主張する人がいることが示された。このように，参加者の中には，誘導されただけの誤情報を目撃したと誤って想起する人もいることを示している。

　要約すれば，誤誘導の暗示の報告のすべてを，偽りの記憶の証拠とみなすことはできない。なぜなら，目撃者である参加者をテストで誤情報を報告するように誘導しうる多くの要因があるからである。参加者は，実験者によって提供された情報に従う，もしくはだまされたふりをするという要求を理解しているため，あるいは，誤情報が真実であると信じているため，誤情報を報告するかもしれない。したがって，参加者が偽りの記憶を生成させたかどうかを評価するためには，参加者の誤情報に対する記憶や思い出す経験の質について，より正確な情報を提供する記憶の測定法（たとえば，情報源再認テストや現象学的経験の尺度）を用いる必要がある。これらの測定法を用いた研究結果によれば，誤情報にさらされることは，時には本物の偽りの記憶に導くことがあるという強い証拠を示している。

　これらの偽りの記憶の効果の基礎となる認知メカニズムは何であろうか？研究者は，誤情報現象をソースモニタリングの誤りとして知られる，より一般的な構造的記憶の誤りの例としてみることが多い（Lindsay & Johnson, 1989; Zaragoza & Lane, 1994)。ソースモニタリングの誤り（あるいは**情報源の誤帰属**）は，ある情報源からの情報が異なる情報源に誤って帰属されるときに起こる——たとえば，実際には家を出る前に玄関の鍵をかけようと考えただけなのに，玄関の鍵をかけたと信じることのように，ただしようと考えただけのことを実際にしたことと混同することである——。被誘導性の現象の例では，目撃者である参加者は，事後の情報源から得られた情報を誤って原体験の出来事に帰属している。マリシア・ジョンソンと共同研究者（Johnson, Hashtroudi, & Lindsay, 1993; Lindsay, 2008）は，一般的な理論的枠組みである，ソースモニタリング・フレームワーク（Source Monitoring Framework：SMF）を開発したが，それは誤誘導の事後情報にさらされた結果として起こる記憶の誤りを予

測し，説明するのにかなり有用だと証明されている。

　SMFによれば，ある項目の情報源についての情報は，通常，記憶にはっきりとは保持されていない。むしろ，情報源の特定は活性化した記憶の質的・量的特徴の評価を行なう帰属である。重要なことに，SMFでは情報源の帰属が記憶した者の目標や動機，隠された意図によって強く影響されるということを強調している。この観点から考えると，ソースモニタリングの誤りは，以下の2つのどちらかの理由で発生する。人々が正確なソースモニタリングを行なうのに必要な記憶の特徴を記銘もしくは活性化することができなかったことが原因であるか，あるいは，正確なソースモニタリングに必要とされる系統的で努力を要する意思決定過程をとることができなかったためである。

　SMFによって予測されるように，目撃者の被誘導性の研究における一貫した知見では，以下の2つの条件が同時に発生するときに，事後の暗示を原体験で目撃した出来事に誤って帰属する傾向があることを示している。①誘導された情報についての活性化された記憶が，目撃した出来事の記憶と似た性質や特徴をもっている場合，②誘導された出来事の本当の情報源を示す情報が検索されない場合，である。

　一般的に，情報源の混同は，人々が，さまざまな特徴に関して，非常に似ている，あるいは重なりのある情報源の間で区別しようとするときに最もよく観察される。たとえば，想像した出来事と実際の出来事とを混同する傾向は，想像した出来事が高レベルの感覚的・知覚的な詳細情報を含む表象——これは実際の出来事の表象と重なる特徴である——である場合に起こりうる。目撃者の被誘導性パラダイムでは，目撃した出来事と，事後の出来事についての物語や質問との間に多くの情報源の重複がある（議論については，Mitchell & Zaragoza, 2001 参照）。特に，事後の物語や質問は，参加者が目撃したものと同じ人々や出来事に関するものであり，その結果として意味内容に多くの重複をもたらす。さらに，事後の物語や質問は，目撃した出来事の活発なリハーサルや心的再構成を伴う傾向がある。事後情報を処理しながら，原体験で目撃した出来事を熟考することは，さらにいっそう2つの情報源の重複を増すはたらきをする。事後のセッションで遭遇する情報の多くが目撃した出来事に当てはまることを考えれば，単に誘導された項目が事後の情報源から得られたと知

ことは，その項目が目撃されていないということを必ずしも意味するわけではない（すなわち Gallo, 2004）。したがって，誘導された情報の本当の情報源（たとえば事後の物語）を正確に記憶していたとしても，参加者がそれを目撃した出来事と誤って帰属することを防ぐことはできない。

　SMFと一致して，研究では，参加者に実際の出来事と似た特徴を植えつけるように，誘導された出来事に関して振り返って詳細に述べるように促すことで，参加者の虚記憶の生成を促進できることを示してきた。たとえば，視覚によるイメージは，虚記憶の生成を強力に促進させるというかなりの証拠がある（Goff & Roediger, 1998; Hyman & Pentland, 1996）。特に，誘導された出来事をイメージすることで，目撃した出来事と似た感覚的・知覚的な詳細情報を，誘導された出来事の心的経験に植えつけることができる（Drivdahl & Zaragoza, 2001; Thomas, Bulevich, & Loftus, 2003 参照）。同様に，参加者や目撃者に誘導された出来事の感情的な意味あい（Drivdahl, Zaragoza, & Learned, 2009）や，その出来事自体の意味や示唆（Zaragoza et al., 2011）を振り返って詳細に述べるように促すことで，誘導された項目についての偽りの記憶を増やすことができる。

## 3. 誤情報パラダイムの最近の進展：強制された捏造と故意に捏造された詳細情報に関する偽りの記憶

　この章の最初に述べたように，参加者や目撃者が間接的に提示された——たとえば，質問の中心事項ではなく，事後の質問に前提として埋め込まれているような——誤誘導の詳細情報を取り入れてしまうことに限れば，誤情報現象は**聴取による被誘導性**の例を提供しているといえる。しかし，実生活における犯罪捜査において，誘導的な面接というのは，面接者が注意をひかないようなやり方で誤った情報の一部を**提示する**，あるいは埋め込むという状況とは限らない。むしろ，証拠を集めようと努力して，捜査員は時々，目撃者があまり覚えていない，見ていない，あるいは実際には起こらなかったかもしれない出来事

についての情報を得ようとする。言い換えれば，面接者は，推測したり，情報を捏造さえするように目撃者にプレッシャーをかけ，目撃者が実際の記憶の範囲を超えて報告するように強要するかもしれない（Gudjonsson, 1992; Kassin, 1997; Leo, 1996）。したがって，伝統的な誤情報パラダイムでは，目撃者から望まれる証言を得るために行なうあからさまで強圧的な努力が，のちに虚偽の目撃証言や偽りの記憶に導いてしまうかという問題を解決できない。この後者のタイプの被誘導性は，この本では，**尋問による被誘導性**として言及されている。

　参加者あるいは目撃者に推測するように促すことの記憶への影響は，異なるタイプの誤情報パラダイムで検討されている。標準パラダイムと同様に，参加者は目撃事件を見て，その後，記憶をテストされる。標準の誤情報パラダイムと誤情報創出パラダイム（elicited misinformation paradigms）との重大な差異は，実験の第2段階で発生する。誤情報創出パラダイムでは，参加者は原体験で目撃していない情報について推測するように促される。標準パラダイムでは誤った情報が実験者によって提示されるため，これは標準パラダイムとは対照的である。それゆえ，参加者が誤情報を積極的に生み出す状況について述べる際に，ここでは**誤情報創出**（elicited misinformation）という単語を使用している。これらの参加者は，実験者の明らかな教示（また，いくつかの事例では，強制）がなかったら，誤情報を生み出すことはなかったであろう。

　いくつかの実験デザインでは，回答を生み出すように参加者にかけるプレッシャーは非常に小さい。たとえば，多くの研究では，筆記式の質問票で，虚偽の出来事の質問に対して参加者に回答を推測するように依頼することが，後の記憶にどう影響するかを調べている（Pezdek, Lam, & Sperry, 2009; Pezdek, Sperry, & Owens, 2007）。たとえば，ペズェックら（Pezdek et al., 2007）の参加者は，5分間のカージャックのビデオを見て，のちに被害者の腕時計について――たとえ被害者が腕時計をつけていなかったとしても――書面で描写するように依頼された。事後の質問の最初に，参加者はすべての質問に回答するように教示された。のちに再度，参加者は同じ質問票に回答するように依頼されたところ，彼らは高い割合で以前の誤った回答を，確信度を増して回答した。これらの結果は，参加者が自身の最初の回答が単なる推測であったという

ことを忘れてしまったことを示唆している。同様の結果は，子どもを対象に推測の促しが記憶に与える影響を調べる研究でも見いだされている（たとえば，Compo & Parker, 2010; Schreiber & Parker, 2004; Schreiber, Wentura, & Bilsky, 2001）。これらの研究では，子どもは出来事（たとえば，ピエロのパフォーマンス）を目撃するが，その出来事では主演俳優が見慣れた多くの物でまれな行動をたくさんする（たとえば，バナナで滑る）。事後面接のときに，子どもは，見慣れた物でピエロが他に何をしたかについて推測するよう依頼される。このパラダイムの自然な結果として，子どもはみな同じ誤った情報（たとえば「彼がバナナを食べた」）を生み出すように仕向けられる。その結果，子どもはその出来事の5〜6か月後まで，推測した虚記憶の影響を示しており，しばしば機会に恵まれても，以前の推測を撤回するのがかなり難しいことを示唆している。これらの実験パラダイムでは参加者から推測の情報を引き出しているが，実際の強制的な証言に典型的にみられる要素が欠けている。特に，そのような状況では，たとえ目撃者が抵抗したとしても，面接者が積極的に目撃者に覚えていない出来事を描写するようにプレッシャーをかける。しかし，前述の研究では，参加者は推測してほしいという依頼に従うか，あるいはいくつかのケースでは，教示を無視することを自由に選択できた。

対照的に，サラゴサと共同研究者によって導入された**強制された捏造パラダイム**は，強圧的な捜査面接とより似ている（強制された自白に関する実験研究については，たとえば，Kassin, 1997 も参照）。**強制された捏造パラダイム**では，参加者は出来事を見て，それから個別に対面の面接を受ける。面接では，実験者が参加者に，ありそうであるが実際には目撃していない事柄や出来事に関する偽の出来事質問に回答するように強要する（たとえば，Zaragoza, Payment, Ackil, Drivdahl, & Beck, 2001）。たとえば，サラゴサら（Zaragoza et al., 2001）では，参加者はサマーキャンプにいる2人の兄弟についての短いビデオを見た。その後，参加者は，目撃した出来事に含まれていない情報について質問に回答するよう求められた。たとえば，参加者は，主人公がカフェテリアで倒れた後，どこを出血していたかを質問された。このような偽の出来事に関する質問では，参加者に回答を捏造することを要求する。なぜなら，参加者は主人公が倒れた場面は見たが，彼が血を流している場面は見なかったからであ

る。したがって，これらの質問に回答するためには，参加者は回答を作り上げる，すなわち捏造しなければならなかった。参加者は，実験の最初に，たとえそれが推測しなければならないことでもすべての質問に回答するように教示されているが，参加者はほとんどいつも，これらの偽の出来事の質問に回答することに抵抗する。参加者は以下のようなさまざまなやり方で抵抗した。答えるように促されるまで黙っていたり，質問をはぐらかしたり，あるいは，「私は覚えていない」や「私はそれを見なかった」というような発言であからさまに抵抗した。この抵抗に対して，参加者が最終的にはしぶしぶ従うようになるまで，実験者は繰り返し参加者に回答するように強要した。たとえば，「あなたのベストな推測をちょっと教えてほしい」と伝えた。このように，参加者は強要されなければ言わなかったであろう情報を捏造するように「強制」された（参加者が，情報を捏造するという選択肢を与えられた場合，これらの質問に回答することを控えるという実証的な証拠については Zaragoza et al., 2001 参照）。1 週間後，参加者は，個別に実験室に戻り，最初に面接した人とは異なる実験者に迎えられた。この実験者は参加者に，以前に面接をした人は現実には起こらなかった事柄についていくつかの質問をしたと知らせた。この警告は要求を最小化するためになされた。参加者はそれから，目撃した出来事と捏造した出来事の両方に関して，記憶の情報源テストに回答した。たとえば，主人公の膝が出血していたという回答を以前に捏造した参加者は，「あなたがビデオを見たときには，デラニーが転んだ後に膝が出血しているのを見ましたか？」と尋ねられた。

　直観的には，参加者はどのテスト項目を捏造するように強要されたかを覚えていると思うだろう。特に，これらの回答を捏造したときに，参加者が不快感や確信のなさを経験していることを考えればなおさらである。しかし，その予想とは対照的に，1 週間くらいの保持間隔でも，参加者は以前に故意に捏造した項目を自らが目撃したという偽りの記憶を生成させてしまう傾向があるという十分な証拠がある（Ackil & Zaragoza, 1998; Frost, LaCroix, & Sanborn, 2003; Hanba & Zaragoza, 2007; Zaragoza et al., 2001）。

　参加者がこれらの偽りの記憶を生成する理由を理解しようとすると，標準パラダイムの情報源の混同に影響する同じ要因の多くが存在していることが

わかる（たとえば，目撃した出来事と事後の面接の内容がかなり重複していることについては，Mitchell & Zaragoza, 2001 などを参照。参加者が捏造された出来事を積極的に想像する可能性については Goff & Roediger, 1998; Hyman & Pentland, 1996 を参照）。しかし，このパラダイムでは，強制された捏造と関わる，偽りの記憶に影響すると思われる多くの独自要因がある。まず，強制された捏造は参加者自らが生み出しており，これらの回答を生み出すための努力と精緻化の結果として，捏造された内容は非常に記憶しやすい可能性がある（Hirshman & Bjork, 1988; Slamecka & Graf, 1978）。さらに，自ら生成した捏造は，ある個人の特異な知識や信念の制約内で作られるので，この情報はのちに参加者にとって特にもっともらしいと認識される可能性がある。参加者がこれらの項目が強制されて初めて述べた単なる推測であるということを，それほどすぐに忘れてしまうというこれらの結果は，驚くべきことである。次の節では，強制された捏造の面接に続き，偽りの記憶の生成に影響する付加的なメカニズムに関する研究を紹介する。

## 4. すべてが偽りである出来事についての強制された捏造と説明役割仮説

　先に述べたように，実生活における捜査の状況とこれらの現象に関連があるために，誘導的な面接がもつ目撃記憶に対する汚染の影響を理解したいという動機がある。この点で，上記の強制された捏造研究の一つの限界は，ここまでレビューしてきたすべての研究と同様だが，強制された捏造で生み出される捏造は特定の項目や詳細情報に限られており，そのほとんどはストーリー展開にとって中心的なものではない（たとえば，主人公がかぶっていた帽子の種類）ということである。対照的に，多くの捜査面接の目的は，対象範囲がはるかに広く，より重大な証言を得ることである。したがって，強制された捏造効果に関する上記の実証的研究は，誘導的な面接が最近の架空の出来事——範囲が広く時間も長くにわたっており，実際には発生していない出来事や人々に関わる

ものである[1]——に関する偽りの記憶を生むことがありうるかという問題に答えてはいない。

　論文におけるこのギャップを解決するために，クロバックとサラゴサ（Chrobak & Zaragoza, 2008）は，完全に架空の出来事を捏造するように強制された参加者が，最終的にこの架空の出来事を目撃したと誤って記憶するようになるかどうかを調べようとした。もちろん，参加者に完全に架空の出来事を捏造するように強要することは，参加者の抵抗を増すことにつながる。これらの面接の強圧的な特徴と完全に架空の出来事を捏造することに対する参加者の抵抗を説明するために，私たちの研究の一つに参加した参加者との面接の一部を下記に示す（Chrobak & Zaragoza, 2008）。この例では，参加者はサマーキャンプ中の2人の兄弟に関する映画のビデオクリップを先に目撃した。参加者が実際に目撃したある場面では，2人のキャンプリーダー，デラニーとモーが日没時に，カヌーに乗ってこっそり抜け出すところが目撃された。それから，映画の次の場面では，その翌日に，デラニーがキャンプディレクターと大きなトラブルになっている場面を描いている。これらの2つの場面は，2人のリーダーがカヌーで出かけたときにどこに出かけ，何をしたかを——たとえこの情報が原体験で目撃された出来事に描かれていなかったとしても——参加者に捏造するように求める偽りの出来事質問への基礎として使われた。

　　実験者：映画の終わりのほうで，デラニーとモーがカヌーを使って，夜こそこそ出かけている。こそこそ出かけた後，彼らはどこに行き，大きなトラブルを引き起こすようなどんなことをしましたか？
　　参加者：えー，私はその場面をまったく覚えていない。
　　実験者：彼らがしたことについて，ただベストな推測をして。

---

[1] いくつかの研究では，子ども時代に起こったということになっている完全に架空の出来事に関する虚記憶を，成人の参加者に植えつけることが可能であるということを示してきた（たとえば，ショッピングモールで迷子になった，など；Loftus & Pickrell, 1995）。これらの研究は時間的に拡大したより広範な出来事に関する虚記憶を植えつけることが可能だということを示している。しかし，参加者が，強制的に捏造された（子ども時代とは対照的に）最近起きた完全に架空の出来事に関する偽りの記憶を同様に生成するかどうかという問いには答えていない。

参加者：うーん，えー，彼らはおそらく女の子に会いに出かけたと思う。わからないけど。
実験者：うん，いいよ。具体的にはどこに行った？
参加者：わからない，おそらくそのへんのガールズキャンプだろう。わからないけど。
実験者：えーと，具体的には，ガールズキャンプで何をした？
参加者：わからない，わからないよ（気まずい笑い）。
実験者：ただ答えてほしいんだ。
参加者：おそらく，女の子たちにちょっかいをだそうとした。わからないけど。
実験者：そっか。具体的には，どのように，女の子にちょっかいをだそうとした？
参加者：えー，たぶん，女の子といちゃつこうとした。わからないけど。
実験者：うん，いいよ。
参加者：おそらく間違っていると思う。
実験者：誰かいましたか？
参加者：えー。
実験者：ガールズキャンプに。
参加者：えー，彼ら2人だけだと思う。本当にわからないよ。

　初期の研究で使用されたものと似た再認テスト手続きに沿って参加者が1週間後にテストされたとき，参加者は正確に自分たちがした捏造（たとえば，映像の2人がガールズキャンプで女の子たちといちゃつこうとした）を「目撃しなかった」と却下した。おそらく，参加者はこれらの出来事が，以前に答えるようにプレッシャーをかけられた際の「推測」だったと覚えていた。重大な発見は，出来事を目撃した2か月後，参加者が実験室に戻り，原体験で目撃した出来事について覚えていることを自由に再生するように頼まれたときに起こった。この遅延の自由再生テストで，クロバックとサラゴサ（Chrobak & Zaragoza, 2008）は，参加者が1週間後の再認テストで誤っていると正確に却下したケースでさえも，彼らの50％近くが強制された捏造を報告したこと

を見いだした。確かに，長い保持期間は参加者にこれらの出来事が強制された捏造だということを忘れさせ，その結果として，捏造が目撃した出来事の一部であると誤って思い出しやすくさせてしまう。しかし，クロバックとサラゴサ（2008）は，他の要因もまたこれらの偽りの記憶を生み出すことに影響しそうだと考えた。特に，彼らは，捏造された出来事が，参加者が実際に目撃した結果（その次の日，キャンプリーダーの1人がキャンプディレクターと深刻なトラブルになった）を説明することに役立ったため，参加者は強制された捏造（たとえば，キャンプリーダーらがガールズキャンプに行ったこと）に関する偽りの記憶を生成させる傾向があったと仮説を立てた。この仮説は，**説明役割仮説**（explanatory role hypothesis）と呼ばれているが，経験した出来事の原因を追求することに人々が強く動機づけられていることを示す多くの研究と一致している（たとえば，Schank & Abelson, 1977）。

　最近の研究では，クロバックとサラゴサ（Chrobak & Zaragoza, 2013）は参加者の強制された捏造と彼らが目撃した出来事の関係を操作して，「説明役割仮説」を検証した。参加者は，クロバックとサラゴサ（2008）で使われたビデオクリップの2つのバージョンのうちの1つを見た。結果あり条件では，参加者は，事後の面接で捏造するように求められる出来事（たとえば，「彼らは，カヌーで夜こっそり抜け出したとき，どこに行き，何をしたか？」）で説明可能な結果（たとえば，キャンプリーダーがトラブルに巻き込まれる）を目撃した。しかし，結果なし条件では，参加者は同じ偽りの出来事質問への回答を捏造するように求められたが（たとえば，「彼らは，カヌーで夜こっそり抜け出したとき，どこに行き，何をしたか？」），彼らはキャンプリーダーがトラブルになる場面の目撃は**なく**，その場面は関係のない場面（キャンプリーダーの乗馬）で置き換えられた。このように，結果なし条件では，参加者の捏造（たとえばガールズキャンプに行く）は，彼らが目撃した結果を説明しなかった。2つの異なる実験で，参加者は面接の6週間後にテストされたが，捏造された出来事が目撃した結果を説明するのに役だった場合（結果あり条件）は，役立たなかった場合（結果なし条件）のおよそ3倍，強制された捏造を目撃したと自由報告し（実験1），誤って同意する（実験2）傾向があった。これらの結果は，強制的に捏造された出来事全体が説明的に機能すると，参加者は虚記憶を生成

する傾向があるという結論を支持している。

　その後の実験で，クロバックとサラゴサ（2013）は，強制された捏造が説明的な役割を担う際には，参加者は虚記憶をより生成する傾向があるというさらなる証拠を提供している。この実験（実験3）では，すべての参加者は，彼らが目撃した結果を説明する出来事を捏造した。たとえば，デラニーという名前のリーダーが食堂でアナウンスをしようと立ち上がったときうつぶせに倒れたのを見た参加者は，——実際，彼らはそのいたずらを見ていなかったが——誰かがデラニーを引っ張り，それによって彼が転んだといういたずらを捏造するように強制された。このケースでは，捏造されたいたずら（たとえば，「ずる賢い人が彼の靴の両ひもを一緒に結んだ」）は，観察した結果（デラニーが食堂で倒れる）の因果関係を説明している。この実験で導入された新しい工夫は，参加者が観察した結果に対して代替説明として機能する可能性がある情報をのちに学ぶかどうかを操作したことである。たとえば，代替説明条件の参加者は，デラニーがメニエール病，つまりバランスの問題を引き起こしうる内耳の障害にかかっていたことをのちに学んだ。このケースでは，なぜ彼が食堂で倒れたかに対して，彼の病状が（捏造された「いたずら」に対して）可能性のある代替説明を提供している。ただし，参加者は付加的な情報とビデオで目撃した出来事の間の潜在的な結びつきをはっきりとは認識していなかった。代替説明のない比較条件では，参加者は，デラニーが天疱瘡と呼ばれる皮膚の状態にあるということをのちに学んだが，これは彼が食堂で倒れたことを簡単には説明できない病状であった。因果的推論に関する研究は，知覚された因果関係の強さが代替説明の存在によって強く影響されることを示してきた。たとえば，ある特定の結果に対して多様な説明の可能性があることは，一つの出来事がその結果の原因であるとみなす傾向を弱めるということである（Einhorn & Hogarth, 1986; Kelley, 1973）。同様の理由で，ある出来事に対して因果説明が1つだけの場合は，認識される因果関係の強さを増す。したがって，目撃された結果に対する代替説明の存在は，捏造された出来事がもつ説明力の強さを減らすはずである。説明役割仮説と一致して，代替説明条件の参加者は，代替説明なし条件の参加者よりも，捏造されたいたずらを誤って再生することが少ないことを証明した。

総合的にみると，上記の研究は，捏造された出来事が説明的な機能を果たすときに，参加者が強制された捏造に関する偽りの記憶をより生成する傾向があるという強い証拠を提示している。これらの知見は，実生活における捜査の状況と特に関係している。なぜなら，ほとんどのケースで，目撃証言の目的は，明確な原因がない結果（たとえば，事故，強盗，殺人）に対する説明を提供することである。そのような状況では，犯罪を「解決する」ことと関係する利害は非常に大きくなるだろう。結果として，捜査面接者は，目撃者が覚えていない，あるいは決して目撃していない出来事を描写するように励ましたり，さらには強要したりして，目撃者に実際の記憶以上のことを求めるかもしれない。この章で報告された結果は，目撃証言が提供する説明機能のために，目撃者は，あるときはただの推測である，あるいは強制された捏造である出来事についての偽りの記憶を生成しやすい傾向があることを示唆している。実際，これらの結果は，目撃者がどの程度虚記憶を生成させる傾向があるかを過小評価しているかもしれない。なぜなら，研究では，人々は予期せず生じるネガティブで重大な結果——これらは犯罪に関係する結果に典型的な特徴である——に対して，特に因果説明を追求する傾向があるということを示してきたからである（たとえば，Weiner, 1985）。

　要約すれば，ソースモニタリングの観点から，2つの理由で，目撃記憶は簡単に事後情報によって汚染される。第1に，原体験の出来事と誤誘導の出来事との間にかなりの重複が存在し，その結果として，2つの情報源を非常に混同しやすくなる。第2に，誤情報の情報源に関する記憶は，その内容に関する記憶よりもはるかに忘れやすい。**情報源**に関する記憶と**内容**に関する記憶との間のこの分離は，強制された捏造の研究で，特に明らかである。この研究では，目撃者である参加者は，8週間もの長い保持期間後に，捏造された出来事を目撃証言に自由に組み込んでいた。このことは，長い遅延後に，参加者は捏造された出来事の内容を覚えているが，彼らがそれを創作したということを覚えていないということを示している。刺激的な近年の発展は，捏造された出来事が目撃した結果を説明するのに役立つ場合には，説明的な役割を果たさない場合と比較して，参加者がこれらの偽りの記憶をより生成する傾向があるという知見である。これらの知見が示唆していることは，将来の研究にとって有望な新

しい方向性は，人々が因果説明を探すことがどのように誘導的な影響の受けやすさに影響を与えるのかを理解するということである。

# 5. 結論

- ■誤情報効果は，心理学のすべての分野において，最も信頼できる堅固な実験結果の一つである。数え切れないほどの研究が，誤誘導の事後の暗示によって目撃証言がどれほど簡単に汚染されうるかを示してきた。
- ■誤情報現象の理論的説明は，いくつかの疑問に焦点を当ててきた。
  - ○誤情報は実際に目撃した詳細情報の記憶を障害するのか？
    現在ある証拠は，記憶障害効果の証拠を示しているが，その効果は小さくて一貫していない。そのような障害効果が永続するのか，もとに戻せないかどうかは究明されていないままである。
  - ○誤誘導された参加者は，誘導された出来事について本物の偽りの記憶を生成するのか？
    誤誘導された参加者は，多くの理由で誤情報を報告するかもしれないが，これらの報告のいくつかは本物の偽りの記憶を反映しているという説得力のある証拠がある。
  - ○これらの偽りの記憶効果の基礎にある認知的メカニズムは何か？
    私たちは，ソースモニタリング・フレームワーク（SMF）が偽りの記憶の発生や大きさをどのように予測するかを示した。
- ■最近の誤情報パラダイムの発展：強制された捏造パラダイムを用いた研究は，誘導的な面接に関する研究を，面接者が強圧的なやり方で目撃者から捏造された情報を引き出す状況に拡大してきた。これらの知見は，参加者が広範囲の架空の出来事全体を捏造するように強制されたケースにおいてさえ，参加者はやがて強制されて捏造した内容についての偽りの記憶を生成させるようになることを示している。
- ■出来事全体の捏造に関わる研究から明らかになった新たな知見は，偽り

の記憶は捏造が果たす説明的な役割の一つの機能であるということである。実生活における多くの状況で，目撃証言の目的が理解されにくい結果に対して説明を提供することであることを考えれば，これは重要な知見である。

# 6. 司法への示唆

- 体験した出来事に対する記憶は，特に偶然の出来事の詳細に関しては，曖昧で不完全であることが多い。
- 目撃者の記憶は事後の情報源——たとえば，ニュース，捜査面接，他の人との会話で遭遇した情報——から非常に汚染されやすい。特に，その新しい情報が記憶のギャップを埋める場合にはなおさらである。したがって，すべての条件が同じであれば，最も正確な証言は，汚染が起こる前の，目撃した出来事の直後に獲得される可能性が高い。
- 参加者が（たとえば，誘導的な捜査面接において）偽りのあるいは誤誘導の事後情報に遭遇すると，彼らは実際には決して見なかった出来事を目撃したと，本物の偽りの記憶を生成するようになることがある。このように，記憶が汚染されると，正直な目撃者でさえ誤る可能性があり，虚偽の証言を自信をもって提供する可能性がある。
- 長い目でみると，強圧的な捜査面接は偽りの記憶につながる。すなわち，かなり抵抗しながら無理矢理に捏造させられたとわかっている証言でさえ，たった数週間で偽りの記憶に発展しうる。したがって，最初は，非常に不確実に提供された虚偽の証言が時間の経過により確信をもつようになりうる。
- 最近の研究は，目撃者は，特に，彼らが目撃した重大な結果を説明するために機能する事後の暗示（あるいは強制的な捏造）に対して偽りの記憶を生成する傾向があることを示している。ほとんどの捜査の目標は重大な結果——たとえば，事故，窃盗，殺人など——を説明できる証拠を

集めることであることを考えれば，目撃者が目撃した出来事の原因を説明する際に，自身がもつ実際の記憶を超えさせないように捜査員は注意すべきである。というのは，これらの「説明的な」推測が特に偽りの記憶を生成する可能性があるからである。
- ■誘導的あるいは暗示的な捜査面接は，目撃者の想起の正確さを深刻に損なわせる可能性があるので，避けるべきである。しかし，誘導的あるいは暗示的な面接のすべての事例を防ぐことはできないため，すべての捜査面接を録音・録画することで，記憶を汚染してしまったケースを特定する手段となるだろう。

**Interrogative Suggestibility and Compliance**

Gisli H. Gudjonsson

# Chapter 3

# 尋問による被誘導性と迎合性

ギスリー・H・グッドジョンソン

### KEY POINTS

本章の目的は,以下に関する理論と研究を考察することである。

- グッドジョンソン被誘導性尺度(Gudjonsson Suggestibility Scales, GSS 1とGSS 2)とグッドジョンソン迎合性尺度(Gudjonsson Compliance Scale:GCS)の開発
- 尋問による被誘導性に関するモデル
- 被誘導性と迎合性における個人差
- 被誘導性,迎合性,虚偽自白の関係
- 被誘導性と迎合性における記憶不信(memory distrust)の役割
- GSSとGCSの反応歪曲(malingering)

1980年代初頭には,臨床や研究の目的で使用できる個人差変数としての尋問による被誘導性を測定する検査はなかった(Gudjonsson, 1992; Gudjonsson & Gunn, 1982)。この観点から,グッドジョンソンはGSS 1を構成し,開発した(Gudjonsson, 1983, 1984)。それに続き,尋問による被誘導性の理論構築を行ない(Gudjonsson & Clark, 1986),GSS 2(Gudjonsson, 1987)およびGCS

(Gudjonsson, 1989) を出版した。これらの尺度に関するマニュアルは 1997 年に出版された (Gudjonsson, 1997)。これらの尺度については非常に多くの研究が行なわれており，本章では重要な研究を概観する。グッドジョンソンの論文や著書 (Gudjonsson, 1992, 1997, 2003a, b) では，尺度の開発と司法実務への適用が概観されている。さらに，これらの尺度については 2 つの厳密に独立したレビューがある。一つのレビューは，グリッソ (Grisso, 1986) による GSS 1 の初期の開発に関するものであり，それは GSS 2 の開発につながった。もう一つのレビューは，より最近のものでは，ブロス検査センターが出版した「第 17 版　心理測定年報 (*The Seventeenth Mental Measurement Yearbook*)」(Janoson & Frumkin, 2007) に掲載されたものである。本章では，これらのレビューに基づき，これらの尺度の司法での利用に関する最も重要な知見に焦点を当てるとともに，最新の知見を示す。

## 1. 尋問による被誘導性の定義と初期の開発

　被誘導性の概念は，もともと，催眠現象を説明するために発展してきた。被誘導性の初期の検査が運動感覚システムに対する誘導の影響を測定してきた理由が，そこにある。これに対し，尋問による被誘導性は，過去の経験や出来事，想起，知識を思い出した状態に主な関心を置いていた (Gudjonsson, 2003a)。これが，被疑者や被害者，目撃者に対する警察の取調べが関連する理由である。尋問による被誘導性の理論構築において，グッドジョンソンとクラーク (Gudjonsson & Clark, 1986) は，尋問による被誘導性を「閉鎖的な社会的相互作用の中で，正式な取調べの間に送られたメッセージを受け入れるようになり，その結果としてその後に続く行動的な反応が影響される程度」(p.84) と定義した。

　「尋問による被誘導性」の考えは，最初にビネー (Binet, 1900) によって提唱され，その後，シュテルン (Stern, 1939) など他の研究者によって，得たい回答や期待する回答を暗示するような言い回しを用いることで誘導質問が歪ん

だ反応を生み出しうることを示すために用いられてきた。のちに，研究者たちは，この種の被誘導性を引き出すためにシュテルンが用いたものと類似した，もしくは修正した手続きを用いた（たとえば，Loftus, 1979 や Stukat, 1958）。グッドジョンソン（Gudjonsson, 1983）は，それとは異なる取調べ（尋問）の被誘導性の考えを提唱した。これは，面接者が期待していないが，おそらくは

---

### Box 3.1　グッドジョンソン被誘導性尺度の手続き

　GSS 1 と GSS 2 は，短い物語と 20 の質問（うち 15 問は誘導質問）から構成される。2 つの尺度は同種の検査であり，類似した形式となっているが，GSS 1 の物語は犯罪に関する内容であり，GSS 2 の物語は家族に関する中立的な内容となっている。

　物語は検査の実施者によって読み上げられる。次に，参加者は，その物語について思い出せることをすべて報告するように求められ，この手続きが 50 分後にも繰り返される。その後，参加者は 20 問の質問を尋ねられる。その後，参加者は否定的フィードバックを受け，質問が再び繰り返される——すなわち，「たくさん間違えていました。そのため，もう一度質問をやり直す必要があります。今度は，より正確に答えるよう努力してください」と参加者に伝えられる——。

　GSS には，次の指標がある。

- ■直後再生（スコアの範囲は 0 − 40 点）
- ■遅延再生（スコアの範囲は 0 − 40 点，通常 50 分の間隔をおく）
- ■直後再生における作話（作話回答は，誘導を受けていない不正確な回答である）
- ■遅延再生における作話
- ■Yield 1（否定的フィードバックを受ける前に，誘導質問に誘導されてしまう程度，スコアの範囲は 0 − 15 点）
- ■Yield 2（否定的フィードバックを受けた後に，誘導質問に誘導されてしまう程度，スコアの範囲は 0 − 15 点）
- ■Shift（20 問の質問の中で参加者が回答を変えた数，スコアの範囲は 0 − 20 点）
- ■被誘導性の合計（Yield 1 と Shift のスコアを足し合わせたもの，スコアの範囲は 0 − 35 点）

正しい被面接者の回答を，その正当性を疑ったり，否定的なフィードバックを与える——すなわち，たくさん間違えていたので，もっと努力する必要があると被面接者に伝える——ことにより，「変更（Shift）」させることができる程度と関連している。これらは異なる2つのタイプの被誘導性であり，文献では"Yield"と"Shift"と呼ばれる。これらの用語は，「グッドジョンソン被誘導性尺度（Gudjonsson Suggestibility Scales：GSS）」（Gudjonsson, 1997）に含まれており（Box 3.1参照），尋問による被誘導性について実証的な指標を提供している（Gudjonsson, 2003a）。

　GSSの信頼性は良好である。クロンバックのαで測定されるGSS 1の内的一貫性は，Yield 1で0.77，Shiftで0.71である（Gudjonsson, 1984; Singh & Gudjonsson, 1987）。GSS 1で測定した被誘導性とGSS 2で測定した被誘導性の相関は高い。被誘導性の合計では，GSS 1とGSS 2を同じときに測定した場合の触法精神障害者（forensic patients）における相関0.92から，GSS 1とGSS 2を異なる機会に測定した場合の触法精神障害者における相関0.81までの範囲の相関を示していた（Gudjonsson, 1987）。このことは，被誘導性には，合理的に考えうる継時的安定性があることを示している。

　GSSマニュアルは，直後再生と遅延再生との間に約50分をおくことを推奨している。スメーツら（Smeets, Leppink, Jelicic, & Merckelbach, 2009）は，この記憶の実施手続きが，GSS 1の被誘導性の値に影響を与えるかどうかを検討した。参加者は80人の大学生であり，ランダムに次の4つの実験条件に20人ずつ割り当てられた。①GSSマニュアルに沿った標準的な手続き——すなわち，直後再生と遅延再生の間に50分の間隔をおく——で，物語の内容についての質問が行なわれた後で，否定的フィードバックとともに同じ質問が繰り返される（「GSS質問」と呼ぶ），②直後再生の後——すなわち，50分の遅延時間なし——にGSS質問が行なわれる，③物語が読み上げられた直後——直後再生と遅延再生なし——にGSS質問が行なわれる，④物語が読み上げられた50分後にGSS質問が行なわれるが，直後再生と遅延再生はない——すなわち，物語のリハーサルはない——。

　Yield 1，Yield 2，Shift，被誘導性の合計のいずれの値も，4つの実験条件間で有意な差は認められなかった。この結果は，被誘導性の値は，記憶再生手続

きの操作——すなわち，50 分の遅延時間の有無——もしくは GSS の質問が物語のリハーサルなしで行なわれるかどうか——すなわち，直後再生なし——による影響を受けないことを示唆している。この論文の著者らは，検査手続きに時間的制約があるのであれば，GSS は遅延時間や直後と遅延の記憶再生なしで，被誘導性の値に有害な影響を与えることなく実施できることを示した。それにもかかわらず，著者らは，この研究の結果を，司法の対象となる人たちで再検証することなしに司法の対象者に一般化することについて，明確に警告している。

## 2. 尋問による被誘導性に関するグッドジョンソンとクラークのモデル（1986）

　この尋問による被誘導性のモデルでは，グッドジョンソン（Gudjonsson, 1983）によって初めて提唱された被誘導性の「誘導質問」と「否定的なフィードバック」とが統合されている。このモデルは，社会的，物理的環境における他者との相互作用の中で被誘導性が生じることを示している。このモデルの基本的な仮説は，尋問による被誘導性が，尋問における 2 つの重要な側面——すなわち不確かさと期待——に直面したときに，人々が生み出し，適用する対処方略に依存するということである。聴取されるとき，人々は，質問とその質問がなされた文脈を認知的に処理しなければならない。このために，人々は一つ以上の一般的な対処方略を用いる。この過程において被面接者は，一方では「不確かさ（uncertainty）」や「対人間の信頼（interpersonal trust）」について，他方では「期待（expectations）」について対処する。これら 3 つの要素は，被誘導性の過程に絶対不可欠な前提条件になりうるものであり，得られる回答に影響を与えるために面接中に操作可能なものである。グッドジョンソンの著書（Gudjonsson, 2003a）は，このモデルの異なる側面——たとえば，期待を増大させること，誘導質問に注意するよう警告すること，質問の間に利用される対処方略のタイプ——をうまく検証した研究について詳細な情報を提供している。

グッドジョンソンとクラークのモデルは，ロフタス（Loftus, E. F.）の典型的なパラダイムとはいくつかの点で異なっている（Gudjonsson, 2003a）。スクーラーとロフタス（Schooler & Loftus, 1986）は，「個人差アプローチ」と「実験的なアプローチ」という2つの補完的なアプローチに現われる主要な違いについて議論している。実験的なアプローチはタイミング――すなわち，出来事を観察した後の時間の長さ――と，質問の性質――たとえば，質問が誤誘導の事後情報を含んでいるかどうか――に焦点をおき，被誘導性は「矛盾の検知（discrepancy detection）」――すなわち，観察したものと誘導されたものとの間の矛盾を検知する能力――と呼ばれる中心的な認知的メカニズムによって主に媒介されると考える。対照的に，個人差アプローチでは，誘導質問と尋問のプレッシャーに従うという観点から，尋問における潜在的な脆弱性として被誘導性を解釈する。

## ――GSS の修正版――

　他の研究者たちによって作成された，いくつかの GSS 修正版がある。彼らの開発の根拠と得られた研究知見についてこの節で概観する。
　スカリンとセシ（Scullin & Ceci, 2001）は，GSS の Yield と Shift の形式を利用し，3 歳から 5 歳の子どものために，記憶すべき出来事をビデオで提示する被誘導性尺度を開発した（ビデオ被誘導性尺度；VSS）。参加者は 195 人のアメリカの子どもたち（男児 97 人，女児 98 人）であり，Yield と Shift の値は GSS の先行研究に基づいて予測されたように異なる因子に分かれ，十分な内的一貫性（クロンバックの $\alpha$ は，Yield 1 で 0.85，Shift で 0.75）を示していた。この論文の著者たちは，幼い子どもにおいても，面接の被誘導性について信頼性をもって測定できると結論づけた。マクファーレンとパウエル（McFarlane & Powell, 2002）は，46 か月から 67 か月（3 歳 10 か月から 5 歳 7 か月，平均 4.9 歳）の 77 人のオーストラリアの子どもたちを対象に，他の被誘導性指標に対する VSS の妥当性を部分的に検証した。Yield は，別に提示された経験していない出来事を容認することと，誤った内容の報告数に対する有意な予測因子であることが見いだされた。対照的に，Shift は他の被誘導性指標とは関連して

いなかった。著者らは 2 つの結論にいたった。一つは，ある尺度における誘導による影響の受けやすさは，他の文脈における誘導による影響の受けやすさに一般化できないだろう——すなわち，子どもたちの記憶がどのように引き出されるのか，そして，被誘導性がどのように測定されるのかが，結果に影響を与える——ということである。このことは，文脈が重要であることを意味している。2 つめは，就学前の子どもたちにおいては，Shift よりも Yield のほうがより信頼できる妥当な被誘導性の指標であるというものである。

　キャンデルら（Candel, Merckelbach, & Muris, 2000）も，GSS の Yield と Shift の形式に基づき，子どもを対象とした被誘導性の尺度を開発した。それは「供述の被誘導性に関するボン検査（Bonn Test of Statement Suggestibility：BTSS）」と呼ばれ，4 歳から 10 歳の子どもの面接における被誘導性を測定するためにオランダで開発された。その研究には，48 人（男児 24 人, 女児 25 人）のオランダ人の子どもたちが参加した。Yield 1，Shift，被誘導性の合計のクロンバックの $\alpha$ は，それぞれ，0.78, 0.82, 0.87 であった。6 週間の間隔をおいた再検査信頼性は Yield 1 で 0.90，Shift で 0.78，被誘導性の合計で 0.90 であった。BTSS の併存的妥当性は，被誘導性の Yield 1 の値を，子どもたちの被誘導性についての教師による評価によって裏づけることで示される。著者らは，幼い子どもたちに対して使用する場合には，BTSS は GSS よりも優れていることを示している。

　ゴラシーニら（Gorassini, Harris, Diamond, & Flynn-Dastoor, 2006）は，GSS 1 のコンピュータ実施版を開発した。この研究の主な目的は，GSS 1 のコンピュータ実施版の中でフィードバックが適切になされるかどうかを検討することであった。参加者は，大学の心理学入門コースを履修中の女性 40 人と男性 36 人であった。参加者の約半分には中立的なフィードバックが与えられ，半分には GSS マニュアルどおりにフィードバックが与えられた。予測されたように，2 つのフィードバックの教示群で統計的に有意な差が認められた——すなわち，GSS マニュアルどおりのフィードバックは，中立的なフィードバックに比較して統計的に有意に多くの Shift を導き出していた——。この知見は，この尺度のフィードバック部分を含めて，GSS がコンピュータによっても十分に実施可能であることを示していた。しかしながら，著者たちは標準

的な GSS 条件（たとえば，物語の読み上げ，口頭質問，言語的フィードバック）を再現するために，コンピュータのインターフェイスをさらに修正することを推奨していた。

GSS を修正する試みは，人々が誘導質問に従うこと（Yield）と，尋問のプレッシャーに従うこと（Shift）の双方を測定することの重要性を認めてきた。GSS は，これら 2 つの異なる被誘導性の指標を初めて取り入れた尺度であり，それは尋問による被誘導性の理論と測定の基礎となった（Gudjonsson, 2003a）。

―― 迎合性 ――

グッドジョンソン（Gudjonsson, 2003a）は，迎合性を「直近の道具的な利益のために，意見や要求や教示に従う傾向」（p.370）と定義した。被誘導性と迎合性の主な違いは，被誘導性が，迎合性とは異なり，誘導された情報を個人が受け入れることを意味する点である――すなわち，被誘導性は個人の信念システムとより関連している――。その他の違いとしては，被誘導性が，――GSS 1 や GSS 2 が基礎におく「短い」尋問形式による実験手続きによって測定可能であるのに対し，迎合性は，実験的な方法での測定は困難であり，典型的には対象者の自己申告や評価によって測定されることである。グッドジョンソン迎合性尺度（Gudjonsson Compliance Scale：GCS, Gudjonsson, 1997）は 20 項目からなり，対象者に自分と関連するかを「当てはまる」「当てはまらない」で評価することを求める。スコアの範囲は 0 から 20 である。質問の例は「自分が正しいと強く主張する人には，従ってしまう」「期待どおりにふるまおうと，とても頑張っている」などである。この尺度は，中程度の内的一貫性（クロンバックの $\alpha$ は 0.71）を示し，再検査信頼性は 0.88 であった（Gudjonsson, 1987）。

被誘導性に比較して，GCS の開発の背景は，ミルグラムの服従研究（Milgram, 1974）と関連しており，相手を喜ばせ，葛藤や直面を避けることを熱望することが服従（迎合）行動の重要な要素である（Gudjonsson, 1989, 1997）。グッドジョンソン（1989）によれば，被誘導性の尺度は特に警察の聴取における脆弱性を示すために開発されたが，GCS は，他者からの搾取の影響を受けやすいこと（たとえば，操作されやすさや，騙されやすさ，犯罪行動に関与させようとす

るプレッシャーへの従いやすさ）を測定するという，もう一つの付加的な目的をもって開発された。迎合性のこの側面は，犯罪行為への追従動機（Gudjonsson & Sigurdsson, 2004, 2007）や，行なっていない反社会的行為の責任を取ること（Gudjonsson, Sigurdsson, & Einarsson, 2007）に関連して研究され，検証されてきた。GCSを用いた研究は，ある状況における迎合しやすさは，その人が他の状況においても要求に従いやすいという傾向を強めることを示している（Gudjonsson, Sigurdsson, Einarsson, & Einarsson, 2008）。迎合性は児童期の性的虐待歴と関連することが見いだされている（Gudjonsson, Sigurdsson, & Tryggvadottir, 2011）。

## 3. 個人差とGSSとGCS

　被誘導性と迎合性は，低い知能（IQ）や記憶の弱さ，不安，低い自尊心，逆境の経験歴などの要因によって，潜在的に媒介されているようである。それらの要因は，尋問に含まれる不確かさや期待に対処する能力を制約する。

　グッドジョンソン（Gudjonsson, 2003a）は，IQと記憶と被誘導性の関係について概観し，低いIQと記憶の弱さは被誘導性と正の相関をすると結論づけた。しかし，証拠は，Yield 1タイプの被誘導性はShiftに比較して記憶などの認知的な要因とより強く関連するというグッドジョンソンとクラークの理論（Gudjonsson & Clark, 1986）を支持している。対照的に，ShiftはYield 1に比較して，不安や乏しい対処方略とより強く関連している（Gudjonsson, 2003a）。また，ShiftはYield 1に比較して，睡眠はく奪（Blagrove, 1996; Blagrove & Akehurst, 2000）やアルコール・薬物の離脱からの影響を受けやすい（Gudjonsson et al., 2004; Gudjonsson, Hannesdottir, Petursson, & Bjornsson, 2002）。

　多くの研究が，知能（IQ）と迎合性との間の関係を検討している。GCSのオリジナルの研究では，グッドジョンソン（Gudjonsson, 1989）は，ウェクスラー式知能検査改訂版（WAIS-R）によって測定される全検査IQと迎合性との間

に統計的に有意な関連を見いださなかった。彼は,「迎合性は,被誘導性のように記憶の過程に関連してはいないため,被誘導性と同じようには IQ と関連しなかった」(p.538) と結論づけた。しかし,60 の裁判鑑定例の研究において,迎合性は,WAIS-R によって測定される言語性 IQ および動作性 IQ との間に負の関連を示していた。相関は,-0.25 から -0.29 の間であった ($p < 0.05$)。

より最近の 2 つの研究は,迎合性と IQ との間に有意な負の関連を見いだしている(Gudjonsson & Young, 2010; Sondenaa et al., 2010)。その 2 つの研究は,2 つの言語性検査(語彙,類似)と 2 つの動作性検査(行列推理,積み木)の下位検査からなるウェクスラー式知能検査短縮版(WASI, Wechsler, 1999)を使用していた。グッドジョンソンとヤング(Gudjonsson & Young, 2010)は,102 人の無職者のサンプルにおいて,全検査 IQ と迎合性との間に負の関連($r = -0.59$)を見いだした。被誘導性や黙従のほうが IQ との関連は低かった。黙従と迎合性との間の共分散は,ほぼ完全に IQ によって媒介されていた。言い換えれば,黙従と迎合性との関係は,知能によって引き出されていた。このサンプルは,IQ の範囲の低いほうの端に偏っており(平均 91.7,標準偏差 17.8,レンジ 53 - 131),参加者の 10% は 70 未満の IQ を有していた。

ソンデナら(Sondenaa, Rasmussen, Palmstierna, & Nottestad, 2010)は,受刑者を対象に GSS 1 と GCS のノルウェー語翻訳版を用いた。受刑者には,ウェクスラー式知能検査短縮版(WASI)も実施した。WASI の IQ は,直後再生(遅延再生は測定されなかった)と GSS 1 の被誘導性尺度とに有意に関連していた。全検査 IQ と迎合性との間の相関は -0.36 ($n = 119$)であり,それは,全検査 IQ と GSS 1 の被誘導性の合計との間の相関に近い値であった。著者らは,GCS が IQ70 未満の受刑者にも利用可能であること——IQ70 未満の受刑者は,それ以上の知的能力をもつ受刑者に比較してより迎合性が高く,その結果は大きな効果量を示した——を見いだした。しかし,グッドジョンソン(Gudjonsson, 1997)は,読解のスキルに制約があるため,知的能力の低い人たちへの GCS の使用には注意深くなるべきであることを推奨している。グッドジョンソンとヤング(2010)による研究知見がこれを確認している。 迎合的な反応を示す項目のほとんどが,それに肯定的な反応をすることで得点化されるために,低い IQ 値をもつ人たちの黙従しやすいという特徴は GCS の迎合性のスコアを

見かけ上，増大させるだろう。この観点において，実務家は，可能なかぎり，迎合性スコアの解釈の補助とするために，IQ の低い人たちの迎合性と同時に黙従性を評価しなければならない。被誘導性の個人差についてのさらなる研究については Chapter 5 および Chapter 7 を参照されたい。

## ── 記憶に対する自信の欠如と被誘導性──

　被疑者の自身の記憶に対する自信の欠如は，1973 年に 10 代の少女を殺害したとして有罪判決を受け，1992 年に上告審により釈放されたアンドリュー・エバンスの事例（Gudjonsson, 2003a, pp.482-493; Gudjonsson, Kopleman, & MacKeith, 1999）やバージット・テングスのいとこの事例（Gudjonsson, 2003a, Chapter 23）などの殺人事件において，「内面化型」虚偽自白の重要な前兆として見いだされてきた。これに関し，グッドジョンソンとマッキース（Gudjonsson & MacKeith, 1982）は，「記憶不信症候群（memory distrust syndrome：MDS）」という概念を提唱した。グッドジョンソン（2003a）は，この心的状態を「人が自身の記憶として想い出す内容に対し深い不信感をつのらせ，その結果として外部の手がかりや誘導に非常に頼りやすくなる状態」（p.196）と定義した。MDS は，2 つの異なる条件と関連している。一つは，医学的な条件（器質的な問題，アルコール酩酊やブラックアウト）もしくは心理学的な条件（心因性の健忘）のために，被面接者には嫌疑のかかっている犯罪の時間に何をしていたかについて明確な記憶がないというものである。もう一つは，被面接者が出来事について十分に明確な記憶をもつが，警察による尋問や操作によって──たとえば，特定の犯罪に関連した出来事の報告において，記憶の問題があることが示唆されることによって──，自身の記憶に自信がなくなってしまうものである。バン・バージェンら（van Bergen, Jelicic, & Merckelbach, 2008）による実験研究は，記憶不信と虚偽自白の関連や，記憶に対する自信を低下させる質問技法の有害な影響を支持する結果を見いだした。

　記憶に対する自信の欠如は，GSS 1 によって測定される被誘導性と関連することが見いだされた。GSS 1 に関する最初の研究（Gudjonsson, 1983）において，参加者は，各質問の後に回答の自信の程度を 0 から 100 の尺度で評価するよう

求められた。記憶に対する自信は被誘導性のYield 1と負の関連をしていた――分散の9%を説明し，中程度の効果量を示していた――が，Shiftとは関連していなかった。参加者に彼らの回答に対する自信のレベルを評定するよう直接求めることとは別に，記憶に関する自信の欠如の可能性を示唆する2つの指標がある。一つは，同じ質問に対してさまざまな反応を示すこと――たとえば，「そう」「そうかな」「そう，そう思うよ」――によって，参加者が反応をためらうかどうかを検査できる。もう一つは，参加者が「わからない」という反応をした回数の割合によって示すことができる（Gudjonsson, Young, & Bramham, 2007）。

## ――被誘導性と迎合性，真偽が問われる自白や虚偽自白――

すでに議論してきたように，GSS 1とGSS 2，GCSは，警察の取調べにおいて重要となる脆弱性――すなわち，取調べにおいて誘導的な質問がなされたり，プレッシャーがあるときに，提示された誤誘導情報や虚偽情報からの影響の受けやすさ――における個人差を測定するために作成されたものである。これらの尺度は，1985年のトッテナム暴動のときに警察官を殺害したことで有罪判決を受けたいわゆる「トッテナムの3人」の一人であるエンジン・ラグヒップの事例で，1991年に英国上訴審で初めて認められた。これらの尺度はその後多くの英国上訴審で引用され，2001年12月にはドナルド・ペンドルトンの事例（Gudjonsson, 2003a, b, 2006, 2010a, b）において貴族院によって承認された。また，これらの尺度は，米国や他の国においても法廷で認められてきた（Frumkin, 2008; Fulero, 2010; Gudjonsson, 2003a, 2010b; Gudjonsson & Sigurdsson, 2010a）。

すべての争点となっている自白が虚偽自白というわけではない（Gudjonsson, 2003a）。カシンとグッドジョンソン（Kassin & Gudjonsson, 2004）は，警察の面接における虚偽自白を「実際にはやっていない犯罪行為についてのあらゆる詳細な自白」（p.48）として定義している。虚偽自白は時々生じるが，その理由は多面的である（Gudjonsson, 2003a; Kassin et al., 2010）。虚偽自白を生み出すという観点では，誘導質問の影響を受けやすいこと，尋問のプレッシャー

に対処できないこと，そして高い迎合性が，警察の取調べにおける重要な脆弱性であると考えられる（Kassin et al., 2010）。

　シグルドソンとグッドジョンソン（Sigurdsson & Gudjonsson, 1996）は，GSS 1 における作話と被誘導性が，内面化型の「虚偽自白者」——すなわち，自身が有罪であると信じる虚偽自白者——と「非虚偽自白者」とを識別することを見いだした。一方で，迎合性は，すべてのタイプ（「自発型」「追従型」「内面化型」）の虚偽自白を識別した。内面化型虚偽自白は，単に要求に従うというよりは，信念体系の変化と最も関連しており，この知見は，尋問による被誘導性に関するグッドジョンソンとクラークのモデル（Gudjonsson and Clark model）と一致している。

　逸話的な事例研究で示される虚偽自白者は，一般的に，非虚偽自白者に比較して高い GSS スコアと GCS スコアを示す（Gudjonsson, 2003a, 2010a）。しかしながら，GSS 1，GSS 2，GCS は自白の真偽についての測定を意図してはおらず，それらの尺度は，自白が争点となる事例において重要となりうる脆弱性を測定するだけである。この点が，実務においてみられる最も一般的な誤解である（Gudjonsson, 2010c）。事実，自白の真偽を検知するために利用できる心理学的な検査はない。

　一般的には，警察による取調べの結果は，①環境，②勾留のプレッシャー——すなわち，拘禁や尋問——，③身体的・精神的健康要因，④心理学的脆弱性——たとえば，被誘導性，迎合性——，⑤サポート要因——すなわち，勾留中の法的助言や「アプロプリエイト・アダルト」［訳者注：英国では，少年や精神障害等の脆弱性の高い成人が警察に逮捕・留置される場合に，彼らに心理的・福祉的サポートを提供する役割を担う者を手続きに関与させる，「アプロプリエイト・アダルト（AA）」という制度がある。AA は，取調べに立ち会い，その間，対象者に対して心理的・福祉的なサポートを行なうことができる］の利用——の相互作用からなる動的過程を含んでいることを認識することは重要である。さらに，知的障害を有する被疑者は，一般的に，他の脆弱性を有するグループよりもさらに虚偽自白をしやすいと考えられている（Gudjonsson, 2003a, 2010a）。

　被誘導性と迎合性のスコアの上昇は，一般的に，しかし専らというわけではなく，上告審で有罪判決が翻った例（Gudjonsson, 2006），もしくは虚偽自白

## Box 3.2　注意欠陥多動性障害（ADHD）と虚偽自白，被誘導性，迎合性

　ADHDを有する受刑者に関する最近の研究において，グッドジョンソンら（Gudjonsson, Sigurdsson, Einarsson, Bragason, & Newton, 2008）は，ADHD症状を示す成人受刑者における虚偽自白の申告割合は41％であり，他の受刑者におけるそれは18％であることから，ADHD症状と虚偽自白との強い関連を示唆することを見いだした。被誘導性や迎合性が個人の虚偽自白の傾向を高めるように，ADHDを有する受刑者がとりわけ迎合しやすかったり，誘導されやすかったりするのかを検討するために多くの研究が行なわれた。
　グッドジョンソンら（Gudjonsson et al., 2007）は，36人のADHD患者と36人の健康な統制群とでGSS 2の被誘導性スコアを比較した。直後再生や遅延再生の値は有意に低いにもかかわらず，ADHDの人たちは統制群に比較して有意に誘導されやすいということはなかった。彼らは，質問されている間，誘導や尋問のプレッシャーに従うのではなく，「わからない」を過度に使用することによって質問に対処していた。著者らは，ADHDの人たちが質問にどのように対処するかを理解するにあたっては，記憶の欠陥よりも行動の抑制や記憶に対する自信の欠如のほうがより重要であることを示している。記憶に対する自信の欠如が記憶不信症候群（本章の前節を参照）の影響を受けやすくするという科学的な証拠があり，そしてそれが虚偽自白に結びついていた（Gudjonsson, 2003a; Gudjonsson et al., 1999）。
　グッドジョンソンら（Gudjonsson et al., 2008）は，ADHDの診断基準となる症状と被誘導性や迎合性との関係を検討した。参加者は90人のアイスランドの受刑者であり，27人（30％）は調査時にADHDの症状を示していた。受刑者のADHD症状の有無で，GSS 1の記憶再生や被誘導性スコアに違いは認められなかった。これに対して，ADHD症状を示すグループは，GCSにおいて統計的に有意に高い迎合性を示していた。迎合性と調査時のADHD症状との相関は0.45――すなわち，20％の共分散――であった。
　最後に，グッドジョンソンとシグルドソン（Gudjonsson & Sigurdsson, 2010b）は，ADHDの主要症状が迎合性と最も強く関連していたと解析した。注意欠陥と迎合性の相関は0.50，多動性・衝動性と迎合性の相関は0.29であった。回帰分析の結果は，多動性・衝動性の症状よりも，注意欠陥がよりよく迎合性を予測することを示していた。著者らは，社会的な受動性やADHDの混乱した側面に最も関連する顕著な機能障害として注意欠陥を関連づける，新しい重要な知見であると考えた（Gudjonsson, Wells, & Young, 2012）。
　つまり，これらの知見はADHDが被誘導性よりも迎合性とより関連して

> いることを示している。また，ADHD を有する受刑者における記憶不信と「わからない」という反応を示す傾向との間に関連がある可能性についての興味深い問いをも提示している。

が証明された例（Gudjonsson, 2003a）で見いだされた。なぜ被疑者が虚偽自白をするのかについてはさまざまで異なる理由があり，事例ごとにそれぞれのメリットに基づいて考慮される必要がある（Gudjonsson, 2010a）。検査スコアは，特筆すべき背景情報や警察の取調べの性質，その他勾留のプレッシャーなどの検査以外から得られる情報から独立して解釈されるべきではない。検査スコアを解釈するときに，警察によって用いられた取調べ技術のタイプや性質を考慮することは，ほとんどの事例で不可欠である（Gudjonsson & Pearse, 2011）。GSS 1 や GSS 2，GCS が虚偽自白をする傾向を直接測定するものではないという事実に照らせば，偽陽性や偽陰性の誤判定率を示すことは適切ではない（Gudjonsson, 2010c, Box 3.2）。

## 4. GSS と GCS の反応歪曲

　GCS は自己申告に基づくもので，項目の直接的な意味が明白であり，高いスコアが法律家によって都合のよいように解釈されうることから，GSS 1 や GSS 2 に比較して法廷でより問題となりやすい。それゆえ，高い迎合性に関する独立した補強証拠，たとえば信頼のおける情報提供者や特筆すべき背景情報は有用である（Gudjonsson, Sigurdsson, & Einarsson, 2004）。重要なことに，グッドジョンソン（Gudjonsson, 2003a）は，自白が争点となる事例で指示されたときに「自白の専門家」を支援するための詳細な査定モデルを提供している。そうした事例では，GSS 1，GSS 2，GCS を利用した被誘導性や迎合性の特性の評価が含まれることが多い。
　それにもかかわらず，反応歪曲——すなわち，心理検査の反応を故意に偽る

こと——は，司法過程で行なわれるアセスメントにおいてしばしば生じ，それが生じたときにこれを検出するためのいくつかの方法が考案されている（Gudjonsson & Young, 2009）。グッドジョンソン（Gudjonsson, 1997, 2003a）は，GCS の自己申告の性質と，項目が容易にわかりやすいことについて懸念している。このために，彼は裁判で争われる事例で得られたスコアを解釈するときに，GCS と並行して実施される独立した情報提供者が記載する質問紙（GCS の E 様式）や，独立した記録から得られる迎合性の証拠，迎合性と関連する心理特性——たとえば，不安や低い自尊心など——の証拠など，傍証となる情報を得ることを推奨している。

ハンセンら（Hansen, Smeets, & Jelicic, 2010）は，実験デザインを用いてGSS 1 と GCS の反応歪曲の疑いについて検討した。3 つの実験条件があり，各条件に参加者 30 人が割り当てられた。条件 1（「誤誘導群」）において，参加者は，犯罪捜査の過程で取調べを受けた被疑者で，誘導質問の影響を受けやすく，誘導質問に容易に従うと面接者が確信するようにふるまうよう教示された。条件 2（「迎合群」）における参加者は，犯罪捜査の過程で取調べを受けた被疑者で，他者を喜ばせたく，他者との葛藤を避けたがっている——すなわち，他者からの要求や期待に容易に従ってしまう——と面接者が確信するようにふるまうよう教示された。条件 3（「標準群」）は，標準的な教示がなされた——すなわち，犯罪捜査場面や反応歪曲をするという設定はなかった。その結果，GSS 1, Yield 1, Shift は反応歪曲の教示による影響を受けないことが示された。特に，条件 1 の参加者たちは，「誘導質問を受け入れるように」という教示を明確に受けたにもかかわらず，反応歪曲の教示による影響は見いだされなかったが，このことは，「教示された反応歪曲者は，GSS の背後にある考えをまったく理解できなかった」（p.227）ことを示している。これに対して，GCS では，故意に高スコアであるふりをすることはより簡単であることをこの研究は示していた。すなわち，条件 1 と条件 2 の参加者は標準条件の参加者に比較して有意に高い GCS スコアを示していたのである。

反応歪曲に関する他の研究では，GCS よりは GSS に焦点が置かれてきた。これらの研究は，参加者に対して，検査で反応を歪曲する方法についてより明示的な教示——たとえば，誘導質問に従うこと，プレッシャーの影響を受けて

いるようにふるまうこと，面接者の言うことに合わせること——をしていた。反応歪曲条件の参加者に提示された教示は，その性質からして，検査の特性を明らかにしており，実際の検査で与えられる教示とは対照的である。バクスターとベインの研究（Baxter & Bain, 2002），ブーンらの研究（Boon, Gozna, & Hall, 2008），ハンセンらの研究（Hansen et al., 2010），スミスとグッドジョンソンの研究（Smith & Gudjonsson, 1986），ウールストンらの研究（Woolston, Bain, & Baxter, 2006）は，重要な研究である。バクスターとベインの研究とウールストンらの研究は，Yield 1 が Shift に比較して偽りやすいことを示している。すなわち，誘導質問をされることを事前に教えられた参加者は，誘導質問を特定しやすく，そうするよう教示があればスコアを高くすることができるのである。

　ハンセンら（Hansen et al., 2010）は，人々が検査の目的に気づかないかぎり，もしくは回答を偽るよう明確に教示を与えられないかぎり，GCS や GSS の尺度の反応歪曲に関する研究は，実務に適用されないという重要な点を述べた。GSS については，人々は自身の記憶が検査されると教示される——すなわち，彼らは，被誘導性が測定されるとは告げられていない——。同様に，GCS についても，人々は彼らの迎合性が測定されるとは告げられていないが，項目のいくつかは非常に明示的であるため，司法鑑定の間に検査の目的に気づく人もいるだろう。検査の反応を偽ろうと動機づけられていたならば，そうすることは可能であり，そしてたとえ偽ろうとしなくても，検察は高スコアが反応歪曲の結果ではないかと議論することが多いだろう（Gudjonsson et al., 2004）。しかしながら，検査の巧妙さ——すなわち，値が自己申告に基づかない——という観点から，被誘導性の反応歪曲は司法の事例においてはまれにしか問題にならないだろう。

## 5. 結論と司法への示唆

■取調べ（尋問）の被誘導性と迎合性の概念と実証的な指標は，自白が争点となった事例や，より一般的には目撃者の証言を評価するときに重要

となる脆弱性を特定するために，よく確立されたものであり，妥当性が検証されたものである。

■ GSS とその後の修正版によって測定される被誘導性は，取調べ場面における不確かさや対人間の信頼や期待を扱うための対処方略を含む，尋問による被誘導性のモデルの中で概念化されている。

■ 被誘導性と迎合性は，IQ や記憶，不安，自尊心，記憶不信などのさまざまな要因による影響を受ける。Yield（誘導質問に従う）と Shift（尋問のプレッシャーに従う）の区別は，被誘導性の理論と測定の根本をなしている。GSS 1 と GSS 2，GCS は，自白や供述の真偽を直接評価するものではない。心理学的評価は，警察の取調べで得られた回答や供述についての信頼性の評価に関わる脆弱性（すなわち，リスク要因）を特定することに焦点を置くべきである。心理学的な知見を事例の法的問題に適用すること——たとえば，「警察の取調べで得られた自白もしくは供述が信頼できるものか？」——は，評価の最も難しい部分であり，検査の結果がしばしば誤って解釈されたり，事例において利用可能な情報全体の中で知見を正しく解釈できていなかったりする——すなわち，鑑定人が司法の文脈に合わせて知見を十分に解釈することに失敗してしまう——ところである。

■ GSS や GCS のような心理検査は，他の評価ツール（とりわけ，GCS の場合には，反応歪曲に対するチェックをも提供してくれる評価ツール）と合わせた条件でのみ使用すべきである。これには，取調べとその事例における他の関連資料を注意深く考慮することが含まれる。

Suggestibility and Memory Conformity

Fiona Gabbert and Lorraine Hope

# Chapter 4
# 被誘導性と記憶の同調

フィオナ・ギャバート，ロレイン・ホープ

## 1. はじめに

　同じ出来事を目撃した人と一緒に，その目撃した出来事について話し合ったとしたら，人の記憶には何が起こるのだろうか。他の人が自分たちの覚えていない詳細な情報について語ったり，自分たちの記憶とは一致しないようなことを述べたりした場合，この明らかな食い違いはどのように解決されるのだろうか。これらの疑問に答えるため，本章では記憶の同調（memory conformity）に関する近年の研究を検討する。

### KEY POINTS

　本章では，次の4つのトピックスを取り上げる。
- 実生活における記憶の同調の影響
- 記憶の同調を研究するための方法論的アプローチ
- 記憶の同調が生じる理由についての理論的説明

- 研究に関する今後の展望

　本章で要約した研究によって，人は記憶について他者と一緒に話し合うと，その後の個別に行なう記憶報告の内容がまとまってきたり，似てくるというように，出来事について他者が覚えていた内容に「同調」することがあることが示されている。この現象は，目撃者が話し合いの過程で暗示された情報を受け入れ，のちに報告するために生じる。被誘導性のこの分野の研究は，スクーラーとロフタス（Schooler & Loftus, 1993）による誤情報の研究で見いだされた「遅延の被誘導性」と呼ばれるものと関連する。これは，Chapter 1 の聴取による被誘導性（Chapter 2 および Chapter 5 も参照）でも言及されている。「記憶の同調」研究とより一般的な「誤情報」研究との違いは，参加者が話し合いという社会的文脈において誤誘導の事後情報にさらされるという点にある。社会的要因および認知的要因はともに，個人が影響を受けるようになるかを決定するのに重要な役割を果たしうる要因であるため，他者との話し合いの間に誤誘導の事後情報にさらされることは，とりわけ，強力な誘導（暗示）となる。人は必ずしもこのプロセスに気づいていないため，自身の記憶が影響を受けたことを認識してはいない。しかしながら，人が自身の記憶をより正確にするために，意図的に暗示された事項を報告することを選択することで，もしくは社会的存在として他者の意見に同意したいという思いのために，記憶の同調が生じることがある。

## 2. 実生活における記憶の同調の影響

　目撃者の研究によって，記憶は誤りやすく，出来事を目撃した後で遭遇した情報に影響を受ける可能性があることが示されてきた。自分の原記憶と一致しない事後情報にさらされると，その後に原記憶が報告される可能性は減少する（Chapter 2 および Ayers & Reder, 1998; Ceci & Bruck, 1993; Loftus, Miller, & Burns, 1978; Payne, Toglia, & Anastasi, 1994 を参照）。実生活において，事後

情報に直面する最も一般的で自然な状況の一つが，同じ経験を共有した人とそれについて話し合うことである。犯罪を目撃した場合，人は，出来事の重大性から，何が起こったのか，そして誰が巻き込まれたのかを，とりわけ話し合うように動機づけられるようである。同じ出来事を目撃した者と話し合う過程で遭遇した情報は，たいてい正確であり，自身の出来事に関する記憶と一致することであろう。しかしながら，目撃者の間で，いくつかの詳細情報は異なるかもしれない。そのような違いは，記銘もしくは想起の過程における特徴的な違い，または一方の者が誤って記憶していた場合など，さまざまな理由によって生じる。

　誤誘導の事後情報に対する記憶の脆弱性，そして捜査の過程や司法制度における独立した信頼できる個人の供述の重要性を考慮し，最近の研究では，警察で証言する前に目撃者が自身の記憶について他者と話し合った結果が，検討されてきた。犯罪には複数の目撃者がいることが多いが（Valentine, Pickering, & Darling, 2003; Wright & McDaid, 1996），実際の目撃者に対して行なわれた調査によって，目撃者同士で話し合うことは一般的であることが明らかにされた。たとえば，スケイガーバーグとライト（Skagerberg & Wright, 2008）は，イギリスで実施された調査において，目撃者の大多数は他の人がいる前で犯罪を目撃しており，このうち半数を超える者が同じ出来事を目撃した者と話をしていた。同様に，パターソンとケンプ（Paterson & Kemp, 2006）によるオーストラリアの目撃者に対する調査では，複数の目撃者がいた場合には，回答者の86％が同じ出来事を目撃した者とその出来事について話し合っていることが明らかにされた。望ましい警察活動の実践では，証拠の汚染を防ぐために，目撃者に対してお互いに話さないよう助言するにもかかわらず，警察が犯罪現場に到着する前に目撃者同士の話し合いは生じうるのであり，警察が犯罪現場に到着した後でも，目撃者が警察の助言を無視した場合には生じうるのである。

　1995年に起きたオクラホマ爆破事件における目撃証言の分析によって，話し合いの間に，ある目撃者の記憶報告が他の目撃者の記憶報告にいかに影響を与えるかを示す印象的な例が明らかにされた。この事件で起訴の際に重要な証拠となったのが，犯人のティモシー・マクベイが爆破事件で使ったトラックを借りた，エリオット・ボディーショップで働く目撃者の証言から得られたもの

であった。マクベイは大量殺人で逮捕されたが，共犯者と一緒に爆破を実行したかどうかについては疑問の余地が残されていた。マクベイがトラックを借りたとき，3人の目撃者が彼に遭遇していた。この目撃者の一人は，マクベイはもう一人の男と一緒であったと，自信をもって証言した。当初，他の目撃者たちはこの共犯者についてまったく言及していなかった。しかしながら，のちに，他の目撃者たちも2番めの人物について詳細情報を覚えていると主張した。このことが，莫大なコストをかけた警察による共犯者捜査の原因となったが，この捜査は，結局のところ無駄であったことが判明した。数か月後に，最初の目撃者が，自分は単に他のお客さんを思い出しただけだったかもしれないことを認めたのである。それでは，実際にはマクベイは一人でお店に入ったにもかかわらず，どうして3人の目撃者全員が，共犯者の外見的特徴について供述したのであろうか。これは，目撃者たちが捜査員から質問を受ける前に，記憶について話し合ったと法廷で証言した事実によって，最も適切に説明されるだろう（Memon & Wright, 1999）。心理学的見地からすると，自信のある目撃者が，意図せずに他の目撃者に影響を与え，2番めの人物を思い出したと報告するように誘導した可能性が高いのである（Memon & Wright, 1999; Schacter, 2001）。

　記憶の同調に関する実生活における2つめの例は，高い注目を集めた別の事件である。それは，スウェーデンの外務大臣であるアンナ・リンド殺害事件(2003年9月)の捜査である。犯行は混雑したショッピングセンターで行なわれた。目撃者たちは，聴取が行なわれる前，犯行現場から立ち去ることのないように，小さな部屋に一同に集められた。部屋にいる間，目撃者同士で話すことが許されていた（Granhag, Ask, & Rebelius, 2005）。この話し合いの間に，ある目撃者は，同じ部屋にいた他の目撃者たちに，犯人が迷彩柄のミリタリージャケットを着ていたと言った。結果として，その後に多くの目撃者が，捜査員にこの服装の詳細を報告した。この供述は，初動捜査での周辺地域における犯人捜索に用いられ，警察による全国手配が発せられたときにも，この特徴が伝えられた。しかしながら，のちに，この情報は間違っていることが明らかになった。監視カメラの映像から，殺人犯であるミハイロ・ミハイロビッチは，実際にはグレーのパーカーを着ていたことが判明した。この場合もやはり，汚染さ

れた目撃証言は，不正確な情報に基づいて誤まった方向に捜査を誘導するだけではなく，時間や資源を無駄にさせてしまったのである。複数の目撃者がお互いに，ある程度の時間，出来事について自由に話し合ったことから，初動捜査の誤りの原因は，目撃者同士の影響であったと結論づけることが合理的である（Granhag et al., 2005）。

最後の例はイギリスのもので，目撃者の再認判断もまた暗示の影響を受けうることを示すものである。この例では，ジル・ダンドー殺害事件（2001年4月）の捜査において重要な目撃者が，バリー・ジョージを同定した他の目撃者と，面通しのために並んだ容疑者たちについて話し合った後で，バリーが犯行を行なったという確信を次第に強めていった。この目撃者は，当初，同定には確信がもてないと感じていたのであるが，他の目撃者との話し合いの後で，犯行現場で見た男はジョージであることを「95%確信している」と明らかにしたのである（Cathcart, 2002）。このように，再生と再認の双方ともが他者からの暗示を受けやすいのである。

これらの例で示されるように，犯罪捜査の文脈において記憶の同調が生じると，深刻でコストのかかる結果になりうる。そのような事例では，警察による聴取の前に記憶内容について目撃者間で話し合いが行なわれたならば，実際には証言が汚染されているかもしれない場合であっても，目撃者から得られた一貫した供述は，独立した目撃者による，価値のある裏づけ証拠としてとらえられる恐れがある。このことは，捜査方針の誤りや，誤審を招きうる。

# 3. 記憶の同調に関する研究における異なる方法論的アプローチ

記憶の同調の現象は，一般的には実験室もしくは比較的コントロールされた実験場面で検証されてきた。概して，研究者はこの現象を検証するために3つの主要なパラダイムを採用してきた。それは，①参加者が互いに異なるバージョンの出来事を見た――ただし参加者はそのことを知らされてはいない――

ため，共同想起場面で，異なる情報を意図せずに共有する参加者たちの間で生じる記憶の同調の程度を検証する，②サクラを使った共同想起課題で，サクラが同じ出来事を目撃した者として故意にいくつかの不正確な詳細情報を報告する，③実験者を通じて他の目撃者の回答が明かされるなどというように，同じ出来事を目撃した者が言ったとされる情報を参加者に提示する，というものである。用いられた方法や，研究が実験室で行なわれたのか，それともフィールド——道路，ビーチ，その他の公共空間など——で行なわれたのかにかかわらず，主な関心は，参加者が目撃時に見ていない情報を報告するのかということであり，そして，「同じ出来事を目撃した」情報提供者だけが示した情報を報告するのかという点が重要なのである。

　前述した①の，参加者同士の相互作用を通じて，記憶の同調が生じるかを追跡する方法が，方法論的パラダイムの中で最も生態学的妥当性がある。なぜなら，実生活のたいていの場合と同様に，目撃者たちは，記憶について話し合っている間に，正しい情報と間違っている情報の両方の事後情報を，素朴に共有するからである。これを再現するために，研究者は，ペアの参加者に，同じ刺激——ビデオやスライドで示される模擬犯罪であることが多い——を記銘したと信じさせるのである。しかし，実際には，参加者にはほとんど同じだが重要ないくつかの点が異なる刺激が提示される。たとえば，ギャバートら（Gabbert, Memon, & Allan, 2003）は，参加者に同じ模擬犯罪を示すが，その出来事は2つの異なる目撃者の視点から映像化されているために，ある詳細な情報は，一方の視点からしか見ることのできないものであった。この種の研究ではたいていそうなのだが，参加者が，実際には互いに異なる出来事を見ているのではないかと疑うことがないように，異なる視点間で誤誘導する重要な相違点は少ししかないように操作された。重要な相違点とは，ある情報が追加される——ある参加者が見なかったことを他の参加者は見る——，または互いに矛盾した情報が提示される——両方の参加者が同じ情報を見るが，色などの重要な詳細情報が異なっている——といった形式をとる。そのため，この方法では，問題となっている出来事の異なる側面を目撃者に観察させることができる。出来事を記銘した後，参加者たちには，自身が見たことを話し合う時間が与えられる。話し合いの過程で，それぞれの参加者は，自然と自分自身の独自の視点を明ら

かにすることになる。のちに、個別に質問を受けたとき、記憶に対する他の目撃者との話し合いの影響が容易に明らかになる。すなわち、目撃者は、自身が見たものとは異なった、他の目撃者からのみ知ることができた情報を報告するのである。

　ライトら（Wright, Self, & Justice, 2000）は、複数の目撃者の間での記憶の同調を調べるためにこの方法を使った最初の研究者である。彼らの研究では、目撃者のペアは、犯罪の出来事を描いた 21 枚のカラー写真からなる物語を見た。それから、目撃者たちは、自分たちが見たものについて「正誤」を判断する質問を尋ねられ、それぞれの質問の後で、回答の確信度を評定した。この課題に続いて、彼らは、他の目撃者と一緒に一連の出来事に関する記憶について話し合い、その後に、再度、同じ質問を尋ねられた。重要なのは、それぞれの目撃者は、実際には、重要な詳細情報が異なる物語を見たということである。あるバージョンでは共犯者が現われるが、一方、別のバージョンではまったく共犯者は現われなかった——これは、マクベイの事例研究における状況と類似している——。この研究で検証された 20 ペアの目撃者のうち 19 ペアは、当初、共犯者に関する記憶が正確であった。そのため、目撃者たちが、自分たちの見たことに関する記憶を話し合うと、高い水準で不一致が生じた。しかしながら、物語の内容について話し合った後で、同じ質問票が目撃者に与えられると、19 ペアのうち 15 ペア（79％）で共犯者の有無が一致するようになった。目撃者の原記憶が高い水準で正確であったことを考慮すると、これは目撃者間の記憶の同調に関する明らかな証拠となる。同調には、ある一つの方向性があるのか、それとも別の方向性があるのか——すなわち、共犯者がいた、もしくは共犯者はいなかったのどちらかに同意すること——については、一般的な傾向はみられなかった。しかしながら、確信度評定によって、ペアのどちらの目撃者がもう一方の目撃者を説得したかを予測することができた。特に、確信度が高い参加者にもう一方の参加者が同調する傾向があったが、この傾向は実際に共犯者を見たという参加者の確信度が高い場合にのみ示されたものであった。共犯者を見なかった参加者の確信度評定は、同調の方向性の決定にはほとんど関係がなかった。

　ライトら（Wright et al., 2000）の研究に続いて、ギャバートら（Gabbert et

al., 2003）もまた記憶の同調を調べるために，この方法を用いて同様の結果を見いだした。参加者は模擬犯罪の出来事を見た。出来事については2つのバージョンが用意された。それぞれのバージョンは，出来事が同じ順序で進行するが，異なる目撃者の視点を再現し，目撃者ごとに出来事の独自の特徴を観察することができるように，異なるアングルから撮影されていた。出来事を見た後で，目撃者はそれを一人もしくはペアで再生するよう求められた。続いて行なわれた記憶の報告では，出来事を話し合った目撃者の高い割合（71％）で，他の目撃者との話し合いで得られた誤った詳細情報について，少なくとも（2つのうち）1つを報告したことが示された。

記憶の同調に対する2つめのアプローチ（前述の②のアプローチ）では，同じ出来事を目撃した者としてふるまうサクラを使い，サクラであることを知らない目撃者との話し合いの中で誤誘導の事後情報を意図的に提示する方法が用いられてきた（Gabbert, Memon, Allan, & Wright, 2004; Hollin & Clifford, 1983; Meade & Roediger, 2002; Paterson, Kemp, & Forgas, 2009; Shaw, Garven, & Wood, 1997, 実験2）。この方法では，よくトレーニングされたサクラが話し合いを通して，サクラがいることを知らないすべての目撃者に同じ情報（誤情報を含む）を与えることができる。そのため，この方法は，記憶の同調を研究する他の方法よりも優れている。たとえば，ショウら（Shaw et al., 1997）は，参加者のペア——実験参加者とサクラから構成される——に，模擬強盗の短いビデオを見せ，その後に少し時間をおいて，参加者のペアに対する面接を実施した。参加者たちは，質問に対して最初に答える順番を交代しながら回答した。実験参加者は，3分の1の質問で最初に回答した。すなわち，それらの質問では，自分が回答するときに他の目撃者がもつ情報を知らなかった。この場合，正答率は58％であった。残りの質問では，実験参加者が回答する前に，サクラが最初に正答もしくは誤答を回答した。実験参加者が回答する前にサクラから正しい情報が示された場合には，正答率が67％に上がったが，誤情報が示された場合には，正答率は42％まで下がった。

ギャバートら（Gabbert et al., 2004）は，対面の話し合いによって社会的に遭遇した事後の誤情報のほうが，社会的でない方法で遭遇した場合よりも，参加者がより誘導されるのかを検証するためにサクラを用いた。社会的に遭遇し

た暗示は，社会的要因と認知的要因の組み合わせが原因となって，とりわけ影響力をもつ可能性がある。若年成人（17〜33歳）と高齢者（58〜80歳）は，模擬犯罪の出来事を見て，その後に，自分たちと同じ参加者であると信じるサクラとの話し合いの中で，もしくは，過去の参加者によって書かれたとされたナラティブが記述された文章の中で，4つの事項の誤情報にさらされた。この研究ではサクラを使うことによって，話し合いの間に実験参加者に与える情報をコントロールすることができた。特に，サクラに対しては，誤誘導するナラティブの記述にあるものと同じ正しい事後情報と誤誘導の事後情報を語ることができるようトレーニングした。犯罪の出来事に関する最後の再生テストでは，サクラとの社会的な相互作用の中で誤情報を示された若年成人と高齢者は，過去の参加者のナラティブを読むことで同じ誤情報に遭遇した者よりも，より多くの誤情報を報告していた。話し合いの文脈において目撃者に伝えられる誤情報の影響が強力であることを実証した類似する研究知見として，パターソンとケンプ（Paterson & Kemp, 2006）が報告されている（Bodner, Musch, & Azad, 2009 も参照）。

　記憶の同調を検証する最後の方法（前述の③のアプローチ）では，同じ出来事を目撃した者が言ったと推察される内容が情報として参加者に与えられる。ここでは，同じ出来事を目撃した者の情報を記憶再生質問票に組み込むことによって——ここでは，他の参加者からすでに得た回答が見えている——（Betz, Skowronski, & Ostrom, 1996; Meade & Roediger, 2002, 実験3を参照），もしくは，他の目撃者によって得られたとする回答を実験者が提示することによって（Corey & Wood, 2002; Gabbert et al., 2004; Paterson & Kemp, 2006を参照），同じ出来事を目撃した者の情報が**間接的**に与えられる。たとえば，コーレイとウッド（Corey & Wood, 2002）は，参加者集団の前で，模擬窃盗を実演した。その後，この参加者たちは，個別に事件についての面接を受けた。面接者は出来事に関する18問の質問を尋ねた。そのうち，目撃者とされる者の正しい回答とペアになっている質問（たとえば，「『泥棒の帽子は何色でしたか』という質問に対して，他の目撃者は『黒』と答えました」）が6問，目撃者とされる者の間違った回答とペアになっている質問（たとえば，「『泥棒のジャケットは何色でしたか』という質問に対して，他の目撃者は『赤』と答えました」）が6問，

目撃者の回答とペアになっていない質問が6問であった。参加者の質問に対する直後の回答は，他の目撃者による影響を受けていた。正しい情報を他の目撃者によって示された場合には正答率が最も高く，間違った情報を他の目撃者によって示された場合には正答率が最も低かった。

　要するに，記憶の同調を検証するために用いられた方法にかかわらず，人が他者から暗示された事後情報による影響を受けやすいことが，研究結果によって明らかにされた。また一方で，ギャバートら（Gabbert et al., 2004）や，パターソンとケンプ（Paterson & Kemp, 2006）の双方の研究は，社会的相互作用の文脈において，同じ出来事を目撃した他の目撃者から直接的に示される事後情報のほうが，間接的に示される事後情報よりも誘導されやすいことを見いだした。さらに，ミードとローディガー（Meade & Roediger 2002, 実験4）は，他の目撃者による影響の質は，他の目撃者が実際に事後情報を示したのか，もしくは他の目撃者のものとして事後情報が伝えられたのか，によって決まる可能性があることを見いだした。とりわけ，物理的に存在している他の目撃者によって示された誤情報項目については，——間接的に他の目撃者の情報を示す場合と比較して——参加者が暗示された情報を実際に見たと記憶しうるために，情報源の誤帰属が生じやすい。対面での相互作用で示された情報は，相手がいなかったり匿名の情報源であったりする場合の情報よりも，より注意して聞かれるし，より信頼できると判断される可能性がある。相互作用のダイナミックな性質によって，より能動的に深い情報処理をするよう促されるのかもしれない。そのために，原体験で記銘した情報との区別が後により難しくなり，ミードとローディガー（Meade & Roediger, 2002）の研究で観察された情報源の誤り（source error）となる。この解釈は，サラゴサとレーン（Zaragoza & Lane, 1994）による知見と一致する。彼らは，参加者が誤誘導の事後情報の処理過程において原体験で記銘した情報の積極的な検索（すなわち「再活性化」）が要求されたときには，目撃時に記銘した情報を再活性化しなかったときに比較して，有意に多く情報源の誤帰属をすることを見いだした。

　これまで議論してきた記憶の同調研究のいくつかでは，実生活において出来事の後の話し合いを通して目撃者の間でいかに情報が共有されうるかを模倣する方法が採用されている。対極には，生態学的妥当性が低い方法を採用した研

究があるが，それらには，実験的統制，すなわち重要な調整変数の多様性をより正確に操作することができるという利点がある。記憶の同調に関心のある研究者は，特定の研究目的に最も合致した方法を選んだり，リサーチクエスチョンを解決するのに適切な実験的統制の水準を選択すべきである。

## 4. 記憶の同調が生じる理由についての理論的説明

　個人が自身の記憶を報告するよりもむしろ他者の記憶の報告に同調しうることに関しては，多くの異なる理由がある。それは，①他者に同意しない人だとは思われたくないのかもしれない（同調への規範的動機づけ），もしくは②他者が本当に正しいと信じているのかもしれない（同調への情報的動機づけ）。ドイチュとジェラルド（Deutsch & Gerard, 1955）は，同調への「規範的」動機づけと「情報的」動機づけの違いを初めて検証した。この違いは，チャルディーニとゴールドスタイン（Cialdini & Goldstein, 2004）による同調研究の包括的レビューにおいて展開された。さらに，③として，——おそらく，事後情報は記憶されているが，その情報源は忘れてしまったというソースモニタリングの誤りによって——他者が言ったことをもとに，（虚）記憶を生成するのかもしれない。

　同調への「**規範的（normative）**」動機づけは，社会的承認欲求を反映させていることが多く，個人的には不同意であったとしても，公的には同意を表明するものである。このように，人は，表面的には他者が記憶した出来事の内容に同意するが，個人的にはこれが実際に起きたことであるとは信じていないのである。したがって，参加者が一緒にテストを受け，参加者の反応が個別にではなく他の参加者の前で示されるような，同意しないことによるコストが高い場合に，規範的影響は最もよく観察される（Allan & Gabbert, 2008; Schneider & Watkins, 1996; Shaw et al., 1997 を参照）。このような条件で共同想起課題を行なった参加者は，お互いに同意した内容に同調するようである。実際には，この行動は記憶に対する社会的な影響はほとんどないか，社会的承認を増加さ

たかったり，より望ましく見せようとしたりする社会的望ましさの動機づけの影響が大きいことが明らかにされている（Tajfel & Turner, 1986 を参照）。たとえば，バロンら（Baron, Vandello, & Brunsman, 1996）は，目撃者による犯人識別の研究を行ない，彼らにこの結果はあまり重要ではない——あなたたちの回答は予備研究として使われる——と伝えたときには，参加者が意図的にサクラに同意する誤った反応が得られたが，この結果は重要である——あなたたちの回答が警察や法廷で使われる——と伝えると，同調はあまり生じなかった。

同調への「**情報的（informational）**」動機づけは，正確でありたいという個人の欲求が反映される。ここで，人は，テストにおいて，同じ出来事を目撃した者から示された事後情報のうち正しいと思われる情報を選んで報告する。同調への情報的動機づけは，自身の記憶の正確さが疑わしい状況，もしくは他者から与えられた情報によって自身の最初の判断は間違いかもしれない，他者の記憶が正しいかもしれないと確信するときに生じることが多い。たとえば，お互いに自分の主張に対して確固たる自信をもつことは，同調を促進するきっかけとして系統的に操作できる（Allan & Gabbert, 2008; Schneider & Watkins, 1996; Wright et al., 2000）。

Box4.1 には，ライトら（Wright, London & Waechter, 2010）による，前述した規範的ルートと情報的ルートの影響に基づいた記憶の同調を検証するための枠組みを示す。

記憶の同調を検証するためのライトら（2010）の枠組みにおける情報的影響のルートから予測されるように，ペアとして一緒に記銘した情報について，それぞれがもつ相対的な知識に対する知覚を操作することによって，同調への傾向も増加（もしくは減少）させることができる。ギャバートら（Gabbert, Memon, & Wright, 2007）は，ペアの参加者に対して，実際には記憶する時間が一定であったにもかかわらず，相手にはあなたの2倍の時間スライドを見せたと教示した。ペアのそれぞれは同じスライドの別のバージョンを記銘し，その記憶について話し合った後で，個別にそれぞれの記憶を尋ねた。正確さが重要であると教示したにもかかわらず，ペアの相手よりもスライドを見た時間が短いと信じている参加者は，スライドを相手よりも長く見たと信じている参加者よりも，有意に多くスライドに関する相手の記憶内容に同調していた。すな

## Box 4.1　記憶の同調を検証する枠組み

　下に示すモデルは，ライトら（Wright et al., 2010）の許可を得て改変させた，記憶の同調を検証するための枠組みである。このモデルは，規範的影響および情報的影響に基づいて，ペアの相手の記憶と比較して自身の記憶を報告する可能性を説明するものである。上部は規範的ルートで，たとえば，人が誤りをおかすコストと同意しないコストを比較する時に，社会的側面によって記憶の同調が生じうることを強調している。下部の情報的ルートは，たとえば，自分が正しいという個人の信念などの，記憶の同調の根底にある認知的側面を強調している。

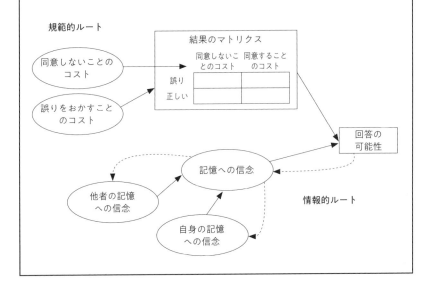

わち，他者よりも記憶の質が劣っていると信じる人は，他者によって示された誤った事後情報による影響を受けやすく，のちにその事後情報を報告しやすいのである。

　アランら（Allan, Midjord, Martin, & Gabbert, 2012）は，自身の記憶と比較したときの他者の記憶の質に関する知覚が，必ずしも同調する傾向に影響を与えないことを示すことによって，ギャバートら（Gabbert et al., 2007）の研究を再現し，発展させた。むしろ，相対的によりよい記憶をもっていると思われ

る人への同調は，自身の記憶表象が弱いときにのみ生じる。同調に関するこの特徴は，参加者に3つの家事場面の写真を異なる記銘時間（一つは30秒，一つは60秒，一つは120秒）で示すことによって明らかにされた。半分の参加者には，自分のペアの相手の半分の時間で記銘したと伝え，残りの半分の参加者には，ペアの相手の2倍の時間をかけて記銘したと信じさせた。その後の二肢強制選択の記憶テストでは，参加者が回答する前に，ペアの相手の回答とされた模擬回答が示されたが，それには正確な事後情報を提示する場合と，誤った事後情報を提示する場合とがあり，さらには事後情報が提示されない場合があった。ペアの相手による回答への同調は，60秒見た場面や120秒見た場面よりも，ちょうど30秒見た場面のほうが有意に多く生じた。しかしながら，このパタンは，ペアの相手の半分の時間で記銘したと信じた参加者のみで生じた。したがって，他者の記憶への信頼は，私たちや他の人たちが異なる記憶を獲得した状況に関する知識に応じてダイナミックかつ戦略的に調整されるのである（French, Garry, & Mori, 2011 も参照）。

　カールッチら（Carlucci, Kieckhaefer, Schwartz, Villalba, & Wright, 2011）は，より自然な方法で記憶の質に対する知覚を操作することによって，同じ効果を示した。彼らの"サウスビーチ"研究では，男性のサクラがビーチにいたグループに近づき，短い会話を交わした。約1分後に，研究補助者がグループに近づき，グループの人たちに個別にターゲット不在のラインナップを行なった。参加者はラインナップから選択するように促されたため，ターゲットがいるという反応のすべてが実際には間違っていた。ここでは，記憶の同調が観察された。すなわち，グループのメンバーは，ラインナップを最初に行なった人の同定判断に同調することが多かった。しかしながら，2番目にラインナップを行なった人が，サクラが話しかけているのを見ていた人（傍観者）であった場合には，それがサクラと直接話した人であった場合と比較して，最初にラインナップを行なった人の判断に同調する者が2倍も多かった。この場合も同様に，人々は，テストで報告する情報を決める際に，他者の記憶の正確さを考慮に入れることが示唆されたのである。

　情報的影響によって動機づけられる同調の効果は，遅延後も継続しうるのであり（Reysen, 2005），たとえ，求められれば自身の記憶を報告することが

できたとしても（Corey & Wood, 2002; Meade & Roediger, 2002），公的か私的かにかかわらず誘導された情報を報告しうるのである（Wright, Gabbert, Memon, & London, 2008）。正確でバイアスのない意見を提供することが重要であるという状況であっても，研究によれば，概して確信がもてない人は他者の判断に同調するのである（Baron et al., 1996; Betz et al., 1996; Wright et al., 2000）。たとえば，バロンら（Baron et al., 1996）は，課題の難易度と課題の重要性との交互作用を見いだした。それによると，参加者は，正確さに対して重要なインセンティブをもっているような課題においてより同調するが，それはその課題がとりわけ難しい場合のみであり，これは参加者が自身の判断に対して自信をなくす状況であった。

　他者の意見を信頼し，それに価値を置けば置くほど，他者からの影響を受けやすくなる（Festinger, 1957）。これと一致するものとして，ホープら（Hope, Ost, Gabbert, Healey, & Lenton, 2008）は，他の目撃者が以前から知っている人——この研究の場合では友だちや恋人——であるほうが見知らぬ人であるよりも，その目撃者から得た情報を有意により多く報告する傾向があった。これらの結果は，フレンチら（French, Garry, & Mori, 2008）による，——見知らぬ人ではなく——恋人と出来事について話し合った参加者のほうがとりわけ記憶の同調の影響を受けやすいことを示した研究によって再現された。

　記憶の同調に対する脆弱性の原因となる情報的影響を支持する他の研究として，記憶への社会的影響が，情報源の信ぴょう性に対する知覚などの人の知覚要因によって調整されうることを示した研究がある。たとえば，ホフマンら（Hoffman, Granhag, Kwong See, & Loftus, 2001）は，コンピュータを用いた研究を行なった。参加者は物の名前を聞いたが，あるときには，その物の名前が提示された直後にスクリーンにその絵が現われた。そして別のときには，聴覚刺激に続いて空白のスクリーンが示され，参加者はその物に関する心的イメージを作るよう求められた。48時間の遅延後，参加者はリアリティーモニタリング・テストに回答した。そのテストでは，72の物の名前が提示され，それぞれの物が刺激として見た物なのか，心でイメージした物なのか，刺激の中にはなかった物なのかを判断するよう求められた。重要なことに，いくつかの物については，参加者に対して，正しい回答もしくは誤りの回答が一緒に提

示された。参加者の半分には，この情報は以前に参加した大学院生が示した情報である（信ぴょう性の高い条件）と伝え，残りの半分の参加者には，コンピュータによってランダムに作られた回答である（信ぴょう性の低い条件）と伝えた。いずれの条件においても，参加者は，自分で回答する前に，その情報を見たことを示すため，提示された回答の隣に印をつけるよう求められた。すべての参加者は，その情報を無視してもかまわないと伝えられた。ホフマンら（Hoffman et al., 2001）は，提示された不正確な回答が信ぴょう性の低い情報源であった場合には，参加者の成績への悪影響はみられず，ベースラインの成績と違いはみられなかった。すなわち，信ぴょう性の低い情報源から示された回答は，本質的には無視されたのである。しかしながら，**信ぴょう性の高い**情報源から示された不正確な回答の場合には，参加者の成績が 62％ の正答率（ベースライン）からたった 42％ の正答率へと大幅に下がった。このことは，参加者が回答を選択するときには，情報源の信ぴょう性や信頼性を考慮することを示している。

　クワンシーら（Kwong See, Hoffman & Wood, 2001）もまた，知覚された信ぴょう性が異なる 2 人のうちの 1 人から誤情報を得たときの影響を検討するために，情報源の信ぴょう性を操作した。参加者（若年成人）には，窃盗を描いたスライドを見せた後に，その出来事を要約した物語を提示した。実験条件――高信ぴょう性 対 低信ぴょう性――に応じて，この物語は，28 歳もしくは 82 歳の人によって想起された出来事の報告として示された。実際には，この物語は同一のものであり，4 つの誤情報が含まれていた。この物語を読んだ後，参加者は，その目撃者の印象として，彼らの能力と正直さについての知覚を評定するよう求められた。若年成人に比較して高齢の目撃者は能力は低いが，より正直であると評定された。高齢の目撃者と関連する能力の低さは，記憶の同調へのより強い抵抗力と関連していた。対照的に，若年の目撃者に対しては，知覚された能力の高さが，記憶の同調の効果が大きいことと有意に関連していた。

　要約すると，再生課題において，正しい情報を報告することが重要であると感じているときには，妥当な情報源として，他者，とりわけ信頼できる他者を気にすることは珍しいことではない。前述の研究では，情報的影響もしくは正確でありたいという願望は，記憶の同調効果の多くの事例の基礎となっている。ライトら（Wright et al., 2010）の モデル（Box 4.1）における「情報的影響のルー

ト」では，自身の記憶への信念と，対する他者の記憶への信念が，テストで誰の記憶を報告するのかを予測しうることを示している。

　記憶の同調効果に関する3つめの説明は，人は自身が見たものと他の目撃者から後で示された情報との違いを，もはや認識できないというものである。すなわち，**記憶の歪曲**（memory distortion）によって，観察される記憶の同調効果を説明しうるのである。これを検証するために，コーレイとウッド（Corey & Wood, 2002）は，参加者が他の目撃者の情報を無視するように教示されたときにそれができるかどうかを検討した。セッション1で実験者は，目撃した出来事に関する18問の質問に答えようとしている参加者に対し，他の目撃者の情報を時々与えた。先行研究の知見のとおり，これらの回答には記憶の同調効果が統計的に有意に観察された。1週間後のセッション2において，参加者は出来事に関する同じ18項目の質問を受けた。ここで参加者の半分は，できるだけ正確に質問票に答えるよう教示された。残りの半分の参加者は，1週間前に実験者によって示された他の目撃者の情報は間違えであり，無視すべきであると教示された。これらの参加者は，犯罪の出来事について観察したことで覚えている情報のみに基づいて質問に答えるよう求められた。セッション2では，実験グループによって異なる結果が得られた。記憶の同調効果は，他の目撃者の情報を無視するよう警告を受けなかった参加者にみられた。これに対し，他の目撃者の情報に関して警告を受けた参加者は，概して誤った情報を無視することができていた。この条件では，警告によって他の目撃者が示した情報の使用が減ったが，完全には取り除けなかった。ミードとローディガー（Meade & Roediger, 2002）は，コーレイとウッド（2002）による警告が効果を有意に減少させるが，効果を取り除くことはできないという知見を再現した。

　それに対して，パターソンら（Paterson, Kemp, & Ng, 2011）は，警告によって目撃者たちの間での記憶の同調が有意に減少しなかったことを見いだした。ペアになった参加者は，両者とも同じか，もしくはパートナーと少し異なる内容の模擬犯罪の出来事を見た。この後で，参加者たちは自身の記憶について一緒に話し合った。1週間後，それぞれの条件の参加者の半分には，出来事について一緒に話し合いをした他の目撃者から誤情報が示されたかもしれないと警告した。この後，参加者は出来事で見たことについて個別に面接を受けた。パ

ターソンら（Paterson, Kemp, & Ng, 2011）は，警告を受けなかった参加者の32%が少なくとも１つの誤情報を報告したのに対して，警告を受けた参加者ではそれが28%であったことを見いだした。このように，刺激提示から１週間後の誤情報についての参加者への警告によって，記憶の同調効果は有意には減少しなかったのである。

パターソンら（2011）の２つめの研究では，他の目撃者との話し合いの後すぐに，誤情報にさらされた可能性について参加者に警告するほうが，１週間後にその警告をするよりも効果的であるかどうかを検討した。統制群は何の警告も受けなかった。ここで再び，他の目撃者からの誤情報にさらされたかもしれないという警告は，記憶の同調の程度を有意に減少させなかったことが見いだされた。これは，誤情報を示された直後の警告と１週間後の警告の双方に当てはまっていた。著者らは，他の目撃者との話し合いの間に示された誤情報によって，目撃時に記銘した情報が「上書き」されたのだろうと考えた。

別の説明として，参加者がソースモニタリングの誤りをしたというものがある。情報源の混同のために，テストの際に誤情報が誤って報告されることもある。その混同によって，ある情報源（たとえば，他の目撃者との話し合い）から，他の情報源（目撃した出来事）へと記憶を誤帰属させる。ソースモニタリング・フレームワーク（Johnson, Hashtroudi, & Lindsay, 1993）は，ソースモニタリングの誤り（Chapter 2 も参照）を促進しうる要因を特定するだけではなく，人が記憶の情報源を正確に同定するために使う判断プロセスをも説明する。たとえば，ソースモニタリング・フレームワークに従うと，私たちの記憶には，記憶の起源についての手がかりとなるさまざまな特徴が含まれている。異なる情報源による記憶は概して，記憶と関連する特徴の量や質が異なる傾向がある。人は，記憶の特徴におけるこれらの違いを，記憶を特定の情報源に帰属させるヒューリスティックとして使う。しかしながら，間違いなく真の情報源を特定する記憶の単一の側面というものはないため，結果として，情報源の誤帰属が生じうるのである（Johnson et al., 1993）。ソースモニタリングの正確さに関する研究では，情報源の混同による誤りは，２つの異なる情報源で記憶の特徴が重複しているときに増加することが示されている（Henkel & Franklin, 1998; Markham & Hynes, 1993）。一つの実験において，記銘の段階と誤情報の段階

との間で文脈的に重複することが多いということからも，この知見は，記憶の同調研究の文脈においてとりわけ的を得ている。そのいずれの段階も目撃刺激と関連するために，内容が重複するのである。さらに，いずれの段階も――たいていの場合――限られた時間の枠組みで，同じ実験環境内で行なわれるので，文脈的に重複するのである。実際の犯罪を目撃したときには，同程度の重複が生じうる。たとえば，目撃者たちは，まさに見たことを話し合う（内容の重複）可能性があり，犯罪の出来事の直後に見たことを話し合う（時間的重複）可能性がある。さらに，警察が到着するのを待っている間，別の場所ではなく犯罪現場でこの話し合いが起こる（環境的重複）可能性がある。ソースモニタリングの誤りの結果は，不正確な証言や偏った証拠，目撃者の間での誤った裏づけをもたらす可能性があるため，犯罪捜査においてとても深刻なものになりうる。

　いくつかの記憶の同調研究では，特に，記憶の同調効果が情報源の混同によってどの程度説明できるのかを検討している。ギャバートら（Gabbert et al., 2007）によって，他の目撃者から示された誤った事後情報の項目をテストで誤って報告するかどうかが，情報源の混同によるのか，もしくは誰の記憶が最も正しいかについての信念に基づいた意識的な判断によるのかについて，検証が行なわれた。実験の途中で，参加者は，スライドの細部について他の目撃者と何度か話し合いをした。ペアの参加者のそれぞれには，実際には少し異なるバージョンのスライドを見せていた――これは彼らが，誤誘導の事後情報を共有する可能性をもつような操作であった――。それぞれの話し合いに続いて，参加者は自身が見たものを個別に説明するよう求められた。実験の最後には，ソースモニタリング課題を実施した。そこでは，自身の自由再生の回答を振り返り，①他の目撃者から聞いたが実際には見ていないと記憶している部分を丸で囲う，②スライドで見たと記憶している部分には何も印をしない，③情報源を思い出せない部分には下線を引く，ように教示した。データでは，誤って報告された詳細情報の半分が他の目撃者との話し合いで知ったと正しく分類されていた。しかしながら，残りの半分は，もとのスライドで見たと誤った帰属がされていた。

　類似した知見として，パターソンら（Paterson et al., 2011, 実験2）による研究報告がある。参加者は模擬犯罪の出来事に関する記憶について，若干異な

るバージョンを見た目撃者と話し合った。1週間後，参加者は覚えていることについて個別に面接を受けた。面接後に，参加者は自身の発言を読み，各情報項目の情報源について4つの情報源——ビデオのみ，話し合いのみ，ビデオと話し合いの両方，わからない——のいずれか1つを選ぶよう求められた。テストで報告された情報のうち誘導項目が，①ビデオ，または②ビデオと話し合いであるとされた場合，ソースモニタリングの判断は不正確とコーディングされた。参加者は，実際には他の目撃者との話し合いの中でのみ示された事後情報をビデオで見たと報告することが多かった。正確にソースモニタリングの判断ができた割合は43%のみであった。

　ソースモニタリングの誤りは，特に犯罪捜査において問題となる。それゆえ，他の目撃者との話し合いの後で，ソースモニタリングの誤りが多く生じることに対して，さらなる研究の関心が向けられるべきである。しかしながら，そのような誤りは不可避ではない。なぜなら，ボドナーら（Bodner et al., 2009）によって見いだされているように，参加者は他の目撃者との話し合いで知り得た目撃していない情報をしばしば報告する一方で，多くの場合，情報源を同定するように求められると正しく同定できるためである。特に，他の目撃者と出来事について話し合った参加者の63%が少なくとも1つは目撃していない情報を後に報告した一方で，これらの回答を誤った情報源に帰属させた者はたった14%であった。

　要約すると，観察される記憶の同調効果は，情報源の混同や同調への規範的動機づけまたは情報的動機づけによって生じうることが，研究によって示唆された。これらの基本的なメカニズムは，犯罪捜査に対してさまざまな示唆を与える。記憶の同調が情報的影響の結果として生じる場合，他の目撃者の情報は正しいと判断されたときに選択的に報告されるために，必要に応じて他の目撃者の情報だと認識でき，無視できることが研究によって示唆された。そうではなく，本物の記憶の歪み，すなわち情報源の混同の結果として記憶の同調が生じる場合には，目撃者は情報源を正確に検索することができず，実際には他の目撃者から示された情報を見たと主張してしまうだろう（Gabbert et al., 2007; Paterson et al., 2009）。ある研究が見いだした事実——たとえ注意深く考えても，情報源の判断は誤る可能性がある——は，記憶を想起できるということが

信ぴょう性を保証するわけではないという事実を明らかにする。他の目撃者からの情報を無視するための警告，または，テストで回答した情報の項目について情報源を同定する教示を用いた研究における知見には相違があることから，情報的影響によって同調効果が生じるのか，もしくはソースモニタリングの誤りによって同調効果が生じるのかを判断する際には，他の要因を考慮に入れるべきであることは明らかである。

## 5. 記憶の同調研究の展望

　新たな研究の流れの一つに，自身の行動もしくは観察した行動に関する記憶の同調効果を検証するものがある。ライトとシュヴァルツ（Wright & Schwartz, 2010）は，行動の記憶が他者によって示された情報による影響を受け，実際にはしなかった行動をしたと報告したり，実際には行動したのにしなかったと報告したりしうることを明らかにした。この研究は，確実に司法への示唆となる。たとえば，あるタイプの捜査面接の状況では，捜査員が被疑者にある特定の行動をしたと誘導することがままあるためである。
　どの要因が，記憶に対する同調のより長期的な効果を増加させたり，減少させたり，取り除くことができるのかについては，研究によって検証され続けている。しかしながら，現象自体の複雑さによって，そのような課題の解決は阻まれている。個人間の自然な相互作用は，本質的にダイナミックで変化しやすい固有の性質をもつためである。それにもかかわらず，のちの記憶報告に対する自然な相互作用の効果を完全な実験的統制で検証できるように，目撃証言における同調を検討するための新たなパラダイムが開発されたり，改善されているところである。

# 6. 結論

　本章で取り上げた研究では，他者と記憶を話し合うという一見すると無害な行動によって，人は，実際に見たことに関する原記憶に対してのちに影響を与えうる事後情報にさらされる可能性があることを示してきた。要約すると，次のとおりである。

- ■記憶の同調研究における参加者によって，私たちの記憶は影響を受けやすいこと，また私たちは他者による誘導（暗示）や判断に同調することが多いことが明らかにされた。自身で知覚したことよりもむしろ，同じ出来事を目撃した他の目撃者との話し合いの間に示された事項をテストで報告することは，よくある。
- ■犯罪捜査の文脈で記憶の同調が生じたとき，目撃者から得た証拠が信頼できないために，深刻でコストのかかる影響を受ける可能性がある。これは捜査を誤った方向に導き，誤審の原因となりうる。
- ■概して，研究者は記憶の同調を検証するために，主として3つのパラダイムを採用してきた。それは，①参加者が互いに出来事の異なるバージョンを見た——参加者はそれを知らない——ために，共同想起場面で異なる情報を意図せず共有する参加者たちの間で生じる記憶の同調の程度を検証する，②サクラを使った共同想起課題で，サクラが同じ出来事を目撃した者として故意にいくつかの不正確な詳細情報を報告する，③実験者を通じて他の目撃者による回答が明かされるなどというように，同じ出来事を目撃した者が言ったとされる情報を参加者に提示する，である。
- ■同調への情報的動機づけは，観察された記憶の同調の根拠となることがある。情報的動機づけによって，自身の記憶と照合しうる情報であるかどうかにかかわらず，参加者はテストにおいて自分が正しいと信じるあらゆる情報を報告する。しかしながら，教示をすることによって，目撃者は他の目撃者の情報を無視できることが示唆されるが，一方である研究では，それが必ずしも可能となるわけではないことが示されている。

さらに，ソースモニタリングの誤りが，いくつかの記憶の同調効果，すなわち，事後情報として示された項目が真の記憶であると誤って信じられることの根拠として見いだされた。
- 今後の研究では，どの要因が記憶に対する同調のより長期的な効果を増加させたり，減少させたり，また取り除くことができるのかについての検討が継続して行なわれる。

# 7. 記憶の同調効果に関する司法への示唆

- 捜査面接を行なう者は，出来事について一緒に話し合った目撃者が，意図せずして互いに他者の記憶から影響を受けているかもしれないことを認識すべきである。補強する供述に見えるものが，むしろ汚染された供述であるかもしれないため，目撃者には誰かと記憶について話し合ったかどうかを尋ねるべきである。捜査員は，とりわけ目撃者たちが目撃した経験について話し合う機会があった場合，非常に類似した目撃証言に——他の証拠が証言を反証している場合には特に——注意を払うべきである。
- 目撃者が，他の目撃者と記憶について話し合ったことを明かした場合，出来事を話し合ったときから供述したときまでどのくらい時間が経過していたかを考慮すべきである。もし，その時間が比較的短い場合には，他の目撃者もしくは他の外的情報源から得た事後情報を無視するよう警告することは，効果的かもしれない。長い時間が経ってしまうと，目撃者は情報源を忘れてしまうことが多く，自身の記憶と他の目撃者によって示された事後情報の区別をつけることが，もはやできなくなってしまうのである。
- 同じ出来事の目撃者が知り合い同士の場合，見知らぬ者同士の場合よりもより記憶の同調が生じやすい。
- 捜査員は，目撃証言を評価するときには，出来事においてその人がどのよ

うな役割を果たしていたのかを考慮すべきである。カールッチら（Carlucci et al., 2011）の知見によれば，実際に事件に関与していた目撃者よりも傍観していた目撃者のほうで，より記憶の同調が生じやすい。

**Suggestibility and Individual Differences:
Psychosocial and Memory Measures**

Anne M. Ridley and Gisli H. Gudjonsson

# Chapter 5

# 被誘導性と個人差：心理社会的尺度と記憶尺度

アン・M・リドリー，ギスリー・H・グッドジョンソン

## KEY POINTS

- 直後の被誘導性，遅延の被誘導性と心理社会的変数の関係
  - ・自尊心
  - ・逆境（ネガティブ・ライフイベント）
- 直後の被誘導性，遅延の被誘導性と記憶に関連する変数との関係
  - ・記憶
  - ・記憶不信
- 直後の被誘導性と遅延の被誘導性に関する研究から得られた知見の比較と，被誘導性の特徴の理解にそれらがどのように貢献するか
- 被害者，目撃者，被疑者に面接を行なう実務家に対するこれらの個人差についての示唆

実験家たちは……性格や認知能力の差異がどのように誘導質問に影響するかを探ることで，［被誘導性の］モデルを改良することができた。

(Schooler & Loftus, 1986, p.105)

「個人差」は，個人によって異なる性格や認知変数を描写するための用語である。25年以上前に，スクーラーとロフタス（Schooler & Loftus, 1986）が上記の発言をして以来，これらの要因がどのように被誘導性に影響するかを調べるために，多くの研究が行なわれてきた。なぜそのような研究が取調べにおいて重要であるかについては，多くの理由がある。第1に，警察官や法律の専門家は目撃者や被疑者の被誘導性を増大させる要因を知る必要がある。PEACEモデルで推奨されているように（Williamson, 1994），被疑者に対する取調べの準備を十分にすることで，取調官は被疑者の脆弱性を見抜き，それに対応した面接を行なうことができるようにすべきである。それとは対照的に，多くの捜査では，被害者や目撃者の脆弱性についてほとんど知られていない。目撃者から重要な情報を得るためには，警察官は特別な質問を使う必要がよくあるが，これらは時に誘導的であるかもしれない（Milne & Bull, 1993）。正式な面接を始める前に，ラポール形成を十分に行なえば，警察官は目撃者の経歴や心理的な脆弱性についての有益な手がかりを得ることができるだろう。このレビューは，個人差から生じるこれらの脆弱性の影響について知見を提供することを目的としている。この章を通して示唆を行なうが，章の最後にはまとめを示す。第2に，心理学者は法的な目的で個人の被誘導性を査定したり，鑑定人として法廷に立つことを依頼されるかもしれない。したがって，被誘導性や証言に対する個人差の影響を全般的に理解することが重要である。最後に，スクーラーとロフタス（1986）やエイセンら（Eisen, Winograd, & Qin, 2002）が明確に述べているように，理論的観点から，個人差を研究することで被誘導性の背後にあるメカニズムを理解することができる。

　被誘導性の基礎にあるメカニズムを十分に調べるためには，**直後の被誘導性**と**遅延の被誘導性**を区別することが重要である。スクーラーとロフタス（Schooler & Loftus, 1993; Eisen et al., 2002 も参照）は，この区別──特に，誘導質問に含まれる誤誘導情報を**直後**に受け入れることと，誤誘導情報にさらされたために，後のテストで誤って報告してしまう**遅延の被誘導性**との間の区別──を提案した最初の研究者である。直後の被誘導性は，グッドジョンソン被誘導性尺度（Gudjonsson：GSS 1, 1983, 1984; GSS 2, 1987a; Box 5.1）のYieldとShiftの尺度で観察されるが，誘導や誤誘導の質問形式を利用した研究

> ## Box 5.1　手法の説明
>
> 　**直後の被誘導性**を検討している下記の研究のほとんどは，グッドジョンソン被誘導性尺度（GSS; 1983, 1984, 1987a; 詳しい説明は，Chapter 3 を参照）を用いている。尺度には以下のようなさまざまな得点がある：
>
> ■ **直後の自由再生**
> ■ **遅延の自由再生**（通常は 50 分の遅延をおく）
> ■ **Yield 1**：誘導質問に誘導された回答の数
> ・被検査者の回答に対して否定的なフィードバックが与えられる前に得られる
> ・スコアは 0 − 15 点
> ■ **Yield 2**：Yield 1 と同じ質問に誘導された回答の数
> ・ただし，否定的なフィードバックののちに得られる
> ・スコアは 0 − 15 点
> ■ **Shift**：否定的なフィードバックの結果として回答を変更した数
> ・スコアは 0 − 20 点
> ■ **被誘導性の合計**：Yield 1 と Shift のスコアの合計
>
> 　遅延の被誘導性の研究は（特に明記しないかぎり）3 段階の誤情報パラダイムを用いている：
>
> ■ **段階 1**：出来事を経験する
> ■ **段階 2**：誤誘導の事後情報にさらされる
> ■ **段階 3**：遅延テスト
> 　　　　　先に遭遇した誤誘導の事後情報が，誘導された回答に導いたかどうかを調べる。
>
> 　　　　　　　　　　　　　　　　　　　　　　　詳細は，Chapter 2 を参照

でも観察される。遅延の被誘導性は，「標準的な」もしくは「古典的な」誤情報研究で得られる。エイセンら（Eisen et al., 2002）は，レビューで，イメージ能力や，場依存もしくはローカス・オブ・コントロール［訳者注：個人がその行動を統制する主体の所在］，解離傾向が，誤誘導情報の直後の受容ではなく，遅延の受容と関係している一方，黙従や，調和性，知能は直後の被誘導性と関係して

おり,遅延の被誘導性とは関係していないと報告した。これらの結果に基づき,著者らは,直後の被誘導性は社会的プレッシャーの結果であり,一方,遅延の被誘導性は,実際に目撃したことと誘導されたこととを混同するために生じると結論づけた。このように,遅延の被誘導性は,理論的には,ソースモニタリングの誤りで説明される（Chapter 2 を参照）。

この章では,直後および遅延の被誘導性と,エイセンら（2002）によってレビューされていない個人差との関係に焦点を当てる。その個人差は2つのタイプに分けられる。心理社会的な要因（不安や自尊心,ネガティブ・ライフイベント）と記憶の要因（記憶と記憶不信）である。ここでは,個人差と子どもの被誘導性に関する膨大な研究を扱うつもりはないが,論じている話題に関係がある部分では,1つや2つの研究は述べるつもりである。興味のある読者は,レビューとして,本書の Chapter 7 と,ブルックとメルニック（Bruck & Melnyck, 2004）を参照してほしい。

# 1. 被誘導性と心理社会的変数

―― 不安 ――

被害者,目撃者,被疑者は,事件からその捜査,法廷までの時間にわたり,さまざまな程度の不安やそれと関係する感情を経験する傾向がある。不安は,一般的には「特性」不安と「状態」不安と呼ばれる2つの方法で概念化されている。特性不安は,人の一般的な不安を表わす比較的安定した性格の構成概念である。対照的に,状態不安は,人がある時に,どの程度不安を感じるかを反映しており,状況に依存して変化する。たいてい,特性不安の高い人は,特性不安の低い人より,ストレスの高い状況下で状態不安が高くなる。

多くの研究が,スピルバーガーの状態－特性不安尺度（STAI；Spielberger, Gorsuch, Luschene, Vagg, & Jacobs, 1983）を用いて不安を検討してきた。この尺度は,20項目の尺度2つからなる簡単な質問紙である。初期の研究（た

とえば，Gudjonsson, 1983）は，特性不安が GSS 1 で測定される尺度とは関係がないということを示してきた。グッドジョンソン（Gudjonsson, 1988a）は，STAI を使って状態不安と GSS との関係を測定した。彼は，最初の自由再生テストの実施後に状態不安を測定し，また，参加者が尋問段階（否定的なフィードバックを与えられたとき）でどのように感じたかを述べるように求められた最後の段階でもう一度状態不安を測定した。その結果，尋問前に状態不安が測定されたときには，GSS で測定される Yield 2 と Shift の被誘導性スコアの高さが，状態不安の高さと関係していた。重要なことに，尋問後に不安が測定されると，すべての被誘導性スコアとの関係は統計的に有意であり，よりいっそう強くなった。たとえば，不安と Shift の相関は，尋問段階の前で 0.42 であったが，その後は 0.69 に上昇した。このように，グッドジョンソンの研究では，状態不安が被誘導性と関係がありそうだという証拠が示された。

　ドイツの研究で，ヴォルフラット とメイヤー（Wolfradt & Meyer, 1998）は少し異なるパタンを見いだした。彼らは，STAI を使って状態不安と特性不安の双方を調べ，臨床的に不安が高い参加者と臨床的に問題がない統制群とを比較した。各群内の相関は有意ではなかった。対照的に，両方の群のデータを統合した場合に，たとえ STAI が尋問前に測定されていた場合でも，すべての被誘導性得点と，状態不安（Yield 1, Shift, 被誘導性の合計との相関は 0.50, 0.62, 0.63）や特性不安（各相関は 0.65, 0.70, 0.76）の双方との間に強い正の相関を見いだした。グッドジョンソンら（Gudjonsson, Rutter, & Clare, 1995）もまた，警察に勾留中の被疑者を対象に，高い不安（特に特性不安）と被誘導性の高さが相関していることを見いだした。しかし，すべての研究が有意な結果を示しているわけではないことは注目に値する。スミスとグッドジョンソン（Smith & Gudjonsson, 1995）は，被誘導性と GSS の尋問段階で測定された不安との間に有意な相関を見いださなかった。結局，証拠は，直後の被誘導性に関しては，不安の高さが誘導された回答の多さと関係しており，この効果は否定的なフィードバックののちに最大になるということを示している。

　不安が遅延の被誘導性と関係があるかどうかを調べるために，リドリーと共同研究者は一連の研究を行なった。最初の研究（Ridley, Clifford, & Keogh, 2002）では，9 歳と 10 歳の子どもが，ビデオで深刻ではない自動車事故を

目撃して，その後その映像について質問紙に回答した。5つの質問には，誤誘導する詳細情報が含まれていた。子ども版 STAI（Spielberger, Edwards, Luschene, Montouri, & Platzek, 1970）の状態不安の尺度に回答した後，子どもたちは，事故に関する2つめの質問紙に回答した。この質問紙は，誤誘導の詳細情報への誘導されやすさをテストするための5つの裁決質問を含んでいた。その結果，不安と被誘導性には負の相関があった（-0.33）。高い不安得点を示した子どもは，誘導された回答をする傾向が低かった。

　リドリーとクリフォード（Ridley & Clifford, 2006）による別の研究では，情報源特定（情報源帰属ともいう）の手法を使っている。これは，標準的な被誘導性パラダイムの変化形であり，記憶を再生させるのではなく，参加者がどこで誤誘導の情報に遭遇したか——出来事の描写か，あるいはその後の質問か——を特定するための質問からなるテストである。以前に見た侵入窃盗やカーチェイスの映像について，誤った詳細情報にさらされたと警告された参加者たちが，情報源特定テストに回答した。このデザインは，被誘導性の要求特性や対人的な側面の影響を減らすことを目的としている。分析の結果，状態不安，特性不安と，それらの相互作用で，被誘導性の分散の26%を説明していた——ここでは，誤誘導の事後情報を目撃した出来事として誤って帰属したことが被誘導性として測定されている——。状態不安の高さは被誘導性の低さと関連していた。対照的に，特性不安と被誘導性の間には正の相関があった。このことは，被誘導性と，状態不安，特性不安との間にある複雑な関係を示しており，今後の研究で検討する価値がある。

　この2つの先行研究では，自己記述式質問紙だけを使用し，標準化された不安の尺度を使用して，可能なかぎりストレスを感じさせないような状態で，不安の効果を検討した。生態学的妥当性を高めるために，リドリーとクリフォード（2004）はまた，司法で起こる状況を可能なかぎり模倣することを目的として実験操作を行ない，高められた状態不安の効果を検討した。参加者は，記憶すべき出来事について質問されているときに，ビデオ録画された。さらに，参加者は，フィードバックループ機能によって，自分自身が「証言している」のを見ることができた。参加者は160名の大学生であった。彼らは，病室から誘拐された赤ちゃんについての短い映像を見た。その後，最初の面接で19の質

問が尋ねられたが，そのうち5つの質問で誤誘導情報が提示され，次の面接では被誘導性がテストされた。不安の操作のタイミングは実験群によって異なっており，以下の4つのいずれかに割り当てられた。①参加者が誤誘導の事後情報に遭遇したとき，②被誘導性がテストされたとき，③記銘時と想起時の双方，④まったく操作がなかった，である。その結果，不安が操作された3つのグループはすべて，不安の操作を経験しなかった統制群よりも誘導されなかった。

　要約すると，遅延の被誘導性に関するこれらの3つの研究はすべて，状態不安の高さが被誘導性の低さと関連することを示してきた。これは，不安が被誘導性の高さと関連していた直後の被誘導性に関する研究結果とは対照的である。このことは，直後の被誘導性と遅延の被誘導性の基となるメカニズムが異なるという考えを強く支持している。

　リドリーと共同研究者（Ridley & Clifford, 2004, 2006; Ridley et al., 2002）は，この結果のパタンに関して可能性のある理論的説明を提供している。遅延の被誘導性研究における不安と被誘導性の低さとの関連は，認知と感情の理論から説明されうると論じた。処理効率性理論（Eysenck & Calvo, 1992）によれば，不安のある個人は心配をし，これが彼らの認知的処理能力を制限する。しかし，処理の限界に到達せず，問題となる課題の認知的な要求があまり高くない場合は，失敗を恐れることで，状態不安の高い個人が低い個人よりも，よい**成果を出すことにいっそう努力する**傾向がある。これによって，不安の高い個人が，誤誘導の事後情報をより徹底して処理し，誤誘導を正しく退けることになり，遅延の被誘導性が低下することを説明できるだろう。対照的に，直後の被誘導性の場合には，誘導質問，特に（Shiftにおいてのように）否定的なフィードバックの**後**の誘導質問は，状態不安の高い人々の心配を増加させ，彼らの処理資源を制限し，被誘導性を高める結果となる。さらに面接中の社会的相互作用における否定的フィードバックが，個人の状態不安や心配の高さの原因として認識されれば，結果となる行動の反応として，不安と関係する否定的な感情を減らすために，誘導された回答をする可能性がある。これは，グッドジョンソンの尋問による被誘導性モデルに基づいて予測された結果である（Gudjonsson & Clark, 1986; 取調べにおける自己制御の影響を弱める感情要因に関してはChapter 9を参照）。

**不安と被誘導性に関するまとめと司法への示唆**：不安は，誤情報パラダイムにおける被誘導性（遅延の被誘導性）の低さと関係しているが，警察の捜査では，目撃者が先に誤誘導情報や不正確な情報にさらされたかどうかを面接者が知ることはあまりない。たとえそうだとしても，被誘導性の影響を減らすために，目撃者の不安レベルを意図的に高める手段に訴えることは推奨されない！　実務家が注意すべき最も重要な点は，誘導あるいは誤誘導質問の存在（直後の被誘導性）に加え，犯罪被害者であることによって引き起こされた不安の高さと，面接における社会的相互作用の組み合わせ，もしくはそのいずれかにより，個人によっては高いレベルの誘導された反応を生み出すかもしれないということである。

―― 自尊心 ――

　犯罪の被害（とりわけ，暴力や暴行の被害）を受けた者では，自尊心が低くなるのはもっともだろう。このことと，自尊心が低い人々が，被疑者取調べや目撃者の聴取での要求にうまく対処できないという事実によって，自尊心と被誘導性の関係についての研究が特に関心の高いものとなっている。

　GSSを利用した一連の研究で，ベイン（Bain, S. A.），バクスター（Baxter, J. S.），ブーン（Boon, J. C. W.）とその共同研究者は，面接官の態度と同時に自尊心と被誘導性を検討した。グッドジョンソンとクラーク（Gudjonsson & Clark, 1986）のモデルが示しているように，尋問による被誘導性は，社会的相互作用に埋め込まれた複雑な現象であり，したがって，面接者の行動は考慮すべき重要なものである。2つの研究（Baxter, Jackson, & Bain, 2003; Bain, Baxter, & Fellowes, 2004）では，面接者の態度は，無愛想か，親切かのどちらかであった。2003年の研究では，バトルの自尊心尺度（Battle, 1981）で測定された自尊心が高い人と比較して，自尊心が低い人の場合，すべての被誘導性尺度が有意に高かった。たとえば，自尊心の低い人たちの「被誘導性の合計」の平均スコアは，自尊心の高い人たちのおよそ2倍高かった。無愛想な面接の方法もまた影響があったが，自尊心の低い人たちに対してのみ影響があり，この群に対しては被誘導性が高い結果となった。上記の研究と比較して，ベインら（Bain et al., 2004）は，自尊心と，Shiftによって測定された被誘導性との間に小さいが有意な関係を見いだした。「無愛想な」面接者の群の参加者は，「親切な」面接者の群よりもYield 1と被誘導性の合計のスコアが有意に高かった。初期の研究で，グッドジョンソンとリスター（Gudjonsson & Lister, 1984）は，面接者の態度が自尊心に影響することを見いだした。自尊心と自信を下げるような面接方法は，被誘導性を高めることにつながると研究者たちは結論づけている。

　すべての研究が，自尊心と，GSSで測定された被誘導性との有意な関係を見いだしているわけではない。ドレークら（Drake, Bull, & Boon, 2008）は，さまざまな被誘導性尺度との間に，負の，しかし有意ではない関係を見いだしている。パイファーとトゥルーリ（Peiffer & Trull, 2000）は，大学生対象の自己認識プロフィール尺度（Neeman & Harter, 1986）——これは有能感（コンピテンス）と自尊心の社会的側面を測定するものである——を用いた研究を行なった。彼らは，有能感が，Shiftによって測定される被誘導性を予測することを発見したが，社会的自尊心はそうではなかった。マッグロアティとバクスター（McGroarty & Baxter, 2009）は異なる手法を用いて研究を実施したが，そこでは，参加者が録画された出来事を見て，クローズド質問とオープン質問に答えた。そして，それに続いて否定的なフィードバックと2回めの面接が行なわれた。親切な面接を経験した参加者は，無愛想な面接を経験した参加者よりも回答を変更しなかったが，自尊心は被誘導性に影響していなかった。

　私の知るかぎり，自尊心と誤情報パラダイムとの関係を報告している公刊された研究は存在していない。この関係についての手がかりを得るために，子どもに関連する文献を調べると，限られた数の研究のみが存在する。ブルックとメルニック（Bruck & Melnyck, 2004）は，子どもの被誘導性の個人差に関する研究をレビューして，2つの研究を除いたすべての研究が，直後の被誘導性を検討していると述べている——これは，成人に対して得られた結果と一致した結果である——。遅延の被誘導性を調べた2つの研究では，結果は矛盾するものであった（Murch & Slater, 1996; Melnyck, 2002; ともにBruck & Melnyck, 2004から引用）。したがって，単に，自尊心は，遅延の被誘導性と関係していないということであるかもしれない。しかし，効果がないことを示した研究はたいてい公刊されないので，直後の被誘導性と遅延の被誘導性の両

方を組み合わせる研究が，さらにこの点に光を当てるだろう。

**自尊心と被誘導性に関するまとめと司法への示唆**：これらの知見によると，自尊心の低さは GSS の被誘導性スコアの高さと通常は関係しているが，この関係はいつも統計的に有意であるわけではない。自尊心は，面接場面における自己に対する否定的な認知的評価を媒介して被誘導性を増すかもしれない。そして，これは，誘導質問でなされた暗示を受け入れる傾向を増す結果になるかもしれない。とりわけ，面接者からの否定的なフィードバックが伴うとその傾向は増すであろう。したがって，バクスターら（Baxter et al., 2003）とベインら（Bain et al., 2004）による上記の研究が示しているように，肯定的な面接態度は，理論的には誘導質問によって引き起こされる被誘導性を減らすはずであり，自尊心の低い人々に対してはなおさらであろう。

—— 逆境 ——

　多くの大規模なコミュニティで行なわれた研究では，警察による面接中に得られた虚偽自白は，ネガティブ・ライフイベントと過去の被害経験との関連があることを示している（Gudjonsson, Sigurdsson, Asgeirsdottir, & Sigfusdottir, 2007; Gudjonsson, Sigurdsson, & Sigfusdottir, 2009a, b; 2010; Gudjonsson, Sigurdsson, Sigfusdottir, & Asgeirsdottir, 2008; Gudjonsson, Sigurdsson, Sigfusdottir, & Young, 2012）。グッドジョンソンらの研究（2012）では，アイスランドにおける 16 歳から 24 歳の学生の間で，ネガティブ・ライフイベント，注意欠陥多動性障害（ADHD），行為障害が，自己申告の虚偽自白を予測するかどうかを検討した。性別，年齢，情緒の不安定さを統制した後でも，3 つの要因すべてが虚偽自白を予測することが見いだされた。この関係は，尋問による被誘導性と迎合性によって媒介される可能性がある。したがって，そのようなネガティブ・ライフイベントと，被誘導性自体との関係を理解することは重要である（ADHD と被誘導性，迎合性についてのレビューは，Chapter 3 をを参照）。

　キム・ドレーク（Drake, K.）は，逆境と尋問による被誘導性との関係を調

べる多くの研究を行なってきた。ドレーク（Drake, 2011b）によれば，被誘導性の高さの点から，捜査面接に最も関連するネガティブ・ライフイベントは，職場や家族の問題のような対人的なものである。一方，グッドジョンソンら（Gudjonsson et al., 2009b, 2010）は，身体的，性的虐待の被害，兄弟，友人，養育者による児童期のいじめ被害，青年期の友人グループによるいじめ被害にあうことが，警察の取調べ中に虚偽自白をしたという報告と特に関連が強いことを見いだした。ドレーク（2011b）が報告しているように，ネガティブ・ライフイベントは，高い不安や抑うつのような心理的苦痛を感じさせ，それによって個人を誘導的な影響に脆弱にさせてしまうかもしれない。第1節の不安に関する項で概要を述べたように，研究知見は，このことが実際に当てはまることを示している。

脆弱な目撃者や被疑者における被誘導性の理解を促進するために，ドレークは，多くの他の脆弱性を高める要因とともに，「ライフイベント尺度」（Norbeck, 1984）によって測定されるネガティブ・ライフイベント（NLE）の数あるいは強さ（あるいはその両方）との関係を調べる数多くの研究を実施してきた。

多くの個々の要因の効果を同時に調べるために必要な統計分析は，かなり複雑であった。基本的には，報告されたネガティブ・ライフイベントの数と，特にYield 1，Yield 2，Shift，被誘導性の合計との間に有意な関係が見いだされた。効果量は，Yield 1に関しては概して低い（Drake, 2011a参照）が，Shiftに関しては高い傾向があり，効果量は中程度から大であった（Drake, 2010a, b）。ドレークはまた，尋問による被誘導性とネガティブ・ライフイベント，他の心理社会的変数との間の相互関係を調べるために構造方程式モデルを用いた。たとえば，ドレーク（2010b）は，成人の愛着スタイルを分析した。成人の愛着の概念は，ボウルビィ（Bowlby, 1988）の理論から発展したが，それは子どもと主たる養育者との間の感情的な結びつきの質が心理的に重要であるという理論である。結果として生じる愛着の内的作業モデルが，人生を通して人間関係への期待に影響するということが提案されている。したがって，児童期の安定型の愛着は，成人期の人間関係におけるレジリエンス（精神的回復力）を提供すると言われている。対照的に，児童期の否定的な愛着は，個人を対人関係において脆弱にする恐怖回避型愛着スタイルに導く。ドレーク（2010b）は，恐

怖回避型愛着スタイルは，ネガティブ・ライフイベントの強さを通して，間接的に Shift に影響することを見いだした。この結果は，否定的な物の見方につながる脆弱性の要因と，面接時の人間関係における否定的なフィードバックに対する敏感さの組み合わせのためであると論じられている。類似の分析により，ドレーク（2010a）は，神経症的傾向，迎合性，ネガティブ・ライフイベントの強さがすべて，Shift に直接的に正に影響することを見いだした。このことは，Shift が Yield 1 よりも，社会的要因や不安の過程に影響されることを示しており，グッドジョンソンとクラークの尋問による被誘導性のモデル（Gudjonsson & Clark, 1986）を支持している。

**逆境と被誘導性に関するまとめと司法への示唆**：ドレーク（2011b）は，この研究はまだ始まったばかりであり，彼女が検討してきた脆弱性の要因間の相互作用について，定まった結論はまだ得られていないと指摘している。現在までに，逆境と遅延の被誘導性との関係を調べている研究は存在しない。実務家に対する示唆は，ネガティブ・ライフイベントは，一般的には心理学的な脆弱性を示唆するものであり，目撃者や被疑者に誘導質問をした場合に誘導された回答をしやすくなるかもしれず，それは面接者が否定的なフィードバックをしたときにはなおさらであるということである。

―― 結論：被誘導性と心理社会的変数 ――

　この心理社会的変数のレビューによれば，概して，効果量の大きさは多様であるが，ネガティブな心理状態は，特に否定的なフィードバックや，面接者が無愛想な態度をとる場合に，直後の被誘導性に対する脆弱性を増すことと関係している。不安に関する非常に限られた数の研究によれば，これは遅延の被誘導性には当てはまらないようである。明らかなことは，遅延の被誘導性パラダイムを用いた心理社会的変数に関する公刊された研究はほとんど存在せず，成人に対しては特にそうである。これは，研究が実施されなかったことが原因なのか，そのような研究は有意な結果が得られず，したがって研究者によって報告されなかったことが原因なのかを知ることは難しい。直後の被誘導性と遅延

の被誘導性の双方を結びつける研究が，この重要な論点を解決する一助になるかもしれない。

## 2. 被誘導性と記憶の要因

　これまでレビューしてきた研究では，心理社会的な要因は，遅延の被誘導性よりも，直後の被誘導性とより確実に関係していることを示している。以降では，記憶と関係する要因を調べた多くの研究をレビューする。第1に，被誘導性と記憶の尺度との関係について検討する。第2に，新たな研究領域である，被誘導性と記憶不信との関係を調べた研究を簡潔に概観する。ここでは直後の被誘導性と遅延の被誘導性に関する矛盾した結果に着目する。

—— 記憶 ——

　記憶と被誘導性の関係を調べた研究は，同じ実験刺激と質問票から得られた測度を用いることが多い。誤情報パラダイムを用いた研究の大部分では，記憶は，誤誘導の事後情報の対象とはならない，記憶すべき出来事の詳細を思い出すこととして測定されている。したがって，記憶と被誘導性の尺度は互いに独立しているはずである。対照的に，スクーラーとロフタス（Schooler & Loftus, 1986）は，GSSの実験デザインのために，誘導質問の内容から，自由再生できたであろう項目を取り除くことは不可能であると述べている。この可能性を検証するために，グッドジョンソン（Gudjonsson, 1987b）は記憶すべき情報が異なる物語であるGSS 1とGSS 2の両方を利用して研究を実施した。彼は，GSS 1の記憶（自由再生）はGSS 2の被誘導性と関係しており，その逆もまた同様であることを見いだした。さらに，この相関は，GSS 1とGSS 2のそれぞれにおける記憶と被誘導性との間の相関と類似していた。したがって，グッドジョンソンは，GSS 1とGSS 2の**それぞれにおける**自由再生と被誘導性尺度の関係を調べることは妥当であると論じている。

これらの研究では，記憶力の悪さと被誘導性の高さが関係していた。この知見は，グッドジョンソンによる他の研究（1983, GSS 1; 1988b, GSS 2）でも観察されてきた。たとえば，グッドジョンソン（Gudjonsson, 1983）では，直後再生と遅延再生の両方がすべての被誘導性尺度と有意に相関していた（相関は −0.44 から −0.58 の範囲であった）。ポルチェク（Polczyk, 2005）はポーランド語に訳した GSS 1 と GSS 2 の両方を用いて学生にテストした。両方のバージョンで，直後再生とすべての被誘導性尺度との間に有意な相関を見いだした。しかし，その相関は，グッドジョンソン（1983）よりも概して低く，その範囲は，GSS 1 では −0.18（Shift）から −0.38（Yield 2）であった。対照的に，76 名の女子大学生を対象にした同様の研究で，ハワードとハイフティコルンヴァニフ（Howard & Chaiwutikornwanich, 2006）は，GSS における直後再生と遅延再生が Yield 1（−0.51 と −0.40）や被誘導性の合計（−0.39 と −0.27）とは有意に相関していたが，自由再生と Shift との間に有意な関係はなかったことを見いだした。これらの研究から，自由再生は，否定的なフィードバックの結果としての被誘導性との関係よりも，Yield 1 とより確実に関連していると結論づけられるだろう。知能も検討した研究では，知的レベルが低い場合には，記憶と被誘導性の関連が最も強いことが見いだされた（Gudjonsson, 1983, 1988b）。言い換えれば，IQ が低い個人にとって，記憶力の悪さが被誘導性に与える負の影響は特に深刻であった。

　記憶と被誘導性の関係を調べる別の方法は，ターゲットとなる出来事と完全に独立した記憶の尺度を利用することである。ポルチェクら（Polczyk, Wesolowska, Gabarczyk, Minakowska, Supska, & Bomba, 2004）はウェクスラー記憶検査（Wechsler Memory Scale：WMS, Wechsler, 1945）によって測定される記憶と GSS 2 との関係を調べた。この WMS の初期バージョンは，多くの異なる記憶の尺度からなっており，以下のテストを含んでいる。数唱（ランダムな数字の系列を再生する），視覚記憶（絵に描かれた物を記憶する），言語性対連合（対となる単語をまず提示し，その後，最初の単語が繰り返され，参加者はその単語とペアになった単語を思い出して答えるという記憶テスト）である。参加者は，66 名の若年成人（平均年齢 22.3 歳，標準偏差 3.3）と 43 名の高齢者（平均年齢 64.1 歳，標準偏差 9.5）であった。若年成人群では，GSS

における直後自由再生と遅延自由再生は Yield 1 との間に有意な相関があり，遅延自由再生は Yield 1 と Yield 2 の両方の尺度との間に有意な相関があった。しかし，WMS の記憶尺度は，被誘導性のいずれの尺度とも関連がみられなかった。対照的に，高齢者群では，GSS の直後再生および遅延再生によって測定された記憶力の悪さと，すべての被誘導性尺度の得点の高さとの関連がみられ，すべての相関係数は，若年成人群よりもかなり高かった。WMS 得点はまた，被誘導性の高さと関連しており，Yield 1 とは -0.55，Yield 2 とは -0.37，被誘導性の合計とは -0.45 の相関係数を示していた。しかし，WMS 得点は Shift とは関連がなかった。全体的に，この研究は，自由再生によって測定されようが，WMS によって測定されようが，若年成人よりも高齢者で，記憶力の悪さが被誘導性に大きく影響していることを示している。

　これまでこの節でレビューしてきた研究から得られた結論が3つある。第1に，直後の被誘導性に関する研究では，記憶力の悪さが被誘導性（特に Yield 1）の高さと関係していることを示す証拠がある。一般的に，記憶と Yield 1 とが強い関係にあり，記憶と Shift とが弱い関係あるいは無関係にあるというパタンは，心理社会的変数のレビューで言及された傾向と逆である。これは，たとえ GSS 内でも，2つの「タイプ」の被誘導性があり，Yield 1 は記憶とより関係があり，Shift は心理社会的要因と関係があるという見解を支持している（Gudjonsson, 2003）。第2に，加齢のためであれ，低い知能のためであれ，認知機能の低さは，記憶と GSS によって測定される被誘導性との関係を調整することを示す証拠がある。第3に，標準化された記憶の尺度は，直後の被誘導性とも遅延の被誘導性とも関係があるとは確実にはいえない。

　遅延の被誘導性パラダイムでは，記憶と被誘導性の関係を予測することはより複雑である。スクーラーとロフタス（Schooler & Loftus, 1993）は，記憶力の良い個人は誤誘導の事後情報も覚えている傾向があるために，この2つの間に正の相関がある可能性があると述べている。別の予測は，出来事の記憶が弱い場合は，ふつう，より最近の誤誘導情報のほうが，記憶の中でアクセスしやすいだろうというものである。このように，記憶力が良い場合であれ，悪い場合であれ，被誘導性が高いという結果になりうるのだ！

　リー（Lee, 2004）によって行なわれた，7歳から17歳の子どもと青年を対

象とした包括的な研究では，3種類の方法で測定された被誘導性を検討した。①GSS，②標準的な誤情報パラダイム，③情報源特定の3種類の方法である。このようにして，直後の被誘導性と遅延の被誘導性をともに1つの研究内で測定した。「出来事」は連続するスライドで描かれた住居対象の侵入窃盗であった。「標準的な」方法論を用いた被誘導性は，再認テストで測定されたが，そのテストでは，参加者はスライドからの正しい情報か誤誘導の事後情報かのどちらかを選択しなければならなかった。情報源特定課題は，どこで参加者が誤誘導情報に遭遇したかを特定する課題である。記憶の特徴は，神経心理学的な尺度を用いて測定された。たとえば，子どもの記憶尺度 (Cohen, 1997) に含まれる，数字の逆唱テストや言語性対連合テストで測定された。2つの年齢群の差はほとんどの場合統計的に有意ではなかったので，報告された相関分析はすべての参加者をまとめて分析した。どの記憶の尺度も（遅延の）被誘導性再認テストあるいは GSS との間に有意な相関はなかった。情報源特定課題の得点には言語性対連合の得点と弱いが有意な相関がみられ，記憶の得点の高さは被誘導性得点の高さと相関していた。しかし，回帰分析の結果，付加的な有意な効果が得られた。GSS と言語性対連合得点との間に正の相関があり，被誘導性の高さは記憶力の悪さと関連していた。対照的に，遅延テストでは，「記憶力の良い参加者は，再認テストで誤情報を選択しやすく，情報源の記憶テストで誤情報を誤って帰属しやすかった」(Lee, 2004, p.1012)。リーは，この手法によって異なるパタンは，誤誘導情報とテスト実施のタイミングのためである可能性を指摘しており，これは，直後の被誘導性と遅延の被誘導性は異なる心理学的過程に基づいているという，この章を通して提案してきた見解を支持している。

　誤情報パラダイムを利用した遅延の被誘導性に関する3つの研究がリドリー (Ridley, 2003) によって実施された。目撃された犯罪は，ビデオによって提示されたが，病室から赤ちゃんが暴力を伴わずに誘拐されるというものであった。記憶の測定は，誘拐についての2セットの質問の最初のセットに含まれており，出来事についての14の手がかり再生質問に対する正しい回答数であった。同じセットの質問には，さらに，誤誘導の事後情報を含んだ5つの質問があった。被誘導性は，犯罪についての2セット目の質問紙の一部に含まれた5つの手がかり再生質問によってテストされた。記憶の正確さと被誘導性の関係は3つの

研究を通して一貫していなかった。3つの研究のうち2つで有意な相関がみられなかったが，3番めの研究では，記憶の正確さと被誘導性の間に有意な負の相関（-0.34）があり，記憶力の悪さは被誘導性の高さと関連していた。これらの3つの研究間で矛盾した結果が得られたことは，部分的には，有意な相関がみられた研究では，記憶の正確さが他の2つの研究よりもいくぶん高かったことが理由であるかもしれず，このことが相関につながったのかもしれない。これらの研究はまた，記憶と被誘導性の双方に対して，操作された不安の効果を調べた研究であるということを指摘することも重要であろう（第1節の不安に関する項を参照）。有意な相関がみられた研究では，不安が操作された群は統制群と比較して，記憶の正確性得点が高かったが，これは他の2つの研究では当てはまらなかった。このように，研究間の差異は，不安と記憶の間の複雑な内的関係のために生じているのかもしれない。

　他の研究もまた，遅延の被誘導性と記憶は関係がないということを報告している。ロフタスら（Loftus, Levidow, & Duensing, 1992）は，科学博物館を訪れたすべての年齢層（5歳から75歳）の1,989名の参加者を対象に研究を実施した。彼らは緊迫した政治集会での出来事を描いた映像の一部を見た。研究仮説は，出来事に関する記憶力の悪さは，被誘導性の高さと関係しているだろうというものであった。参加者の約半数が，2項目の誤誘導情報にさらされ，同じ質問紙で，のちにその情報を受け入れているかどうかをテストされた。子どもと高齢の参加者においては仮説は支持されたが，残りの参加者の結果は不可解であった。たとえば，参加者は職業を報告したが，芸術家と建築家は記憶の正確性が高かったが，同時に非常に誘導されやすかった。著者らは，この結果はおそらくこれらの職業の人々の想像力が原因であろうと述べている。もし相関分析をしたら，これらの関係をより直接的に測定できたであろう。

**記憶と被誘導性に関するまとめと司法への示唆**：概して，記憶と被誘導性に関するこれらの研究は，複雑な関係を示している。直後の被誘導性に関しては，記憶力（特にGSSの自由再生で測定されたとき）の悪さが被誘導性の高い反応，特にYield 1と一般的には関係している。遅延の被誘導性の研究のレビューでは，関係はさまざまであり，無関係であったり，負の関係であったり，正の関

係であったりした。しかし，この節の最初に述べたように，理論的観点からは，遅延の被誘導性に関するこうした結果がまったく予想できなかったわけではない。記憶力の良さは，出来事の詳細情報と誤誘導の事後情報の双方に当てはまりうる（Schooler & Loftus, 1993）。これは，期待された回答への強い社会的な手がかり（たとえば否定的なフィードバック）がないことと，誤誘導情報の情報源について混同していることとあわせて，異なる結果に対して可能な解釈を提供している。さらに，この多様性は，疑いなく，研究間の方法論的な違いが原因でもある。遅延の被誘導性と記憶との間の複雑な関係を明らかにするために，さらなる研究が必要であろう。

実務家にとっては，記憶力の悪さは，誘導質問に誘導された反応につながる可能性があることを心にとどめておく必要がある。逆説的ではあるが，記憶力の良い目撃者がたとえ誘導質問に従いそうではないとしても，その同じ目撃者は，のちに出来事を報告する際に（どのように遭遇したとしても）誤誘導の事後情報に影響を受けないというわけではない。

―― 記憶不信 ――

記憶不信（memory distrust, Gudjonsson & MacKeith, 1982）は，「人々が，自分の記憶の想起に心の底から不信感を抱いた状態であり，その結果として外的な合図や誘導に特に頼りやすい傾向」と定義される（Gudjonsson, 2003, p.196）。記憶不信は，一般的に記憶力が悪い人々に限られない。しかし，記憶不信は，健忘，アルコール中毒，あるいは，記憶に対する自信を失わせる面接手法と結びつくと特に，影響の受けやすさを増大させるだろう。（Gudjonsson, 2003）。

最近まで記憶不信と被誘導性の関係を直接的に調査した研究はほとんどなかった。ただし，記憶と直後の被誘導性との関係を説明するために，記憶不信は利用されてきており（たとえば Gudjonsson, 1983; Howard & Chaiwutikornwanich, 2006），また，虚偽自白の影響要因と信じられてもいる（Henkel & Coffman, 2004）。

この関係を直接検討するために，バン・バージェン（Van Bergen, S.）と共

同研究者は，記憶不信と，GSSと誤情報パラダイムによって測定される被誘導性との関連を調べてきた。記憶不信はスクワイア主観的記憶質問紙（Squire Subjective Memory Questionnaire：SSMQ, Squire, Wetzel, & Slater, 1979; Van Bergen, Brands, Jelicic, & Merckelbach, 2010）を用いて測定された。少々驚くことに，バン・バージェンら（Van Bergen, Jelicic, & Merckelbach, 2009）は，記憶不信がGSSの被誘導性尺度と無関係であることを見いだした。ただし，記憶不信が高い人はグッドジョンソン迎合性尺度（GCS, Gudjonsson, 1989）の得点は高かった。

　遅延のパラダイムを利用した第2の研究で，バン・バージェンら（Van Bergen, Horselenberg, Merckelbach, Jelicic, & Beckers, 2010）は2つのグループを募集したが（18歳から49歳までの各40名の成人参加者），彼らは10件法（「非常に悪い」から「すばらしい」）で自らの記憶を評価するように依頼された。結果として得られた「記憶不信」群と「記憶自信」群はその後，SSMQにおける有意差によって妥当であると証明された。すべての参加者はある出来事を見て，それから自由再生を行ない，それは文字に起こされ，1日後か2週間後のいずれかの時点で参加者に提示された。（誤誘導の）誤情報が5項目，これらの逐語録に加えられた。両群にとって，2週間の遅延では誤った項目を正しく認識することは難しかった。記憶不信に関しては，記憶自信群と比較して，記憶不信群は誤情報を間違いであると認識する傾向が低かった。言い換えれば，彼らはより誘導されやすかった。しかし，自由再生と年齢を統制した場合には，この効果は有意にはならなかった。著者たちは，これは記憶力の良さが正確な**差異検出**（discrepancy detection）を可能にし（Schooler & Loftus, 1993），一方，記憶力の悪さが否定的な記憶の評価を刺激し，それによって誤誘導の情報を受け入れやすくなったためであると説明している。しかし，これは年齢の調整効果を説明していない。そして，年齢と自由再生が有意な共変量ではなかったため，この効果は単に統計的に現われた変則性のためであると言うこともできるだろう。

　興味深いことであるが，グッドジョンソンら（Gudjonsson, Young, & Bramham, 2007）は，注意欠陥多動性障害（ADHD）のある参加者と健常な統制群とを比較した際に，ADHD群はGSS 2の自由再生の得点は低いが，「わ

からない」と回答することで，誘導されやすくはなかったということを見いだしている。「わからない」という反応をするこの傾向は，記憶不信を示しているかもしれないと著者たちは述べている。バン・バージェンら（2010）の研究デザインでは，「わからない」という反応は起こりそうもなかった。再認課題よりもむしろ手がかり再生を用いたさらなる研究が，記憶不信と誤情報を受け入れることとの関係にさらなる洞察を提供する可能性があり，この研究方法はまた「わからない」という反応を可能にするだろう。

**記憶不信と被誘導性に関するまとめと司法への示唆**：記憶不信と被誘導性を直接調べた研究は始まったばかりであるため，実務家に対する提案をすることは難しい。バン・バージェンの研究では，記憶不信と直後の被誘導性には関係がみられなかったが，誤情報をのちに受け入れることとは中程度に関連があることを示していた。「わからない」という反応に焦点を当てて，直後の被誘導性と遅延の被誘導性の双方についてさらなる研究を行なうことは価値があるであろう。クアスら（Quas, Qin, Schaaf, & Goodman, 1997, p.378）が以下のように述べている。

> 自らの記憶力が良いと過度に思っている成人や子どもたちは……記憶力が悪いように見える人よりもむしろ，誘導や暗示に頼る傾向があるだろう。対照的に，自分自身が特別に記憶力が良いと思っていない成人や子どもたちは，自分自身が情報を思い出せるとは思わず，したがって暗示された情報に頼る必要がないだろう。

―― **結論：被誘導性と記憶の要因** ――

GSS の直後の被誘導性尺度（特に Yield 1）と自由再生は関係しているが，独立した記憶の尺度と GSS の被誘導性得点との関係は，あまり堅固ではなかった。遅延の被誘導性と記憶の正確さの関係は一貫していないが，それはおそらく，出来事に対する記憶と誤誘導の事後情報の記憶との間の複雑な関係のため

であり，ソースモニタリング理論——これは，言い換えれば，人が誤誘導の事後情報にどこで遭遇したかを正確に特定できる能力のことである——で，説明が可能である（Chapter 2を参照）。記憶不信は遅延の被誘導性と関係があることが示されてきた。しかし，この関係をさらに評価するためには，さらなる研究が必要である。

# 3. 全体的な結論

- ■心理社会的要因と被誘導性
  - ○不安は被誘導性と複雑に関係している。状態不安の高さは，直後の被誘導性の高さと関係しているが，状態不安の低さは遅延の被誘導性の高さと関係している。
  - ○自尊心の低さは直後の被誘導性の高さと関係しているが，遅延の被誘導性と関係があるという証拠はない。
  - ○ネガティブ・ライフイベントは，個人を誘導されやすくするが，その正確なメカニズムは，現在でもあまり理解されていない。
- ■全体的に，心理社会的な脆弱性は，直後の被誘導性の高さと関係しているが，遅延の被誘導性との間にそのような関係はほとんどみられていない。この知見は，これらの異なる方法で測定された被誘導性が異なる過程に関わっていることを示している。すなわち，捜査面接や尋問の対人的な側面は，直後の被誘導性を高める脆弱性の要因と関わるが，遅延の被誘導性にはそれは当てはまらない。
- ■記憶に関係する要因と被誘導性
  - ○記憶：記憶と被誘導性の関係はまた複雑である。ある出来事に関する自由再生の少なさは，否定的なフィードバックがない場合に特に，直後の被誘導性の高さと関係している。遅延の被誘導性に関しては，系統的な関係を示す証拠はほとんどない。これは，記憶の過程が，記憶すべき出来事の記憶と誤誘導の事後情報の記憶の双方に複雑な方法で

影響しうるからだと考えられる。
- ○記憶不信：この新しい研究分野では，記憶不信症候群（MDS）と直後の被誘導性との間に関連を見いださず，遅延の被誘導性との間に中程度の関係だけがあるという，いくぶん直感とは相容れない結果を生み出してきた。
- ■ここでレビューされた記憶に関連する要因の結果は，直後の被誘導性と遅延の被誘導性のメカニズムの違いに関して，心理社会的変数と関連する結果ほど決定的なものではない。しかし，記憶不信と，その対をなす記憶に対する自信過剰について，さらなる研究が期待される。
- ■全体的に，このレビューはエイセンら（Eisen et al., 2002）によって示された見解——被誘導性は「統一された概念」ではない（p.227）——に，さらなる支持を示してきた。このことは理論的観点からは興味深いが，苛立たしいことに，2002年と比べても，捜査面接や法廷で，誰が誘導されやすく誰が誘導されにくいかを正確に特定する能力が向上しているわけではない。それにもかかわらず，この研究領域は，捜査面接の実務に情報を提供し続けることができるし，また，そうするべきであろう。

## 4. 被誘導性の個人差に関する司法への示唆

- ■司法の現場にいる面接者は，被害者，目撃者，被疑者の自尊心が低いか，不安が高いか，逆境を経験しているか，記憶力が悪いか，記憶不信であるかどうかを必ずしも知らないだろう。面接前に十分に準備し，ラポールを形成することが，これらの心理的状態を理解する手助けになるだろう。このような知識がない場合でさえ，面接という状況だけで，目撃者が不安を感じやすくなり，彼らの心理的脆弱性や記憶の障害を活性化する可能性を考えておくことが賢明であろう。
- ■心理的な脆弱性と記憶力の悪さは，誘導質問に対する被誘導的な反応を増加させるであろう。実務家はできるかぎりそのような質問を避けるべき

である。
■ 否定的なフィードバックは脆弱な目撃者の被誘導性を高める可能性がある。面接者は，明白にあるいはそれとなく（たとえば，明らかに短気な様子や不満を示して），否定的なフィードバックを与えないように注意すべきであり，誘導された回答をなるべく少なくするために，肯定的な態度を維持するべきである。

【謝辞】
このレビューのために文献を提供してくれたローラ・クレーン（Laura Crane）博士に感謝の意を表します。また，この章の原稿にコメントをくださったジャニス・ブラウン（Janice Brown）博士とロンドン警視庁のゲリー・パンクハースト（Gary Pankhurst）巡査部長に感謝いたします。

Recovered Memories and
Suggestibility for Entire Events
James Ost

# Chapter 6

# 出来事そのものについての回復した記憶と被誘導性

ジェームズ・オスト

**KEY POINTS**

- 回復した記憶の経験は，記憶と忘却に関する比較的通常の過程によってどの程度説明することができるのか
- 虚記憶と誤信念との区別の重要性
- 自然に生じる虚記憶と誘導に依存した虚記憶との違い
- 実験室で作られた虚記憶はどの程度実験室の外の世界と関連しているのか

　2005 年に，40 歳のアンナは，失業後のうつに対処するために心理療法に援助を求めた。心理療法を始めたとき，アンナには児童期に性的な虐待を受けた記憶はなかった。その一連の心理療法を終えたときに，アンナは，児童期に性的に虐待されたことを思い出したと主張する手紙を母親に送った。その手紙で彼女は，9 歳のときに父親から性的に虐待されたこと，そして，その虐待が彼女のうつの原因となっていることを訴えた。しばらくして，アンナは，児童期に性的虐待の被害を受けたという問題に取り組むための心理療法を開始した。そ

の後2年にわたり，彼女の男きょうだいや地域の市民団体の指導者によって行なわれた性的虐待を含むより詳細な情報が明らかとなった。アンナが自分と同じ加害者によって虐待されたと主張する彼女の姉妹は，アンナが今になって思い出したという出来事の事実を否定した[1]。アンナは父親を刑事告訴することを決めた。心理学者や警察，司法の専門家にとっての重要な問題は，これらの記憶が本物であり，実際に起きた出来事と関連しているのか，もしくはそれらが誘導的な心理療法の結果として生み出された誤信念や虚記憶であるかどうかである。

　児童期に性的虐待を受けたが，その虐待について誰にも打ち明けない大人もいる。問題となった虐待を受けてから何年も経ってから打ち明ける人もいるし，心理療法を受けた後に打ち明ける人もいる。また，虐待を打ち明けた後，その開示を撤回する人もいる。さらには，虐待されていたことには気づいていなかったと主張していても，その後に虐待を打ち明ける人もいる[2]。どのタイプの開示も，心理療法や法執行の専門家に固有の問題を提示する。そのような開示の結果は，虐待を開示した人，そしてその結果訴えられた人の双方にとって，信じられないほど重大なものとなりうる。もし，司法制度や治療体系が間違った思い込みをするならば，それもまた同様に悲劇的な結果になるだろう。本物の虐待の被害者がそうでないと信じられてしまったり，無実の者が誤って告訴されてしまったりする（Conway, 1997; Pezdek & Banks, 1996）。このように，心理学研究の目的は，これらの事例における診断法を向上させることであり，それは，いかに虚偽申告（すなわち，偽陽性）の数を増やすことなしに，本当の事例の検知（すなわち，ヒット――本物を正しく本物と予測する――）を増やすかである。その結果，そうした事例における治療や司法における意思決定に対して情報提供を行なうために，非常に多くの科学的研究が過去20年にわたって行なわれてきた。しかしまだ，それは議論の余地がある問題である（Freyd, Putnam, Lyon et al., 2005 とその回答）。

---

[1] この事例の描写は，イギリス警察に報告された実際の事例に基づいている。名前と個人を特定できる情報はすべて変えている。

[2] 子どもの被害者による開示については，Pipe, Lamb, Orbach, & Cederborg, 2007 を参照されたい。

# 1. 異なるタイプの「回復した記憶」の経験

　アンナ一人だけではなかった。多くの人が，それまで気づかなかった児童期の虐待のエピソードを突然「思い出した」と主張している。それは，文献では「連続性のない記憶（discontinuous memories）」（McNally & Geraerts, 2009）と呼ばれる。数年後，思い出しても安全な状況になるまで，自身が受けたトラウマの記憶を遮断していたため，「連続性のない」記憶をもつこともあるだろうとする議論もある（たとえば，Blume, 1990）[3]。しかしながら，トラウマ記憶がもとの状態のままで数年後に再浮上するということだけで，心がトラウマティックな出来事の記憶を抑圧したり，かい離したり，遮断したりすることができるという証拠はない（Clancy & McNally, 2005/2006; Hayne, Garry, & Loftus, 2006; Kihlstrom, 2002; McNally, 2003, 2007; Pope, Poliakoff, Parker, Boynes, & Hudson, 2007）。これらの考えは，司法（Piper, Lillevik, & Kritzer, 2008）や心理学の文脈（Ost, Wright, Easton, Hope, & French, 2010; Yapko, 1994）で大きな影響を持ち続けているけれども，一見したところ「連続性のない」虐待の記憶を説明する可能性のある，抑圧やかい離に代わる数多くの妥当な考えがある。マクナリーとジェラルツ（McNally & Geraerts, 2009）は，いくつかの可能性をあげている。

　マクナリーとジェラルツによって提唱されている，代わりとなる１つめの解釈は，虐待はそれが行なわれていたときにはトラウマティックなものではなかった，もしくはトラウマティックなものとして体験されていなかったというものである。成人期になって初めて，自身が経験したものが何であったのかに気づいたり，理解したりするようになる（Clancy, 2009; Clancy & McNally, 2005/2006）。この場合，その人がトラウマティックな記憶を抑圧し，その後回復したのではなく，常に覚えていた記憶であるが，完全には理解できていなかっ

---

[3] ブルーム（Blume, 1990）は，次のように記述している。「遮断や，否認などの助けを借りて，近親姦の被害者は記憶の負担を軽減して大人になる」（p.95）。そして，「フラッシュバックは，しばしば，治療環境や支援グループのように安全な状態にあるときに起きるのを『待っている』」（p.101）。

たその出来事の意味がまったく違った視点で解釈されて，トラウマティックなものとして意味づけされた——もしくは「再認識された」(Payne & Blackwell, 1998)——のである。この状況は非常に抑うつ的になりうるという証拠がある (Clancy & McNally, 2005/2006)。しかし，これが，トラウマティックな記憶を個人が遮断したという主張と同じでないことは明らかである。2つめの可能性は，虐待を思い出させるものがなかったというものである。言い換えれば，虐待の記憶は，他の記憶と同じように，手がかりがなければ時間の経過とともに薄れていく。たとえば，もし，虐待が行なわれた場所からその後転居したならば，もしくは虐待の加害者が亡くなったならば，再生の手がかりとなるリマインダーはほとんどなくなってしまうだろう。さらに，児童期の性的虐待は秘密にされがちな性質をもつために，虐待されたとき，もしくはその被害の直近で子どもが虐待を打ち明けないかぎり，他の人々がその記憶の手がかりを示すことは非常に稀である。マクナリーとジェラルツ (McNally & Geraerts, 2009) によって提唱された3つめの可能性は，人々は虐待について考えることを意図的に避けようとするというものである。しかしながら，特定の記憶や出来事を意図的に考えないようにすることは，とりわけ効果的なやり方ではない——「白いクマのことを考えないようにしてください」(Wegner, Schneider, Carter, & White, 1987) ——ことから，人々は，自身の注意をそらしたり，代わりに他の考えに焦点を当てたりして虐待のことを考えるのを避けるだろう (しかし，Dalgleish, Hauer, & Kuyken, 2008; Goodman, Quas, & Ogle, 2010を参照)。最後の可能性は，以前には虐待のエピソードを記憶していたことを忘れてしまう人もいるというものである。これは，「ずっと忘れていた (forgot-it-all-along (FIA))」効果と呼ばれ，スクーラーとその共同研究者によって発表された一連の事例研究に基づくものである (Schooler, Bendiksen, & Ambadar, 1997; Shobe & Schooler, 2001)。スクーラーら (1997) は，児童期に虐待されたエピソードを忘れていたのに突然「思い出した」と主張する人たちには，実際のところ，それ以前に他の人々 (たとえば，配偶者) に虐待を打ち明けていた人たちもいたことを見いだした。それゆえ，この問題は，彼らが虐待の記憶を忘れたり，抑圧したり，かい離していたのではなく，以前には虐待を記憶していたこと自体を忘れていたのである。言い換えれば，彼らはそれらの出来事

を以前には思い出すことができていたことを過小評価したのである。アナログ実験は FIA 効果を支持しており，再生の文脈の変化が主要因であると論じている（Arnold & Lindsay, 2002; Merckelbach et al., 2006）。

つまり，証拠は，連続性のない虐待の記憶——すなわち，まったく気づかなかった期間の後に思い出したと報告されるもの——は，まさに真実であるように見える（もしくは，少なくとも彼らが言及する出来事がある程度裏づけられたものとなりうる）場合があることを示している。あまり明確でないことは，「まったく気づかなかった期間」の原因である。トラウマティックな記憶自体を意識から「消し去る」メカニズムに関する証拠は何もないが，これはある文脈ではいまだに説得力のある理論となっている[4]。この証拠の重みは，これらの「まったく気づかなかった期間」が，かなり一般的で平凡な忘却の過程によって，より単純な原理として説明されることを示唆している（Clancy & McNally, 2005/2006; Goodman et al., 2003; McNally, 2003）。

心理療法におけるクライエントに関して，このことから示唆されることは，次のとおりである。もし，穏やかな発問によって成人クライエントが児童期に受けたトラウマの開示をしないのであれば，児童期のトラウマ記憶がクライエントの無意識の潜在的な部分にあるに違いないという仮説に基づいて，それを積極的に掘り起こすことは正当ではない。そのような掘り起こしは，2つの理由でとりわけ問題となる。第 1 に，児童期の虐待を忘れてしまうことはありうる，そしてその忘れられた虐待は長期にわたる情緒的な問題の原因になりうるという考えが，一般の人たちにおいてもっともらしいと認識されていることを，調査結果が示しているためである（Pezdek & Blandon-Gitlin, 2008; Rubin & Berntsen, 2007）。さらに，ルビンとボールズ（Rubin & Boals, 2010）は，参加者の心理療法を受けたいと思うかについての評価と，これまでに思い出さなかった児童期のトラウマ記憶を思い出す可能性についての評価とが，直線関係にあることを見いだした。言い換えれば，「心理療法を受けるつもりでいる人たちは，トラウマや虐待の記憶を忘れてしまった可能性があると信じていた」

---

[4] 調査対象となった心理療法家の 75% は「心はトラウマティックな出来事の記憶を無意識的に『遮断する』ことができる」という意見に「強く同意」していた。

(Rubin & Boals, 2010, p.561) のである。クライエントが，これまでに思い出さなかったトラウマを思い出すことを期待して心理療法を受けることに加えて，長期間失われていた記憶を掘り起こすことをしないほうがよい第2の理由は，決して起こっていない出来事に関する誤信念や虚記憶を作ってしまうリスクを負う場合があることを，研究が示しているためである。この研究の概略を示す前に，誤信念と虚記憶の違いを記述することは重要である。

## 2. 誤信念 対 虚記憶

　成人が児童期に性的虐待の被害者であったことを開示していたとしても，彼らは，必ずしも虐待が行なわれたことを明確に「思い出す（remember）」ことができるということに基づいて，その主張をしているわけではない。オストらの研究（Ost, Costall, & Bull, 2001, 2002）の参加者の一人は，児童期に性的虐待の被害者であったことを報告し，のちにその報告を取り下げたのだが，自身に虐待が行なわれたことは決して「思い出さなかった」と言った。虐待を受けたという彼女の最初の報告は，そうした虐待が行なわれたという強い「信念（belief）」のみに基づいていた（Ost, 2003）。このケースでは，記憶を「伴うことのない（without）」強い信念があった。このこと自体は，ふつうにあることである。私たちの多くは，「覚えていない」出来事——たとえば，この世に生を受けた最初の数日の間に食べものを与えられたこと（Mazzoni & Kirsch, 2002; Mazzoni & Memon, 2003）——を経験していると**信じている**。このように，自伝的信念（記憶を伴う伴わないにかかわらない）と自伝的記憶（知覚しうる詳細を伴った出来事を覚えている等）はたいてい区別される（Gudjonsson, 1997; Lindsay & Read, 1994; Scoboria, Lynn, Hessen, & Fisico, 2007; Scoboria, Mazzoni, Kirsch, & Relyea, 2004）。
　興味深い展開として，マッツォーニら（Mazzoni, Scoboria, & Harvey, 2010）は，最近，調査対象となった大学生の20%が，「思い出す」ことはできたが，自身に起こったとは「信じていない」出来事を少なくとも1つ，詳述したと報告した。

いくつかのケースでは，彼らが思い出した出来事は，実際には他の人に起こった話を聞いたものであった（Sheen, Kemp, & Rubin, 2001, 2006 を参照）。他には，思い出した出来事はあり得ないもの——たとえば，生きた恐竜を見た——もあった。また，その出来事が起きたことを打ち消す証拠があるものもあった。この自伝的信念と自伝的記憶の区別は重要である。なぜなら，ある誘導的な技術——たとえば，想像を用いた手続き——によって，必ずしも虚記憶を作ることなく，誤信念をもつよう導くことができることを研究が示しているためである（Scoboria et al., 2007; しかし Mazzoni & Memon, 2003 も参照）。

# 3. 自然な状態での誤信念と虚記憶

　実験室の外で，心理学者は誤信念と虚記憶に関する説得力のある証拠を実証してきた。額面どおりに受け取れば，この証拠は，人々が，さまざまなトラウマティックな虐待の出来事を覚えていると誤って信じ，それを報告するようになりうること，そして実際にそうすることがあることを示している。たとえば，「リトラクター（retractor，取り消す人）」と呼ばれる人々は，性的に虐待されたことを思い出したと主張するが，結局，後になってその主張を否定する（Lief & Fetkewicz, 1995; de Rivera, 1997; Ost et al., 2001, 2002; Ost & Nunkoosing, 2010; Woodiwiss, 2010）。英国と北米における 20 人のリトラクターの調査において，オストら（Ost et al., 2001）は，彼女らが虐待を「思い出す」にいたった心理療法の特徴が，個人が犯罪行為の虚偽自白にいたる警察による取調べや尋問——たとえば，長時間にわたる感情的な尋問があること，自身が信じるにいたったことに正当性がないことを証明したであろう外の情報源を確認できなくなること，など（Gudjonsson, 2003; Ofshe, 1989）——に似た社会的ダイナミクスを共有していることを見いだした。さらに，リトラクターたちは，彼女らを担当する心理療法家だけでなく，他のクライエントからも，虐待のエピソードを「思い出す」よう相当な社会的プレッシャーを受けていたと報告した（Ost et al., 2001）。

心理療法自体が実際には起きていない出来事を人が「思い出す」ことにいくらか貢献してきたであろうという考えは，1980年代半ばのアメリカにおいて悪魔的儀式的な拷問による虐待を訴えた複数の事例（Bottoms & Davis, 1997; Mulhern, 1994）によっても支持される。これらのケースでは，個人がなんらかの心理療法に参加したことによって，児童期に悪魔崇拝的なカルトの虐待を受け，そこでは，恐ろしい出来事（胎児を生贄にする）を目撃させられ，恐ろしい行為（たとえば，排泄物を食べさせられる）に参加させられたと主張した（Qin, Goodman, Bottoms, & Shaver, 1998）。これらの行為は，高度に組織化された，世代を超えたカルトの行為であると考えられた（Bottoms & Davis, 1997）。大規模な捜査（たとえば，Lanning, 1991）にもかかわらず，そのような犯罪の物的証拠は何も発見されなかった。興味深いことに，ボトムズとデイビス（Bottoms & Davis, 1997）が記述したように，これらの多くの事例は少数の心理療法家に由来しているようだった。ジーン・ラフォンテイン（Jean La Fontaine）教授によって，悪魔崇拝的なもしくは儀式的な拷問による虐待が疑われた1987年から1992年の英国の児童虐待の全数調査が実施され，1998年に出版された彼女の本『悪魔は噂をすれば現われる（*Speak of the Devil*）』の中で報告された。彼女は，虐待事例の84事例中3事例でのみ，虐待が実際になんらかの儀式的な行為とともに行なわれていたことを見いだした。そして，これらの事例では，「その儀式的行為は，虐待を促進するための要素の寄せ集めであり，オカルティズムや，ましてや訴えにあったような悪魔崇拝的な虐待との類似性は認められなかった」（La Fontaine, 1998, p.188）。子どもを脅迫したり怖がらせたりするために「悪魔崇拝的な」または「儀式的な」要素が行なわれたことが明らかな虐待事例がある一方で，これが広く一般的に蔓延しているという考えは，知る限り，これを支持する証拠はない。それゆえに，英国における心理療法家の30％を超える者がそのような事例を見たことがあると主張することを示す最近の調査は，いささか驚くべきことである（Ost, Wright, Easton, Hope, & French, 2013）。

　実生活における誤信念の最後の特筆すべきカテゴリは，個人が宇宙からの訪問者により誘拐されたと主張するものであり，時には性的関係をもったと主張する事例もある（Clancy, 2005; Clancy, McNally, Schacter, Lenzenweger, &

Pitman, 2002; Holden & French, 2002; McNally et al., 2004)。ホールデンとフレンチ (Holden & French, 2002) が記述したように，証拠は，これらの個人は「故意に他者を欺こうとしている」わけではなく，「彼らが本当にエイリアンと接近したという誤った考えをもっているにすぎない」(p.164) ことを示している。それでは，いかにしてそのような主張が生じるのだろうか。それが睡眠麻痺 (sleep paralysis)［訳者注：いわゆる金縛り］と呼ばれる現象に基づくものだろうと議論する著者たちもいる (Holden & French, 2002; McNally & Clancy, 2005)。睡眠麻痺は，睡眠サイクルの急速眼球運動 (rapid eye movement：REM) 期に生じ，そのとき身体の筋肉は麻痺している。しかし，時には，この REM 期に意識があることがあり，さらに自身が動けないことを意識することに加え，困惑するような——時には怖くなるような——さまざまな聴覚経験（たとえば，うるさい足音，耳鳴り）や視覚経験（光や奇妙な形）をすることがある (Holden & French, 2002)。リンとキルシュ (Lynn & Kirsch, 1996) が示したように，その困惑する経験を UFO（未確認飛行物体）による誘拐を示す兆候として受け入れる性質をもつ人は，——おそらく UFO による誘拐の物語は私たちの文化で一般的であり，広く利用可能であるために (Clancy, 2005)——そのような考えを受けいれ，その信念を強化し，その出来事についてもっと思い出すように励ましてくれる心理療法家をうまく探し出すのかもしれない (French & Santomauro, 2007)。主要な誘拐のスクリプトには，その多くで——しかし，いつもではないが (Spence, 1996 を参照)——，性的実験のようなものが含まれており，これが精子や卵子を採取されたような経験を思い出したという報告にいたる理由を説明するだろう。心理学実験から得られた証拠は，人が誤信念や虚記憶をどのくらい生成するのかには，重要な個人差がある可能性を示している。たとえば，エイリアンによる誘拐の記憶を思い出したと報告する人たちは，実験室実験において他の種類の記憶の誤り——特に，単語リストパラダイムにおける再生と再認の誤り——をする傾向もあるだろう (Clancy et al., 2002)。これら誤信念や虚記憶についての実験室研究について，以降に示す。

# 4. 実験室での誤信念と虚記憶

　注意深く統制された実験室実験において，心理学者は，人々が陥りうるさまざまな記憶の歪曲について報告してきた。これらは，マッツォーニ（Mazzoni, 2002）が示す「自然発生（naturally-occurring）」と「誘導依存（suggestion-dependent）」の記憶の歪曲といった2つのカテゴリに分類できる。自然発生的な記憶の歪曲は本質的には思い出すことの副産物であり，それを発生させるための特別な操作を必要としない。たとえば，バートレット（Bartlett, 1932）は，継時的に繰り返す再生産の手続きにより，参加者が，いかに示された情報（たとえば，物語や写真・絵）が意味をなすように情報のギャップを埋め，新たな情報を生成し，既存の情報を変容させ，あるいは情報を単純に除外してしまうかを示した。ここで，直接的な誘導や教示は必要なく，参加者はスキーマに一致する方向に沿って自身の記憶報告を変容させた[5]。彼らは，「意味を求めようとした（effort after meaning）」のである。言い換えれば，参加者たちはよく知らない題材をよく知っている何かに変えようとし，その過程の中で，彼らにとって意味をなすようにもとの話を変容させていた（しかし，Ost & Costal, 2002も参照）。最近の例では，ゲリーら（Gerrie, Belcher, & Garry, 2006）が，日常的な出来事（たとえば，サンドイッチづくり）のエピソードを録画したビデオを参加者に見せた。そのビデオでは重要な段階が省略されていたが，参加者はのちに行なわれた再認検査で省略されていた場面を見たと主張した。日常生活において私たちは，周りの出来事の意味がわかるように絶えず処理を行なっている。マッツオーニ（2002）が記述するように，この一般的で誰もが原則的に行なっている精緻化の過程は記憶の内容を歪曲しうる。

　自然発生的な記憶の歪曲のもう一つの種類は，非常に多くの研究によって示されたもので，参加者が提示されていない単語（たとえば，怒り）を，前

---

[5] しかし，これに続く研究は，参加者に対して単にその提示された題材を「正確」にもう一度思い出すように求めるだけで，その題材を再構成する程度を劇的に減らすことを示した（Gauld & Stephenson, 1967）。

に提示された意味的に関連する連合のリスト（たとえば，イライラ，不機嫌，嫌悪）にあったとして，誤って再生したり，再認したりすることである。これは, ディーズ−ローディガー−マクダーモット（DRM）効果（Deese-Roediger-McDermott effect, Roediger & McDermott, 1995）とされるが，このような意味記憶の誤り（もしくは記憶の錯覚, Schacter, Verfaellie, & Pradere, 1996）を，新しい自伝的記憶の出来事そのものの暗示や埋め込みと同種のものとして扱うべきかについての合意はない（DePrince, Allard, Oh, & Freyd, 2004; Pezdek & Lam, 2007; Wade et al., 2007 の他，Wilkinson & Hyman, 1998 も参照）。また，これらの記憶の誤りを，自伝的な出来事そのものを誤って思い出したとされるケースに一般化できるかどうかについても議論がある(Freyd & Gleaves, 1996 と Roediger & McDermott, 1996 による回答を参照）。しかしながら，いくつかの実験研究は，実験者が誘導した児童期の出来事（Qin, Ogle, & Goodman, 2008）の記憶を報告した人や，児童期のトラウマ（Clancy, Schacter, McNally, & Pitman, 2000），エイリアンによる誘拐（Clancy et al., 2002），前世（Meyersburg, Bogdan, Gallo, & McNally, 2009）の回復した記憶を報告した人は，DRM 効果をより受けやすいことを示していた。このように，メイヤーズバーグら（Meyersburg et al., 2009）は，DRM 課題のエラーと偽りの自伝的記憶は同義ではないけれども，「DRM パラダイムにおける虚記憶の高い割合は，実験室の外において虚記憶を生じさせやすい人を識別する可能性がある」(p.403）と記述している（Gallo, 2010 も参照）。

　記憶の歪曲の2つめの群は，マッツォーニ（2002）が「誘導依存」と呼んだものである。この群に関する研究においては，さまざまな種類の誘導が，特定の出来事の詳細を目撃したと参加者に信じさせるために用いられた（詳細情報の抑制や省略に関する実験として，他にも Wright, Loftus, & Hall, 2001; Roos af Hjelmsäter, Granhag, Strömwall, & Memon, 2008 を参照）。たとえば，私たちは，誤った事後情報にさらされた目撃者は，その正しくない情報を自身の目撃証言に組み込むことがあるということを知っている（たとえば本書のChapter 2, Ayers & Reder, 1998; Loftus & Hoffman, 1989）。他の流れの研究は，「衝撃的な出来事の記憶を用いた方法（crashing memories method）」と呼ばれるもので，誘導により，直接目撃はしていない非常に緊迫した公共イベン

トに関する誤った情報を参加者が報告しうることを示したものである（たとえば，Crombag, Wagenaar, & van Koppen, 1996; Ost, Vrij, Costall, & Bull, 2002; Sjödén, Granhag, Ost, & Roos af Hjelmsäter, 2009; Wilson & French, 2006）。ある研究では，40%近くの人々が，2005年7月7日に英国ロンドンのタビストック・スクエアで発生した30番バスの爆発の防犯カメラ映像を見たと主張した。そして，中には，彼らが見たと主張する内容についてドラマティックな描写をする者もいた（Ost, Granhag, Udell, & Roos af Hjelmsäter, 2008）。目撃者の報告における言語と記憶の相互作用に関する古典的な研究（たとえばLoftus & Palmer, 1974）と一致して，この効果の大きさは用いる言いまわしの微妙な変化によって変えることができる。スメーツら（Smeets et al., 2006）は，「あなたはその○○の映像を見ましたか？（Did you see the film of ...）」と尋ねられた参加者に比較して，「あなたは○○の映像を見ましたか？（Did you see a film of ...）」と尋ねられた参加者でその項目を認めた者は少なかったことを示した。そして，興味深いことに，ネガティブな感情は一般的に記憶を促進するが，同時に虚記憶を生じやすくする傾向を強める（Porter & Peace, 2007）とする「逆説的な負の感情仮説（Paradoxical Negative Emotion hypothesis：PNE仮説）」に一致して，参加者は，ポジティブではなく，ネガティブな出来事の存在しない映像を見たと認める傾向があった（Porter, Taylor, & ten Brinke, 2008）。

「衝撃的な出来事の記憶を用いた方法（crashing memories method）」の実験における参加者の反応もまた，気づかないうちにサクラからの影響を受けやすい。ギヨンゴビら（Granhag, Strömwall, & Billings, 2003）は，参加者に対し，エストニアのフェリーが沈没したときの（存在しない）映像の記憶について質問紙に回答するよう求めた。参加者は，その存在しない映像を見たというサクラ（「エストニア……私はその映像を覚えています」）の面前で，もしくはそれは見ていないというサクラ（「エストニア……私はその映像を覚えていません」）の面前で質問紙に回答した。ギヨンゴビら（2003）は，サクラによって示された社会的影響に合わせて，参加者が誤った報告をするレベルが増減することを見いだした。サクラがその映像を見たと言うときには，その映像を見たという参加者の数が増加し，逆もまたしかりであった（再現実験についてはOst, Hogbin, & Granhag, 2006を参照）。これは，特定の場面でどうふるまったらよ

いかわからないときに，私たちは自身の行動を導く助けとなる他の情報源に目を向けることが多いことを意味している（Bless, Strack, & Walther, 2001）。言い換えれば，参加者に意図的にもしくは意図せずに示された誤った情報を，参加者が報告するか否かについて意思決定をするときには，通常の認知的判断に加えて社会心理的過程が作用し始めるのである。

　参加者を意図的に誤誘導しなくとも，同じ出来事を目撃した他の目撃者との話し合いにおいて，同様の効果が生じうる。これは，記憶の同調と呼ばれ，同じ出来事を目撃した他の目撃者と，その出来事について話し合ったときに生じる（Paterson & Kemp, 2006）。目撃者の中には，同じ出来事を目撃した他の目撃者との話し合いに出てきた情報を，自身は見ていなくとも，自身の目撃証言の中に組み込んでしまう人もいる（Gabbert, Memon, & Allan, 2003; Kanematsu, Mori, & Mori, 2003; Schneider & Watkins, 1996）。この効果に関するアナログ実験では，たとえば犯罪（たとえば，窃盗）を見たという目撃者と話し合った後に，参加者が窃盗を目撃したと誤って報告するであろうことを示してきた。さらに，この効果は，話し合いの相手となる他の目撃者が見知らぬ人であるよりは，知人である場合により顕著である（French, Garry, & Mori, 2008; Hope, Ost, Gabbert, Healey, & Lenton, 2008）。しかし，典型的には，これまでに述べた研究は，出来事の詳細——すなわち，1件の窃盗，ある防犯カメラ映像——に関する記憶を誘導することの影響を検討している（本書のChapter 4を参照）。出来事そのものの記憶はどうだろうか。

　実際，実験室実験は，さまざまな誘導技術（たとえば，直接的な誘導，細工した写真の提示）により，成人に自身の児童期のまったく架空の出来事を思い出したと報告するよう誘導できることを示してきた（Loftus, 2004）。多くの実験を通して，参加者の37％が児童期の偽りの出来事のイメージや記憶を報告してきた（Wade, Garry, Nash, & Harper, 2010）。これらの研究は，倫理的に可能な範囲で，カウンセリングや心理療法のダイナミクスを模倣するように計画された——すなわち，数週間にわたる面接の繰り返しや，「思い出そうと努力して」と励ますことが組み込まれた——。これらの実験への参加者は，ショッピングモールで迷子になった（Loftus & Pickrell, 1995），結婚式で花嫁にパンチボウルをこぼした（Hyman, Husband, & Billings, 1995），

犬に襲われた（Porter, Yuille, & Lehman, 1999），耳の感染症のために一晩入院した（Ost, Foster, Costall, & Bull, 2005），熱気球に乗った（Wade, Garry, Read, & Lindsay, 2002），先生にいたずらをした（Desjardins & Scoboria, 2007; Lindsay, Hagen, Read, Wade, & Garry, 2004）といった偽りの記憶を報告した。もちろん，この種の研究がアンナのような事例（Ost, 2010を参照）についてどの程度教えてくれるのかについては，重要な注意点がある。その注意点の一つは，誘導された出来事やそれに非常によく似た出来事が参加者に起きてはいなかったことを決して確認できないということである。しかし，ロフタス（Loftus, 1997a）が論じるように，重要な点は，参加者がそのような出来事の全体的な物語を構築できるのではなく，実験者によって誘導された特定の細部の情報を報告するということである。ロフタスの「ショッピングモールで迷子になった」実験によれば，「参加者は迷子になった『いかなる』経験も尋ねられてはいなかった。5歳頃，ある特定の場所で迷子になって，ある特定の人がいて，怖くなって，最終的には高齢者に助けてもらったことを思い出すように求められた」（Loftus, 1997a, p.180）のであるとロフタスは議論している。さらに，研究は，誘導的な技術――この例では誤情報が広告に組み込まれた――が，子どものときに「**不可能な（impossible）**」出来事――ここではディズニーランドでバッグス・バーニーと握手した（Braun, Ellis, & Loftus, 2002）[6]――を経験したという参加者の確信度を高めるために使用できることを示した。このように，実験室研究は，誘導の結果として人々が肯定的，否定的な個人的出来事を思い出したと虚偽の報告をすることを示してきた。しかしこれらの信念や記憶が永続する効果をもつことができるという証拠があるだろうか。

---

[6] バッグス・バーニーはワーナー・ブラザースのキャラクターであり，ディズニーランドでは会えない。

## 5. 実験室で作られた誤信念と虚記憶はどのくらい持続するのか？

　実験室の外では，持続した誤信念や虚記憶がもたらしうる惨事について十分すぎるほどの証拠がある（Loftus, 1997b）。しかし，心理学実験の参加者がいったん実験室を去ると，実験で植えつけられた信念や記憶が真実であると受け入れ続けるかどうかを確かめることは難しい。それは，倫理的配慮ゆえであり，心理学者が実験的な操作の影響を無効にすることなく参加者を実験室から解放することは許されない。虚記憶研究の場合には，このことは，どの記憶もしくはどの情報が実験として誘導されたものかを指摘する義務が研究者にはあることを意味している。それゆえ，実験的に生成された誤信念や虚記憶が実験終了後にも影響しうるかを確かめることは困難な課題である。しかし，それは重要な課題である。それでは，実験室研究が誤信念や虚記憶の影響について言えることは何であろうか（Bernstein & Loftus, 2009）。この質問に答えようとする2つの研究がある。一つは，個人が誘導の結果としてどの程度自身の行動を変えるかを検討したものであり，一つは実験室の誘導がどのくらい持続するかを検討したものである。

## 6. 誤信念と虚記憶の影響

　参加者が誤信念や実験室実験で示された出来事の誘導された詳細を真に取り入れて内在化したのかを確かめる一つの重要な方法は，参加者がその誘導に基づいてどの程度自身の行動を別なものに変えようとするかを検証することである（たとえば，Bernstein & Loftus, 2009; Kassin & Kiechel, 1996 の他，Smeets, Merckelbach, Horselenberg, & Jelicic, 2005 も参照）。バーンスタインら（Bernstein, Laney, Morris, & Loftus, 2005）は，偽りのフィードバック・パラダイムを用いて，参加者が誘導の結果としてどの程度自身の行動を変えるか

を検証した。偽りのフィードバック・パラダイムでは，参加者は質問紙に回答し，その後それはコンピュータに入力される。するとコンピュータは，とりわけ，参加者の反応は明らかに児童期に何か特定の食べ物を食べて具合が悪くなったことを示しているという，偽りのフィードバックを示す。バーンスタインら（2005）の実験では，参加者は児童期に卵もしくはピクルスを食べすぎて具合が悪くなったことがあるという偽りのフィードバックを与えられた。次に，参加者は想像上のバーベキューに関する質問紙に回答した。その質問紙では，どんな食べ物を食べたいかについて回答するように求められた。児童期に卵もしくはピクルスを食べすぎて具合が悪くなったという偽りのフィードバックを信じた参加者は，そのフィードバックを信じなかった人たちに比べて，それらの食べ物を選択しないだろうと報告した。このように，この実験は，過去の出来事の可能性に関して偽りのフィードバックを与えたときに，――少なくともそのフィードバックを信じた人たちにとっては――，自己申告行動に影響を与えることを示した。バーンスタインとロフタス（Bernstein & Loftus, 2009）が記述するように，これらの知見の考えうる一つの問題点は，おそらく，この研究の操作があまりにも明らかである――参加者が実験の本当の目的を推察でき，望ましいと認識した方法で反応した可能性がある――ということである。

　この考えうる問題点を克服するために，スコボリアら（Scoboria, Mazzoni, & Jarry, 2008）は，誘導の文脈と測定の文脈を切り分けた。スコボリアら（2008）は，参加者に，あなたは児童期に消費期限切れのピーチヨーグルトを食べて具合が悪くなったことがあると誘導した。1週間後，参加者は別の市場調査実習に誘われた。その実習には，ピーチヨーグルトをさまざまな次元で評価する作業が含まれていた。偽りのフィードバックを受けた参加者は，統制群の参加者に比較して，味や香りに関して低く評価する傾向が認められた。このように，スコボリアら（2008）は，ある文脈で行なわれた誘導が他の明らかに異なる文脈においても維持されることを示した（Mazzoni, Loftus, Seitz, & Lynn, 1999も参照）。新たな展開で，レイニーら（Laney, Morris, Bernstein, Wakefield, & Loftus, 2008）は，この種の偽りのフィードバックが，児童期に健康的な食べ物，この場合はアスパラガスを本当に好んで食べたということを参加者に確信させるというポジティブな影響を与えることにも使えることを見いだした。これら

の効果は，自己申告行動から観察可能な行動までにも影響を与える。

　食べ物に関連しない研究では，バーコヴィッツら（Berkowitz, Laney, Morris, Garry, & Loftus, 2008）が，偽りのフィードバックの方法を用いて，大学生に対し，児童期のディズニーランドでのポジティブもしくはネガティブな経験を誘導する刺激を提示した。具体的にいうと，参加者は，ディズニーランドでの体験や感情，プルートを含むさまざまなディズニー・キャラクターに対する好み，プルートのぬいぐるみを買うのにいくら出すか，について尋ねる質問紙に回答した。ディズニーランドで「プルートに耳をなめられた」ことの可能性について参加者に評定を求める裁決項目が，長い質問紙に埋め込まれた。

　参加者は 1 週間後に実験室に再訪し，偽りのコンピュータ・プロフィールを受け取った。そこには，一人ひとり異なる個人的な情報が含まれていると伝えられた。実際には，その情報はシステマティックに変えられていた。ネガティブ経験条件の参加者は，多くの一般的な児童期の不安（たとえば，大きな音，人前で好意を表現すること）が記述されたコンピュータ・プロフィールを渡され，これは参加者に関連するだろうと言って新聞記事の切り抜きを渡された。この新聞の切り抜きには，プルートのキャラクターは幻覚誘発剤を乱用し，その大きな布の舌でディズニーランドを訪れた多くの若者の耳を不適切になめる習慣があったと記述されていた。ポジティブ経験条件の参加者は，児童期の楽しい活動（たとえば，友だちと遊ぶ，漫画を見る）を強調した個人プロフィールが与えられ，愛すべきプルートのキャラクターは，その舌で子どもたちの耳をなめて子どもたちを喜ばせると記述された新聞の切り抜きを渡された。統制群の参加者は，パーソナリティの現在の特徴が強調されたプロフィールを渡され，プルートに関する言及のない新聞記事を読んだ。その後，すべての参加者は，先週と同じ好みに関する質問紙に回答した。バーコヴィッツら（Berkowitz et al., 2008）は，統制群に比較してネガティブ経験群とポジティブ経験群の両群で，プルートに耳をなめられたことがあると参加者が確信する傾向があったことを見いだした。さらにポジティブ経験群に比較して，ネガティブ経験群の参加者（そして，耳をなめられたネガティブな出来事を経験したと信じた者）は，ぬいぐるみのプルートを買うために彼らが 1 週間前に回答したほどの額は払いたがらなかった。

これらを考慮すると，これらの研究は，児童期の食べ物の好みや体験に関する偽りのフィードバックを与えられた参加者は，それに沿うように自身の行動を変えることを示している（しかし，食べ物の研究を一般化することには強く警告する Pezdek & Freyd, 2009 も参照のこと）。だが，これらの誤信念や虚記憶はどのくらい持続するのだろうか？

## 7. 誤信念と虚記憶の永続性

　スメーツら（Smeets, Telgen, Ost, Jelicic, & Merckelbach, 2009）は，「衝撃的な出来事の記憶を用いた方法」により実験を行なった。そこでは，参加者は，論争の的になっているオランダの政治家ピム・フォルタインが暗殺されたときの実際には存在しない映像を見たと誘導された。類似の実験（たとえば Crombag et al., 1996）と同様に，3分の2（66%）の参加者がその映像を見たと主張した。この虚偽報告の持続性を検討するために，スメーツら（2009）は，参加者に対して実験後に詳細な面接を実施した。彼らは参加者に実際には銃撃された瞬間の映像はないことを伝え，なぜそれを見たと主張したのかを尋ねた。映像を見たと主張した参加者の多く（81%）は，質問は実際の銃撃場面ではなく，銃撃後に関するものだと思っていたと報告した。ある参加者は，非常に多くの暗殺の映像を見てきたために，読んだことと見たことを区別することが困難だったと主張した。3人の参加者は，実験者の役に立ちたかったため質問に対して肯定的に回答したと認めた。最後に，6人（10%）の参加者は，銃撃の瞬間の映像を見たことを確かに「覚えている」と報告した。58人の全参加者は，再び裁決質問「ピム・フォルタインが撃たれた瞬間の映像を見ましたか？」に回答するよう求められた。まだその映像を見たことを覚えていると主張した6人の参加者を除く全員が，回答を「はい」から「いいえ」もしくは「わからない」に変えた。存在しない映像を見たことを覚えていると報告した10%の参加者は，前の回答——すなわち「はい」との回答——に固執していた。参加者の10%が——おそらくフィルムが存在しないことを知っていたとしても——肯

定的に回答したという事実は，ある人たちにとっては記憶の誤りはやむを得ないことなのだということを示している。

　要約すると，心理学文献には記憶の誤りの例が豊富にある。比較的重要でない記憶の誤り（Roediger & McDermott, 1995）から偽りの自伝的記憶というドラマティックな例（Clancy, 2005）まで，①私たちの記憶は誤りを起こしやすく，②そのような誤りは持続し，人々に自身の行動を変えさせうる，ということには疑問の余地はない。しかし，警告は発しなければならない。コリアットら（Koriat, Goldsmith, & Pansky, 2000）が10年以上前に議論したように，「記憶の錯覚や虚記憶に対する関心は，おそらく現実世界の問題によって切迫した問題となり，研究者たちが記憶のダーク・サイドに選択的に焦点を当てるようになり，その結果としていくらか偏った知見が得られているようだ」（p.522）。しかし，現時点で，心理学実験の統制された世界では，さまざまなレベルの複雑さや持続性のある記憶の誤りを実証することが比較的容易であることは明らかである。

# 8. 次はどこへ？

　回復した記憶と虚記憶の経験に関する私たちの理解は，過去20年間で急速に前進した。継続中の課題は，さまざまな記憶の誤り——起きていないことを思い出す誤りや，あたかも初めてであるかのように何かを思い出す誤り——の影響を受けやすい人のタイプがあるかどうかを見いだすことである。最近の研究は，これら記憶の錯覚の理解においてメタ認知処理が重要であることを指摘している（Koriat & Goldsmith, 1996。次も参照のこと Mazzoni & Kirsch, 2002; Merckelbach et al., 2006; Nash, Wade, & Brewer, 2009）。たとえば，レイマーカーら（Raymaekers, Peters, Smeets, Abidi, & Merckelbach, 2011）は，DRM課題の成績とFIA課題の成績との関係を検討する2つの研究を行ない，これらは関連しないことを見いだした。このことは，これら2つの記憶の誤りは異なる認知的（もしくはメタ認知的）メカニズムによって引き起こされ

ていることを示唆している。さらに，認知効率——自記式の認知的失敗質問紙（Cognitive Failures Questionnaire, Broadbent, Cooper, Fitzgerald, & Parkes, 1982）によって測定される——は，DRM課題の成績とFIA課題の成績の両方に関連していた。レイマーカーらは，彼らが行なった相関分析の特性として因果関係は排除されるが，認知効率の相対的な欠如がこれらの記憶の誤りにいくらかの免疫を与える可能性を示唆している。これは，回復した記憶という経験の個人差とその基盤にあるメタ認知についての継続的な研究の必要性を強調している。

# 9. 結論と司法への示唆

- 過去のトラウマについて新たに思い出した——すなわち，回復した——ようにみえる記憶は正しいこともあるが，正しくないこともあり，正しいことと正しくないことが混じっていることもある（Wright, Ost, & French, 2006）。
- 個人がトラウマティックな経験の記憶を抑圧したり，かい離したり，選択的に「遮断する」ことができるという説得力のある証拠はない——過去のトラウマを語らないことは，過去のトラウマを思い出さないこととは異なる（McNally, 2003）——。
- 個人は，心理学実験の中で誘導された出来事を信じたり，思い出したり，時にはそれに基づいて行動するようになるという証拠がある（Laney et al., 2008）。
- 独立した補強証拠なしでは，回復した記憶に基づいた過去のトラウマの報告それだけで司法判断の基礎とするに十分な信頼性はない。

Suggestibility and Individual Differences in Typically Developing
and Intellectually Disable Children
Kamala London, Lucy A. Henry, Travis Conradt and Ryan Corser

# Chapter 7

# 健常児や知的障害児の被誘導性と個人差[*]

カマラ・ロンドン,ルーシー・A・ヘンリー,トラヴィス・コンラッド,ライアン・コーサー

### KEY POINTS

- 自分が経験したことに関する理路整然としてわかりやすくかつ詳細なナラティブ(自由な語り)を形成する子どもの能力によって,出来事の記憶が促進されることがある。理路整然としたナラティブによって体制化された構造が与えられ,記憶の強度が増加しうる。
- 過去の出来事にナラティブを与えることによって,社会的な経験となる。豊かなナラティブを生み出す子どもたちは,時には,話し相手に合わせて自分の報告を変えるような影響を受けやすい。
- 心の理論や実行機能などの個人差の変数は,子どもの被誘導性に影響を与えることが示されてきた。それら認知的スキルは,子どもが誤誘導質問に抵抗するのに役立つ。
- 子どもの記憶に対する感情の効果についての既存の科学論文では,ネガ

---

[*] 本章は,サラ・クルコフスキー(Sarah Kulkofsky)に捧げられる。サラは,2011年1月13日,30歳で亡くなった。サラの研究は発達心理学に優れた貢献をしており,彼女の死は非常に残念である。

ティブな出来事において覚醒水準を変化させること（強いストレス 対 弱いストレス）に，主に焦点が置かれてきた。この研究結果は一貫していない。新たな研究では，感情価（ポジティブな出来事 対 ネガティブな出来事）と，結果として得られる個別の感情を考慮することによって，感情に対してより多次元的な観点を取り入れるようになっている。そのような研究は，記憶と感情に関する一貫しない過去の研究知見をうまく調整して，一致した見解に導く可能性がある。
- 知的障害児には，概して，児童の精神年齢と同等の能力がみられる。しかしながら，研究により，知的障害の原因の違いが，司法における子どもの供述にどのような影響を与えるのかを解明する必要がある。

　1993年に受賞した影響力のある本である「法廷における危機（*Jeopardy in the Courtroom*）」において，セシとブルック（Ceci & Bruck, 1993）は，「…性的虐待の発生は非常に多く，決して過小評価されるべきではない…」（p. iv）と記述している。彼らは，「…たいていの場合，子どもの証言は信頼でき，信ぴょう性がある…」という見解も述べている。しかしながら，さらに彼らは，司法における子どもの供述調書が汚染されているリスクが高い状況にあることを警告している。彼らの本が出版されてから20年の間に行なわれてきた研究活動は，出来事の記憶に関する発達だけではなく，被誘導性に影響を及ぼす要因を発達心理学者がよりよく理解するために役立ってきた。
　被誘導性の研究において最も再現されてきた知見の一つが，未就学児はそれより年上の子どもたちよりも被誘導性が高いというものである（Bruck & Ceci, 1999; Bruck, Ceci, & Principe, 2006; London & Kulkofsky, 2010 のレビューを参照）。しかしながら，近年，多くの研究者が，時には就学児のほうが，未就学児と同じかそれ以上に被誘導性が高くさえあることを明らかにした（たとえば，Bruck, London, Landa, & Goodman, 2007; Ceci, Kulkofsky, Klemfuss, Sweeney, & Bruck, 2007; Finnillä, Mahlberga, Santtilaa, Sandnabbaa, & Niemib, 2003; Principe, Guiliano, & Root, 2008, Brainerd, Reyna, & Ceci, 2008 のレビューを参照）。もちろん，年齢は，被誘導性におけ

る個人差や発達段階の移行を説明するものではない。むしろ，被誘導性の発達差や発達段階の移行は，いくつかの基礎となる認知的，身体的，社会的要因を反映したものである。記憶の被誘導性をよりよく理解するためには，これらの個人差と文脈の変数を明らかにすることが鍵となる。本章では，子どもの被誘導性の基礎となる，いくつかの変数に関する最近の知見を概観する。第1節では，健常児の記憶の被誘導性に関する研究を概観する。被誘導性と関連する2つの個人差の変数，ナラティブの能力と心の理論に着目する。また，被誘導性と関連する文脈の一変数である，感情状態に関する研究も概観する。本章の第2節では，知的障害児の記憶や被誘導性に関する研究知見を概観する。

# 1. 健常児の被誘導性：ナラティブの能力，心の理論，感情状態の役割

　被誘導性に関する先行研究では，成人や子どもは出来事に関する誤情報に同意しやすいだけではなく，記憶に誤情報を取り入れることが示されてきた（Ceci & Bruck, 1993; Zaragoza, Belli, & Payment, 2006 のレビューを参照）。しかしながら，重要なのは，被誘導性の研究において誘導されない人たちがいることであり，いくつかの個人差もしくは文脈の変数が誘導に対する抵抗に役立つかもしれないという可能性が残されていることである。

―― 被誘導性とナラティブの能力 ――

　最近になって，被誘導性におけるナラティブの能力の役割が検証され始めた。ナラティブの能力は，出来事について理路整然とした詳細情報を伝える子どもの能力とされる。被誘導性にナラティブの能力が果たす役割に関する仮説を導く2つの研究の流れがある。第1には，言語能力と被誘導性が関連することを示すいくつかの証拠である。第2には，ナラティブの能力が自伝的記憶の発達

に重要な役割を果たすことを示してきたものである。

　ブルックとメルニック（Bruck & Melnyk, 2004）は，言語能力と被誘導性に関する12の研究を概観した。そのほとんどの研究には，未就学児が対象に含まれていた。彼らは，主として2つの知見を報告した。語彙力（vocabulary）を調査した6つの研究のうち，1つの研究のみ（Danielsdottir, Sigurgeirsdottir, Einarsdottir, & Haraldsson, 1993）が被誘導性との関連を見いだし，その研究でさえ，報告された8つの相関のうち有意であったのはたった1つであった。語彙力のみでは被誘導性との関連は頑健ではない一方で，包括的な言語のテストバッテリーを実施した4つの研究において，表出言語能力と創造的言語能力が高いほうが誘導に対してより抵抗できることが報告された。しかしながら，言語について一つの測度が用いられるときには，言語能力と被誘導性の関連は示されなかった。さらなるレビューについては，ブルックとメルニック（2004, Table 5）を参照されたい。ブルックとメルニック（2004）のレビューの後に発表されたいくつかの研究（Chae & Ceci, 2005; Kulkofsky & Klemfuss, 2008; Roebers & Schneider, 2005）では，言語能力が高いと誤誘導質問に対する誤答が減少するという関連がみられることが報告されている。

　2つめの研究領域である自伝的記憶に関する研究においては，ナラティブの能力と被誘導性との間に関連がある可能性が指摘されている。ナラティブの能力は，自伝的記憶の発達において重要である（Fivush & Reese, 1992; Nelson, 2003; Nelson & Fivush, 2004）。保護者と詳細な会話ができる子どもは，経験した出来事についてより詳細に説明する傾向がある（Haden, Haine, & Fivush, 1997; Harley & Reese, 1999; Reese, Haden, & Fivush, 1993）。それゆえに，ナラティブの能力は記憶や被誘導性に影響を及ぼす可能性がある。

　クルコフスキーと共同研究者（Kulkofsky & Klemfuss, 2008; Kulkofsky, Wang, & Ceci, 2008, Kulkofsky, 2010）は，ナラティブの能力は，時には被誘導性を増加させることと関連し，時には被誘導性を減少させることと関連するという，ナラティブの能力と被誘導性との間の複雑な関係を仮定した。彼女らは，ナラティブの質が出来事に関して内在する記憶表象と関連するであろうと推論した。弱い記憶は，ナラティブの少なさに反映され，豊富で詳細なナラティブで表現された記憶は，より強固な記憶を反映するであろう。クルコフスキーと

クレムフス（Kulkofsky & Klemfuss, 2008）は次のように記述した。

> ……以前に経験した出来事について質の高いナラティブを生み出す子どもの能力は，子どもが出来事について，よく構造化され，かつ精緻で相互に関連する記憶表象をもつことを意味する可能性がある。このように，ナラティブの能力は，体験した出来事に関するより強い記憶痕跡を反映するために，被誘導性の低さと関連するのかもしれない。　　　（Kulkofsky & Klemfuss, 2008, p.1443）

クルコフスキーとクレムフス（2008）は，全般的なナラティブの能力が時として被誘導性を**増加させる**ことと関連する可能性があるという，一見すると直感に反する仮説を提案した。ナラティブの能力は，まさに社会的構成概念である（Fivush & Reese, 1992）。クルコフスキーとクレムフスは，より高いナラティブの能力をもった子どもは，出来事についての会話が共有体験であることをより容易に認識する可能性があるという仮説をたてた。高いナラティブのスキルをもった子どもほど，会話の相手によって示される手がかりにより敏感なようである。そのために，自分の回答を変えるプレッシャーにより容易に屈する可能性がある。

2つの研究において，クルコフスキーとクレムフス（2008）は，ナラティブの能力を測定する包括的な方法を用いた。彼女らは，「…供述全体の情報量と各供述の情報量，情報の描写性，言語的に情報が結びつけられている程度」を表わす変数を組み合わせたものによって，ナラティブの質を定義した（p.1454）。研究1では，クルコフスキーとクレムフス（2008）は，教室の中で子どもたちに対してある出来事を演じて見せた。その出来事に続いて，子どもたちは，4週間にわたり週に1回，その出来事に関する誤誘導質問を受けた。子どもたちが誤誘導質問に同意しなかった場合，誘導を促す刺激を増やした。最後の誘導的な面接から1週間後，新たな面接者が子どもに同じ誤誘導質問をした。出来事について質問されたとき，その出来事に関して優れたナラティブを示した子どもは，より誘導されにくいという知見が明らかにされた。

研究2では，クルコフスキーとクレムフス（2008）は，出来事に関するナラ

ティブの増加によって，（1回の面接における）子どもの誤誘導質問への同意傾向の減少を予測できることを示すことで，研究1の知見を再現した。しかしながら，研究2では，クルコフスキーとクレムフスは，子どもに対して「昨夜，寝る前に何をしましたか？」というように，最近の出来事に関して報告するよう求めることで，自伝的記憶に関しても調査を行なった。クルコフスキーとクレムフスは，自伝的記憶の調査が示すナラティブの能力の高さと被誘導性の高さが関連することを見いだした。特に，（自伝的記憶の調査で測定された）全般的なナラティブ・スキルが優れた子どもは，誤誘導質問を増やすと，間違った出来事に対して最初は否定していた回答を同意する回答へと，より変化させる傾向があった。

　概して，子どもたちのナラティブの能力が発達することによって，特定の出来事に関する理路整然とした構造やより強固な記憶痕跡を得ることで，被誘導性への抵抗力を獲得する。同時に，質の高いナラティブを生み出す子どもは，時として，とりわけ最初に否定したことから誤った同意へと回答を変化させることにおいて，被誘導性が高くなる可能性がある。

　ナラティブの能力と被誘導性との関係を示す研究知見を司法制度が活かすためには，2つの方法がある。第1には子ども中心のトップダウンのアプローチであり，簡単な言葉遣いが子どもの目撃記憶の成績を伸ばす（Lamb & Brown, 2006; Shapiro & Purdy, 2005）ことを，研究者たちはすでに見いだしている，というものである。第2の示唆は，ボトムアップのアプローチであり，子どもがナラティブの訓練をすると，誘導の影響に抵抗する力を強化しうるというものである。近年発表された3つの研究では，子どもに対して豊かなナラティブを産出するよう訓練すると，想起の質と量が向上し（Brown & Pipe, 2003a, 2003b; Kulkofsky, 2010），焦点化質問や誤誘導質問に対する誤りが減少する（Kulkofsky, 2010）という証拠が示されている。したがって，今後の研究では，ナラティブの訓練が捜査面接における子どもの被誘導性を減少させうるかを検証する必要がある。

## ——心の理論と被誘導性——

　被誘導性を検討した研究において，個人差の変数として他に研究されているものには，子どもが自分の心的状態や他者の心的状態を理解する能力がある。信念，欲求，意図といった心的状態に関するこの実践的な理解は，**心の理論**（theory of mind：ToM）と呼ばれる。3歳から6歳までの間に，子どもには心の理論の目覚ましい発達がみられる。たとえば，2人の人は現実に関して互いに矛盾した表象をもちうるが，そのうちの1つは誤信念であると理解するようになり，それぞれの人の行動を適切に予測できるようになる（Perner, Leekam, & Wimmer, 1987; Wellman, Cross, & Watson, 2001）。捜査面接の文脈に応用すると，誤信念を理解できる子どもは，面接者の抱く誤信念を取り入れる必要がないことを理解できるため，結果として，被誘導性が低くなる可能性がある（Scullin & Bonner, 2006）。

　心の理論と被誘導性との関連を実証した知見は一貫していない。ブルックとメルニック（Bruck & Melnyk, 2004, Table 7）は，このトピックを調べた11の研究を概観し，心の理論の成績の良さが被誘導性の減少を予測することを見いだした5つの研究に注目した。対照的に，2つの研究では，心の理論と被誘導性には正の関連がみられ（たとえば，Templeton & Wilcox, 2000），4つの研究ではこれらの2変数間に関連はみられなかった（たとえば，Quas & Schaaf, 2002）。以下には，ブルックとメルニック（2004）によって概観された研究の要約に加え，心の理論と被誘導性との関連を明らかにすることに役立つ新たな研究についても示す。

　誤情報パラダイムを用いて心の理論と被誘導性との関係を調べた研究では，いくつかの例外はあるものの，これらの間の負の相関が報告されている。このトピックに関する初期の研究の一つとして，ウェルチ・ロスら（Welch-Ross, Diecidue, & Miller, 1997）は，3歳から5歳の子どもでは，心の理論のテストバッテリーの成績と被誘導性との間に負の相関がみられたことを明らかにした。さらに，この関連は，年齢と全般的な記憶能力を統制しても有意であった。その後の研究において，ウェルチ・ロス（Welch-Ross, 1999a, b）は，その主要な結果の一部しか再現できなかった。ある研究では，心の理論の成績の

良さは，出来事の記憶が乏しい子どもでのみ被誘導性に影響していた（Welch-Ross, 1999a）。しかし別の研究では，質問の対象となる出来事の詳細を知っている面接者とは対照的に，その出来事を知らない面接者によって面接を受けた子どもたちでのみ，心の理論の成績の向上と被誘導性の減少に関連がみられた（Welch-Ross, 1999b）。実際，出来事を知っている面接者の条件では，誤信念課題をクリアした子どもは，誤信念課題に失敗した子どもに比べて被誘導性がより高かった（Templeton & Wilcox, 2000 も参照）。この逆の結果を説明するために，ウェルチ・ロス（1999b）は，心の理論の課題をクリアした子どもは，面接者が物語の段階にはいなかったことから詳細情報のいくつかを間違いうることを知っているために，物語を知らない面接者による誘導を簡単に無視すると主張した。それとは対照的に，このような子どもたちは，面接者が物語のときにいた場合には詳細情報も正しく知っていると予想するので，物語を知っている面接者による誤情報はもはや無視されないのかもしれないと考えた。結果として，子どもたちはこの矛盾した情報をより深く処理し，検索時に，この情報が正しい情報に干渉したのかもしれない。

　より最近には，ブライトポールら（Bright-Paul, Jarrold, & Wright, 2008）が，3歳から6歳の子どもたちにおいて，年齢と言語能力を統制しても，心の理論の成績の良さが有意に被誘導性の減少を予測することを示した。彼らは，ソースモニタリングの個人差が心の理論の成績と被誘導性との間の関係を調整することも見いだした。このように，誤情報パラダイムの文脈では，心の理論は幼児期における他の認知能力の発達と相互作用する。これは，後述する一つの論点である。

　誤情報パラダイムにおいて，心の理論の個人差がいかに被誘導性を減少させうるのかだけではなく，心の理論の能力によっていかに子どもが誘導質問に抵抗できるようになるのかについても検証されてきた。この仮説を支持するものとして，2つの研究が，心の理論課題の成績の良い子どもは面接において誤情報に同意しにくいことを明らかにした（Scullin & Bonner, 2006; Thomsen & Bernsten, 2005）。しかしながら，これらの結果は，被誘導性と心の理論との間に関連がみられなかったという別のいくつかの研究をふまえて，解釈されるべきである（Bruck & Melnyk, 2004, Table 7 を参照）。

心の理論と被誘導性との関連を支持するいくつかの知見があるにもかかわらず，より近年の研究は，この関連に疑問を投げかけている。たとえば，実行機能の個人差は，心の理論よりも被誘導性をよりよく予測する（Karpinski & Scullin, 2009; Melinder, Endestad, & Magnussen, 2006）。メリンダーら（Melinder et al., 2006）は，抑制コントロール（たとえば，誤った即時性の反応を抑制する力）と年齢が，被誘導性のスコア（たとえば，面接中に誤情報に同意する数）の分散の大きな割合を説明する一方で，心の理論は有意な予測因子ではなかったことを見いだした。同様に，カーピンスキーとスカリン（Karpinski & Scullin, 2009）は，実際に出来事を提示する方法と被誘導性の一般的な評価方法（ビデオ被誘導性尺度，the Video Suggestibility Scale：VSS, Scullin & Ceci, 2001）の両方において，年齢を統制すると，心の理論のスキルは子どもの被誘導性に限定的な役割しか果たしていないことを見いだした。ビデオ被誘導性尺度（VSS）では，未就学児が誤誘導質問に同意する傾向の個人差を測定する。心の理論のスキルの高さは，プレッシャーの高い面接条件において，被誘導性の減少のみをもたらした。さらに，この効果はより幼い子どもにはみられず，より年齢の高い子ども（54か月以上）のみで観察された。対照的に，実行機能尺度は，プレッシャーの低い面接条件と高い面接条件の両方において，被誘導性のより強力な予測因子となっていた。

　上記の研究において，心の理論と抑制コントロールには正の相関があり，これらはいずれも被誘導性と負の相関があった。心の理論と被誘導性との間の負の相関は，心の理論の構成要素である実行機能によって生じるというのはもっともらしい説明である。このように，他の研究で一貫しない知見が得られているのは，おそらく心の理論課題による抑制コントロールの測定が不正確であるためであろう。ブライトポールら（Bright-Paul et al., 2008）は，被誘導性の個人差が生じる際に，実行機能，心の理論，ソースモニタリングがどのように連携して機能するのかに関する議論を提示している。

　ここで概観した文献によって，心の理論と被誘導性の関連は複雑であり，他の認知機能（たとえば，ソースモニタリングや実行機能）や，関係性に影響する状況変数（プレッシャーのかかる面接 対 プレッシャーのない面接）によって変化することが示された。さらに，この関連は，被誘導性と心の理論の構

成要素をどのように測定するのかにも依存するようである（Bruck & Melnyk, 2004）。

今後の研究では，被誘導性の個人差を理解するための上記の変数のいくつかを解明すべきである。これらの研究では，6歳以上のより年齢が高い子どもたちの間でも，心の理論の個人差が被誘導性に影響を及ぼすかどうかを検証することも目的としうる。これまでの批判では，心の理論は，成人における被誘導性への影響を説明しないため，説明力が限られていると言われてきた（Bruck & Melnyk, 2004; Quas, Qin, Schaaf, & Goodman, 1997）。重要な心の理論の課題は発達の初期段階で達成できてしまうが，心的状態を推察する個人の能力は，児童期，さらには成人期でさえ変化をし続けているのであり（たとえば，Bartsch & London, 2000; Happe, Winner, & Brownell, 1998; LaLonde & Chandler, 2002），このことが逆に被誘導性の個人差を説明する可能性がある。

## ──感情的な出来事に関する子どもの被誘導性──

生態学的妥当性を向上させるために，被誘導性を研究している多くの研究者が，司法における関心と類似した出来事として，ネガティブな感情を伴う出来事に関する子どもの被誘導性を検証してきた。しかしながら，感情的出来事に関する子どもの被誘導性を説明する研究の多くが，感情の一側面，すなわち，ネガティブな感情の覚醒（たとえば，ストレス）または，ネガティブな感情的反応の強さ（Davis, Quas, & Levine, 2008）に焦点を当ててきた。感情の覚醒は記憶と関連しているため，経験した出来事が引き起こす感情の強さ──リラックス状態から非常に興奮しやすい状態まで──を感情の覚醒として参照する。子どもの記憶と被誘導性に対する感情の効果を検証した実証的研究では，主として感情を覚醒として解釈し，とりわけネガティブな感情を覚醒するような出来事に対する子どもの記憶に着目してきた（Paz-Alonso, Larson, Castelli, Alley, & Goodman, 2009 のレビューを参照）。ブルックとメルニック（Bruck & Melnyk, 2004）は，記憶すべき出来事における子どもの感情の覚醒がその後に続く被誘導性に与える影響を検証した15の研究を評価した。15の研究のうち8つの研究では，感情の覚醒と被誘導性との間に有意な関連を見いだし，そ

の半分では感情の覚醒の増加に伴って被誘導性が高くなり，残りの半分では感情の覚醒の増加に伴って被誘導性が低くなっていた。このように，知見は大きく異なっている。

　これまでの研究において知見が不一致である理由の一つとして，記憶に対する感情の効果を評価するときに，研究ごとにさまざまに異なるタイプの出来事が用いられてきたことがある。しかしながら，類似した出来事を比較したとしても，結果は異なっているのである。加えて，この一貫しない結果は，覚醒の測定方法が異なっているためかもしれないし，研究対象となる子どもの年齢のためかもしれない（Quas, Carrick, Alkon, Goldstein, & Boyce, 2006）。さらに，結論にいたっていない複数の知見は，感情価の違いや，ネガティブな出来事と関連する特定の感情状態の違いを考慮せず，感情を覚醒として単純化して解釈しているためかもしれない（Davis et al., 2008; Levine & Pizzaro, 2006）。感情と記憶や被誘導性との関連は，感情をさらに個々の感情に分けることで，より明確になるであろう。

**個々の感情と被誘導性**：認知的評価理論（cognitive appraisal theories）に従うと，シュタインと共同研究者（Stein & Levine, 1989, 1990; Stein & Liwag, 1997; Stein, Liwag, & Wade, 1996）は，個々の感情が引き起こされるかどうかは，人がある目標に付随するものとして一つの出来事をどう評価するのかによって決まると考えた。幸福，怒り，悲しみ，恐怖は，ある目標を喪失したり，維持したりすることについての信念と連動する目標－結果の関係によって分化している（Stein & Liwag, 1997）。一度，感情が生じると，その人の現在の感情状態の要求に合うように，現在の認知，行動，反応は方向づけられる（Davis et al., 2008）。

　レヴィンとピサロ（Levine & Pizarro, 2004, 2006）によれば，幸福，怒り，悲しみ，恐怖といった個々の感情は異なる評価をされた目標の結果と関連しており，記憶に特定の意味をもつ。レヴィンら（Levine, Burgess & Laney, 2008）は，4歳から6歳の子どもの被誘導性に関して，喜び，怒り，悲しみの個々の感情状態の効果を検証する2つの研究を行なった。レヴィンら（2008）は，悲しみの感情状態にある子どもたちが，喜びまたは怒りの感情状態にある子どもたち

に比べて被誘導性が高いことを示した。さらに，悲しみの感情状態にある子どもたちは，誘導質問により同意しやすく，のちに行なった報告の中に誤った情報をより取り入れやすかった。レヴィンら（2008）は，悲しみの感情状態にある子どもたちが，現在の結果に対処するには自身のリソースでは不十分であると理解し，大人に頼るのかもしれないと主張した。このような過度の依存は，被誘導性を高めてしまう。対照的に，喜びまたは怒りの感情状態にある子どもたちは，自己効力感の感情をより強くもつために，誤情報に抵抗することが可能になるのである。

レヴィンら（2008）による研究は，個々の感情が子どもの被誘導性に及ぼす影響について，発達段階における年齢の低い区分に関する寸評を提供している。さらなる研究として，個々の感情状態における被誘導性に関して，より年齢の高い子どもで同様のパタンがみられるのかを検証することが必要である。より年齢の高い子どもは，感情的な出来事を理解するのに他者の助けにあまり頼らないが，特定の文脈において認知に起因する記憶の誤りが多くなる傾向があるためである（Brainerd et al., 2008）。個々の感情と記憶に関するさらなる研究によって，現存する研究で一貫していない知見に関して重要な洞察が得られるかもしれない。そのような検討によって，私たちの記憶に対する理論的な理解が進み，司法のガイドラインを策定することにも役立つであろう。

## 2. 知的障害児

この章の残りの部分で，知的障害児の被誘導性について記述する。個人差，被誘導性，知的障害の関連についての証拠がごく少ないため，この議論は健常児の場合よりも限られたものになるだろう。

知的障害とは，人生の初期に発症する認知や適応上の困難さである（Harris, 2006）。知的障害の最もシンプルな定義は，認知的機能またはIQの低いレベルを基礎とする。IQが70未満の人々は，知的障害があると分類される。しかしながら，たいていの定義では，社会適応（たとえば，日常生活のスキル，コ

ミュニケーション，社会生活，運動スキル）においてある種の障害があることも要件とされている。私たちの議論は，軽度から中等度の知的障害（それぞれ，IQがおよそ55～69と，およそ40～54）に限定する。知的障害は，「最も一般的な発達上の障害であり，児童期に始まる障害で最もハンディキャップを負うものである」（Harris, 2006, p.79）。有病率は，およそ1～3％である。多くの人々が，知的障害はどの障害よりも社会参加が限定されているとみなしている（Harris, 2006）。

　知的障害やその他の障害をもった子どもたちは，不適切な養育，虐待，性暴力に対して健常児よりも脆弱である（Hershkowitz, Lamb & Horowitz, 2007; Lin, Yen, Kuo, Wu, & Lin, 2009; Sullivan & Knutson, 2000; Westcott, 1991）。障害の重症度が深刻であることと，虐待の深刻さが増すこととは関連するようであるが（Hershkowitz et al., 2007; Williams, 1995; Wilson & Brewer, 1992），そのような事案が起訴されたり，他の刑罰が科されることはめったにない（Mencap, 1999; Sharp, 2001）。それゆえ，知的障害児が十分に司法システムに参加できるように支援することが必要不可欠なのである。知的障害児が高いレベルの**被誘導性**を示すのかという問いは，「司法面接」に関連して考慮すべき重要な要因の一つである。

　グッドジョンソンとクラーク（Gudjonsson & Clark, 1986）は，なぜ知的障害者が高いレベルの被誘導性を示すのかを説明する，尋問による被誘導性のモデルを提案した（本書のChapter 3を参照）。知的障害児は，さまざまな記憶課題において記憶の障害を示す傾向があり（たとえば，Weiss, Weisz, & Bromfield, 1986），それは，より弱い出来事記憶をもつ可能性が高いことを意味する。これによって，誘導質問（とりわけ，誘導もしくは誤誘導する刺激）からの影響を受けやすくなるようである。さらに，知的障害者は，ストレスを引き起こす，あまり馴染みのない要求にうまく対応することができない。このことも，被誘導性を高めるようである。

　以下では，知的障害児が**生活年齢**（chronological age：CA）や**精神年齢**（mental age：MA）から予測されるよりも誘導の影響を受けやすいかに関して，研究知見を検討する。その前に，被誘導性を評価する2つの手法を概観することは有益である。第1の方法は，子どもたちに実際の出来事（実演またはビデオを

用いる）を示し，次に被誘導性の操作を行なうものである。その操作とは，①誤誘導質問への同意，または，②誤情報効果である。被誘導性を測定する第2の方法は，特別に作成された尺度（たとえば，グッドジョンソン被誘導性尺度；Gudjonsson Suggestibility Scales：GSS, Gudjonsson, 1997）を使うことである。それらの尺度のうちいくつかは，知的障害者に使用するために修正されている（たとえば，Milne, Clare, & Bull, 2002）。

――被誘導性において，知的障害児と健常児の違いはあるのだろうか？――

ブルックとメルニック（Bruck & Melnyk, 2004）の包括的なレビューでは，生活年齢が同じ場合に，健常児に比べて知的障害児のほうが被誘導性が高いのかを明確に検討している。彼らが検討した研究のほとんどで，被誘導性を評価する方法は，子どもに対して誤誘導質問で尋ねるというものであった。知見は明確であった。知的障害児は同じ生活年齢の子どもたちよりも誤誘導質問に同意しやすかった。同様に，グッドジョンソンとヘンリー（Gudjonsson & Henry, 2003）は，グッドジョンソン被誘導性尺度2（Gudjonsson Suggestibility Scale 2：GSS 2）を用いて，同じ生活年齢の健常児に比較して知的障害児は，誤誘導刺激に同意しやすく（Yieldスコアが高く），否定的フィードバックによって自身の回答を変えやすかった（Shiftスコアが高かった）。

しかしながら，多くの人々が，発達レベルが同等の健常児のほうが，知的障害児に対するより意義深い統制群になると主張するだろう。たとえ知的障害児には生活年齢相当の能力を示すことが期待されないとしても，そのような「精神年齢が同程度」の統制群は，知的障害児の被誘導性が精神年齢のレベルにあるのかどうかを評価できる。

ヘンリーとグッドジョンソン（Henry & Gudjonsson, 1999, 2003）は，11歳と12歳の軽度から中等度の知的障害児に対して，実演により架空の出来事を提示し，1日後の被誘導性を評価することで，この問題を検証した（1999年の研究では，平均IQ60，平均精神年齢7歳。2003年の研究では，軽度の知的障害児の平均IQ66，平均精神年齢8歳，中等度の知的障害児の平均IQ45，平均精神年齢6歳）。次の2つのタイプの誤誘導刺激が用いられた。オープン質問形式（女

性はコートを着ていないのに「女性のコートは何色でしたか？」と尋ねる）とクローズド質問形式のはい・いいえ質問（あなたは以前にテレビでその女性を見たことがありましたよね？）である。双方の研究で，知的障害児と生活年齢が同じ統制群との間に被誘導性の高さの違いが見いだされたにもかかわらず，知的障害児の被誘導性は精神年齢のレベルから決して劣ることはなかった。

　ゴルドンら（Gordon, Jens, Hollings, & Watson, 1994）による，8歳から13歳の軽度から中等度の知的障害児と，彼らと精神年齢を一致させた子ども（平均精神年齢6.5歳，平均IQ57）との比較において，同様の結果が報告された。子どもたちは実験者と一緒に活動に参加し，その後に面接を受けた。面接には12項目の誤誘導質問が組み込まれていた。直後の面接と6週間後の面接の両方において，知的障害児が誤誘導質問に対して正確に回答する能力に，精神年齢を一致させた統制群との違いはみられなかった（Jens, Gordon, & Shaddock, 1990も参照）。

　さらに関連する研究において，マイケルら（Michel, Gordon, Ornstein, & Simpson, 2000）は，知的障害のある9歳から14歳の子ども（平均言語性IQ58，平均精神年齢6歳）に対して模擬の検診を行なった。検診の直後に面接を行ない，さらに，6週間後の面接において12問のはい・いいえ質問による誤誘導質問（「検診を行なった女の人は，あなたの陰部を検査しましたよね？」）を示した。——これまでどおり生活年齢群の優位が観察されたにもかかわらず——，知的障害児と同じ精神年齢の統制群の健常児では，被誘導性に違いはみられなかった。

　アグニューとパウエル（Agnew & Powell, 2004）は，9歳から12歳の軽度から中等度の知的障害児の被誘導性を調べるために，バイアスをかける面接——その後に手がかり再生質問が続く——を含む手法を用いた。すべての子どもたちは，マジックショーに参加して，その3日後にバイアスをかける面接（出来事に関する詳細情報について，真実か誤りのいずれかに誘導される）を受け，その翌日に2回めの面接を受けた。知的障害児は，同じ精神年齢の健常児または同じ生活年齢の健常児と同様に，バイアスをかける面接において示された「面接者による誤誘導の情報」を報告することが少なかった。マイルズら（Miles, Powell, Gignac, & Thomson, 2007）は，類似したバイアスをかける面接の手法

を用い，生活年齢が同じ統制群との比較により，この知見を再現した。

　概して，これらの知見は，同じ生活年齢の健常児に比べて知的障害児の被誘導性は高いけれども，精神年齢のレベルとは概ね一致していることを示している。知的障害児は，そもそも正確に出来事を思い出せないために，同じ生活年齢の子どもと比較して被誘導性が高くなるのだろうか，ということが別の重要な疑問となる。これは，ヘンリーとグッドジョンソン（Henry & Gudjonsson, 1999, 2003）によって検討された課題である。彼女らは，知的障害児が「自由再生」の間に出来事をどれだけ思い出せるのかを統計的に統制してもなお，知的障害児は生活年齢が同じ統制群の子どもよりも被誘導性のレベルが高いことを示した。

　それゆえ，同じ生活年齢の健常児に比べて知的障害児の被誘導性は高いけれども，これは，出来事の記憶の弱さとは関連しないかもしれない。グッドジョンソンとヘンリー（Gudjonsson & Henry, 2003）は，GSSによって測定したYieldスコアは，出来事に関する記憶のような認知的な変数とより関連する一方で，GSSのShiftスコアは，社会的，対人的要因とより関連しうるという見解を示している。この点については，以下で再検討する。

**知的障害児の被誘導性を予測する変数はあるのだろうか？**：実務や理論的な観点から，被誘導性と関連する変数を明らかにすることは興味深いことである。ブルックとメルニック（Bruck & Melnyk, 2004）は，自己概念，シャイネス，迎合性といった心理社会的変数とは対立するものとして，IQや記憶能力といった認知的な変数間の違いを記述した。これらの変数の有効性について関連する研究を検討していこう。

　すでに議論したように，知的障害児は，同じ生活年齢の子どもよりも被誘導性のレベルが高い。しかしながら，このことは，知的障害児において，IQが被誘導性に関する適切な予測因子になることを必ずしも意味しない。グッドジョンソン（Gudjonsson, 1988）は，IQが100より低い成人において，知能が標準化された被誘導性尺度と関連することを見いだした。そこで，私たちは，知的障害児について関連した研究を検討していく。

　ヘンリーとグッドジョンソン（Henry & Gudjonsson, 1999）は，知的障害児

において，被誘導性とIQとの間に相関があることを報告した。すなわち，より高いIQをもつ子どもは，やらせの出来事に関する誤誘導質問により抵抗していた（$r = 0.42, n = 28$）。ヘンリーとグッドジョンソン（2003）は，先の研究とは別の対象者からなる，軽度から中等度の知的障害児47人において，――参加者における年齢の小さなばらつきを統制しても――同じ関連があることを見いだした（$r = 0.43$）。ビデオで提示する出来事を用いて再検証を行なった別の研究では，軽度から中等度の知的障害児において，言語性IQは被誘導性と関連する（$r = 0.44, n = 34$）が，一方で，非言語性IQには被誘導性との関連はみられなかった（Henry & Gudjonsson, 2007）。

　これらの中程度ではあるが有意な関連は，知的障害児において，IQが被誘導性の分散の総量の20％未満を説明する可能性を示している。しかしながら，これらの関係は，クローズド質問形式のはい・いいえ質問でのみ見いだされている。オープン質問形式による誤誘導質問を使って測定した被誘導性が，IQと有意な関連があるということを，これらの研究のどれも示していなかった。実際，オープン質問形式の誤誘導質問に関しては，IQによる群間（健常児，軽度の知的障害児，中等度の知的障害児）での違いは有意ではない（Henry & Gudjonsson, 2003）。これは，健常児と知的障害児が同様に，そのような質問に対処できていないことを示している。知的障害児は，質問者に同意する傾向が高いことが示されていることから，とりわけクローズド質問形式のはい・いいえ質問に対して脆弱性があるようである（Heal & Sigelman, 1995も参照）。

　検討されてきた他の変数には，全般的な記憶能力がある。ヘンリーとグッドジョンソン（2003）は，記憶と学習の検査（Test of Memory and Learning, Reynolds & Bigler, 1994）の下位検査を用いて，言語記憶と非言語記憶の評価を組み込んだ。知的障害児にとって，言語記憶と非言語記憶の測定値は，有意に被誘導性と関連していた（それぞれ$r = 0.42, r = 0.38$）。さらに，これらの関連は，クローズド質問形式のはい・いいえ質問による誤誘導質問では生じていたが，オープン質問形式の誤誘導質問ではみられなかった。**言語記憶は被誘導性の強力な予測因子になるという証拠がある**。それは，重回帰分析において，言語記憶の変数による分散の説明量は有意であったが，非言語記憶の変数はそうではなかったというものである。

検討されてきた他の変数には，情報処理過程のスピードや生活年齢がある。知的障害児において，情報処理のスピードと被誘導性との関連に関して説得力のある証拠はない（Henry & Gudjonsson, 2007）。生活年齢との関連について，マイルズら（Miles et al., 2007）は，バイアスをかける面接の後で，マジックショーについて面接者が示した誤誘導情報を報告することと年齢との間に弱い関連があったことを報告している（$r = 0.23$）。しかし，他の研究では，誤誘導質問に関する成績と年齢とは関連していなかった（Henry & Gudjonsson, 2007）。

　いくつかの研究では，グッドジョンソン被誘導性尺度2（Gudjonsson Suggestibility Scale 2：GSS 2；Gudjonsson, 1997，手法については本書のChapter 3を参照）を使って被誘導性を測定して検討が行なわれてきた。たとえば，ヤングら（Young, Powell, & Dudgeon, 2003）は，被誘導性，年齢，IQ，コミュニケーションスキル，シャイネスの間の関連を検討した。著者らは，6歳から13歳の知的障害児（平均IQ62, $n = 75$）を評価し，GSS 2のYieldスコア（誤誘導質問への同意）の高さがIQの低さ（$r = -0.30$）およびコミュニケーションスキルの低さ（$r = -0.34$）と関連することを見いだした。GSS 2で測定される被誘導性の他の変数，すなわちShiftスコアはいずれの変数とも関連がみられなかった（Miles et al., 2007も参照）。

　全体として，被誘導性とIQとの関連については一貫した証拠があるが，そのような関連は，すべての被誘導性の測定値においてみられるわけではない。言語記憶，コミュニケーションスキル，記憶の正確性が被誘導性と関連するという限られた知見がある。また一方で，この分野の研究は限られており，とりわけ心理社会的変数との関連については，再検証や発展させた研究が必要である。しかしながら，バイアスをかける面接（誤情報パラダイム）だけでなく誤誘導質問も用いて，知的障害児における被誘導性を評価することによって，異なる方法論を比較することは重要であるだろう。さらなる研究では，知的障害の原因の違いによって，被誘導性の異なるパタンが生まれるのかどうかを検証することも必要である。たとえば，ダウン症の人は，自閉スペクトラム症の人と比較して，異なる認知的・社会的な強みと弱みを示す（Henry, Bettenay, & Carney, 2011）。そのようなパタンに関してさらに研究を進めることは，捜査

員が個人の強みや弱みに応じた最適な面接の方法を決定するのに役立つであろう。

　今後の研究に関するより興味深い課題の一つとして，被誘導性のYieldスコアがShiftスコアよりも認知的な変数とより関連するかどうかを評価することがある。Shiftスコアは，対人的変数や社会的変数とより関連するとされる（Gudjonsson & Henry, 2003）。知的障害児に対する反対尋問についての最近の研究では，反対尋問の後の状態不安が，反対尋問で主張された異議を受け入れる傾向と関連することが示された（Bettenay, 2010）。反対尋問の手続きは，目撃者を混乱させ，目撃者に自身の証言の一部を変えさせる技術に大きく依拠している。反対尋問での脆弱性の根底にあるメカニズムについては，YieldやShiftという観点から，捜査面接における被誘導性といくつかの類似点が示される可能性がある。しかし，この課題に関しては，確実な結論を導き出す前に，さらなる研究が必要とされる。

# 3.　結論

- ■最近の研究において，ナラティブの能力が被誘導性の減少と増加の両方に導くことが示されており，被誘導性の複雑な性質が明らかにされている。より高度なナラティブ・スキルは，子どもが出来事に関するより強い記憶をもつことに役立つため，被誘導性がより低くなるようである。しかしながら，ナラティブ・スキルが高くなるほど社会的手がかりに対してより敏感になることから，子どもたちは面接者が示した（真実の，もしくは誤った）情報を自身の語りの中に取り入れようとするようである。
- ■心の理論は，被誘導性の研究において知見が一貫しない個人差の変数である。このような一貫しない関連が見いだされる理由の一部として，被誘導性の複雑な性質があるが，心の理論の複雑な性質もまた，関連している。まとめると，現在の研究では，洗練された心の理論のスキルは，

被誘導性を減少させることと関連することが示されている。
- 過去の研究では，出来事に対する感情の質が子どもの記憶や被誘導性に影響を与えるのか，また，どのように影響を与えるのかについて一貫した知見は得られていない。この分野のほとんどの研究においては，ネガティブな経験による感情の覚醒が記憶に与える影響を検証しているために，もっぱらネガティブな出来事に焦点が当てられてきた。最近では，研究者たちが，研究における一貫しない知見が感情価によって一部は説明しうることを検討し始めた。記憶や被誘導性に対する個々の感情の役割を検討する研究は始まったばかりである。
- 知的障害児は，典型的には，精神年齢が同じ子どもと類似した記憶や被誘導性のパタンを示す。知的障害児は虐待の被害リスクが高いため，知的障害児の記憶や被誘導性についてのさらなる研究は，喫緊の課題である。

# 4. 司法への示唆

- 「司法面接」を行なう者は，被面接者の発達的ニーズに対して敏感であるべきである。年齢の高い子どもたちは，過去の出来事についてより完全で理路整然としたナラティブを生み出すことができるだろうが，同時に，面接者が示す社会的手がかりにより敏感であるかもしれないということを，面接者は理解すべきである。それゆえ，面接者は，回答を変えるよう子どもにプレッシャーを与えるかもしれない明白な手がかり，または間接的な手がかりを子どもに与えないように注意する必要がある。
- 発達に敏感な面接者は，子どもたちが面接者の役割を完全に理解していない可能性についても認識しているであろう。幼い子どもたちは，面接者が正しい答えを知っていると思っているようであり，それは被誘導性につながる可能性がある。「司法面接」を行なう人は，情報を提供することが子どもたちの役割であることや，面接者はそこにいなかったので

何が起きたのかを知らないということを子どもに対して説明することによって，心の理論の能力が未成熟なために生じる潜在的なリスクを避けることができる。

■子どもたちは，適切な文脈で面接をされた場合には，ストレスフルな出来事とストレスフルでない出来事の双方について，正確な報告をすることができる。「司法面接」を行なう人は，これまでの研究において，子どもたちがストレスフルでない出来事よりもストレスフルな出来事のほうをよく覚えているのか，逆にあまり覚えていないのかについては，研究知見が一貫していないことを認識すべきである。

■現在のところ，研究知見では，知的障害児は同じ精神年齢の子どもと同程度の能力であることが示されている。面接者は，15歳の子どもの精神年齢が健常児の7歳相当である場合，その子は7歳児と同程度の記憶や被誘導性を示すであろうということを認識すべきである。

Suggestibility in Vulnerable Groups: Witnesses with Intellectual Disability, Autism Spectrum Disorder, and Older People
Katie L. Maras and Rachel Wilcock

# Chapter 8

# 脆弱な人たちにおける被誘導性：知的障害，自閉スペクトラム症，高齢の目撃者

ケイティ・L・マラス，レイチェル・ウィルコック

## 1. はじめに

　「脆弱な目撃者」という用語は，脅された目撃者，子ども，精神障害や身体障害，知的障害，自閉スペクトラム症の目撃者などの，さまざまなグループを包含する言葉として用いられる（Ministry of Justice, 2011）。本章では，知的障害や自閉スペクトラム症の成人の目撃者と，高齢の目撃者における被誘導性に焦点を当てる。これら各グループについて，順次検討する。

**KEY POINTS**

- 疾患や状態の概要とその刑事司法システムとの関連性
- 誘導に対する脆弱性を高める要因
- これら各群の被誘導性を具体的に検討した先行研究のレビュー

・実務家にとって重要な知見の確認

# 2. 知的障害

――知的障害と刑事司法システム――

　知的障害（intellectual disability：ID）は，IQ が 70 未満で，一般的な知的機能が標準から大きく下回ることによって特徴づけられる（Luckasson et al., 2002）。知的障害者は，コミュニケーションや自己管理，家庭生活，社会的スキルもしくは対人スキル，自律性，発揮される学習能力などを含む幅広い領域で機能の障害がある。彼らは，また，注意や記憶の領域の欠陥により，認知処理に障害がある（American Psychiatric Association, 2000）。

　知的障害者は人口の約 1%を占める（Hatton, Emerson, Bromley, & Caine, 1998）が，目撃者や被害者，被疑者として刑事司法システム（Criminal Justice System：CJS）に関わる人たちの中では，おそらくこれよりも不釣り合いに高い割合を示す可能性が高い。たとえば，知的障害者は，他者から利用されて彼らの代わりに犯罪をするように利用されやすい（Perske, 2004），犯罪の唯一の目撃者であることも多い（Gudjonsson, Murphy, & Clare, 2000）。さらに，知的障害者は，身体的攻撃の被害者として（Nettelbeck & Wilson, 2002），また，性的暴力や性的搾取の被害者として（Tharinger, Horton, & Millea, 1990）刑事司法システムに関わるリスクが高い。このことから，知的障害を有する目撃者によって提供される供述の信頼性を理解することと，彼らがいかに誘導的な影響を受けやすいかについて理解することは重要である。

――なぜ知的障害者は誘導に脆弱なのか――

　知的障害における記憶力の悪さなどの認知的要因は，出来事に関する記憶の記銘や想起に困難があることを意味しうる（Lifshitz, Shtein, Weiss, & Vakil,

2011のメタアナリシスを参照）。記憶力の悪さは，不確かさの感覚から被誘導性を高めうる。そして，その時点で，社会的要因も作用し始める。たとえば，知的障害者は情報に関して権威者に依存する傾向があり，彼らを喜ばせたいという強い願望がある（Perske, 2004）。これは，彼らがその出来事についての記憶が弱く，自身は低い地位にあり面接者は高い地位にあると認識することから，「面接者は正しいに違いない」という認識をもつときに，より黙従する傾向が高いことを意味している（Heal & Sigelman, 1995）。

　それにもかかわらず，**自由再生**質問や**オープン**質問により知的障害者から得た供述は，健常者ほど完全ではないかもしれないが，彼らと同程度に正確であることが多いことを示す一貫した証拠がある（Cederborg, Hultman, & La Rooy, 2012; Perlman, Ericson, Esses, & Isaacs, 1994）。結果として，知的障害者に面接をする際に，面接者がより多くのクローズド質問や焦点化質問に頼ってしまうと（Cederborg & Lamb, 2008; Kebbell, Hatton, & Johnson, 2004），それにより詳細だがあまり正確ではない情報を得ることになる（Cardone & Dent, 1996; Kebbell & Hatton, 1999; Perlman et al., 1994; Sigelman, Budd, Spanhel, & Schoenrock, 1981; Ternes & Yuille, 2008）。ケッベルら（Kebbell, Milne, & Wagstaff , 1999）は，質問のタイプ別に異なる社会的・認知的要求が関連しているという観点からみれば，この効果を最もよく理解できることを示している。たとえば，オープン質問は目撃者が「自由に」思い出すことができたことに基づいて詳細な情報を引き出すが，より焦点化した，クローズド質問は，面接者によって期待されていると感じることを報告するよう目撃者を導くことができ，知的障害者を誘導の影響を受けやすい状態にする（Clare & Gudjonsson, 1993）。

　知的障害と関連する認知的な制約のために，面接者による質問を理解することが困難になりうる。たとえば，知的障害者は，日付や時間を覚えるのに苦労することが多い（Clements, 1998）。そして，それは，エリクソンら（Ericson, Perlman, & Isaacs, 1994）が提案するように，数字や日付，時間，出来事がどのくらい続いたかに関わる質問に対して被誘導性が高まる原因になりうる。さらに，ワーキングメモリの制約（Henry, Cornoldi, & Mahler, 2010）は，複数の内容を含む長文の質問や複雑な質問を理解し，それに答えることの困難さの

原因となりうる（Ericson et al., 1994）。回答の選択肢を覚えることが困難であることは，2つの誤った選択肢の中から単に後者を選んだり，「イエス・バイアス（yea-saying）」もしくは「ノー・バイアス（nay-saying）」が生じるなど，知的障害者が質問に対して偏った反応をする原因となりうる（Milne, Clare, & Bull, 2002; Prosser & Bromley, 1998）。同様に，否定質問や，二重否定質問，難解な言葉――たとえば，閉塞する（occluded）――を含んだ質問は法廷において弁護士に好まれる種の言葉であるが，これもまた問題である（Kebbell et al., 2004）。

　知的障害者は，そうでない人たちに比べてクローズド質問に対して偏った反応をする傾向があるが，これは，実際に自身の記憶に基づく真実の報告として反応しているわけではない。グッドジョンソン（Gudjonsson, 2003）は，これを「黙従（acquiescence）」と呼んだ。黙従とは，個人が内容にかかわりなく質問に肯定的に答える傾向を指す（Cronbach, 1946）。黙従に影響しうる他の要因は質問の繰り返しであり，知的障害者は繰り返される質問を，最初の回答が許容できない，あるいは間違ったものであることを意味する合図であると認識するため，彼らが同じ質問を繰り返されたときには，2度めの質問で反応の約40%を変えてしまう（Cederborg, Danielsson, La Rooy, & Lamb, 2009; Sigelman et al., 1981）。しかしながら，逆説的ではあるが，知的障害を有する目撃者は，実際に，質問の意図や質問の構成要素を理解することに困難があるため，質問を繰り返される傾向があることに気づくだろう。この問題に対する一つの明確な解決法は，面接者がより短い，より簡単な質問をすることである。これは，セクシュアリティや性的虐待など，複雑な言葉や成人が用いる言葉が関係する場合に特に重要である。知的障害者たちは，情緒的，社会的に不安定であり，セクシュアリティや性的虐待に関する問題について教育を受けていないことが多い（Tharinger et al., 1990）。それ故に，これらの問題に関する質問により誘導される傾向がある。

　まとめると，ここで議論した要因は，知的障害者が，知的障害のない人たちに比較して誘導的な質問形式に対する脆弱性が高いことを示している。これに基づいて，世界中の面接者向けガイドラインは，脆弱な目撃者のニーズに対応しようとしている。このガイドラインは，知的障害者に関する司法の実務デー

タを検討した2つの研究に照らして，望ましいものである。この2つの研究については，次に要約を示す。

## ──知的障害者の被誘導性を検討する研究──

ケッベルら（Kebbell et al., 2004）は，法廷で弁護士が知的障害を有する目撃者に対して行なった質問のタイプを検討し，知的障害を有する目撃者は，誘導的な質問形式に大きく影響を受けやすいことについて十分な証拠があるにもかかわらず，彼らは健常の目撃者とほぼ同じ方法で質問されていたことを見いだした。実際に，知的障害者は，健常者に比較して，より多くの多重質問をされていた（知的障害者に対する質問の6%，健常者に対する質問の3%）。ケッベルらは，健常者（誘導質問に対して，平均9.60単語で反応していた）に比較して，知的障害を有する目撃者はより短い回答（平均で3.53単語）をしており，誘導質問に対してより肯定する傾向があった。

より最近では，セーデルボリとラム（Cederborg & Lamb, 2008）が，犯罪被害の疑いのある知的障害者に対して警察が行なった12件の面接の書き起こしを検討した。彼らは，警察官が焦点化質問（directive question, 目撃者がすでに述べた出来事の詳細情報に注意を向けさせる質問）と，はい・いいえ質問を含む選択肢提示質問（option posing utterances, 目撃者がこれまでに述べていない詳細情報に目撃者の注意を向けさせる質問）とを，同じくらい頻繁に使用していることを見いだした。さらに，警察官は，目撃者の障害の種類にかかわらず，すべての目撃者に同様に質問しており，はい・いいえ質問を含む選択肢提示質問（全質問の32%）や誘導質問（全質問の6%）を多用していた。

セーデルボリとラム（2008）とケッベルら（2004）の研究は，いずれも実際の面接を用いた研究であるため，これらの質問の種類に対する目撃者の反応の正確性を確認することは不可能であった。未検討の部分が大きいが，これら2つの研究から得られる証拠は，これらの質問の種類が回答の正確性に有害な影響を与えるという先行研究の知見とあわせると，警察によって現在行なわれている知的障害者に対する面接の方法が理想的ではないことを示唆している。

被誘導性について幅広く用いられている尺度は，グッドジョンソン被誘

導性尺度（Gudjonsson Suggestibility Scales：GSS）であり，これについてはChapter 3において詳細に議論した。GSSを用いた研究によれば，知的障害者が誘導されやすいという報告は，誤誘導質問からの影響の受けやすさを示すGSSのYieldスコアの高さと一致する（Cardone & Dent, 1996; Clare & Gudjonsson, 1993）。しかし興味深いことに，Shiftスコア——すなわち，否定的フィードバックの後に続く，2回めの質問時に回答を変更した数によって測定される，取調べのプレッシャーからの影響の受けやすさ——には，知的障害者と統制群との間に違いはない（Gudjonsson & Clare, 1995; Gudjonsson et al., 2000; Milne et al., 2002）。グッドジョンソン（Gudjonsson, 2003）によれば，Yieldスコアは記憶の過程による影響を受けるが，Shiftスコアは社会的な過程や不安の過程からバイアスを受ける。記憶力の悪さが知的障害と関連しているとすれば，知的障害者のより高いYieldスコアを明確に説明しうる。しかしながら，Shiftスコアは知的障害の影響を受けていないようである。これは，知的障害者がより高い不安をもつわけではないため（しかし，Reid, Smiley, & Cooper, 2011を参照）であるだろう。もしくは，GSSの20個すべての質問が，個別の質問ごとに繰り返されるのではなく，系列として繰り返されるため，2回めの質問系列のときには，知的障害者は1回めのときの反応を単に忘れてしまっているためであるだろう。彼らが尋問のプレッシャーに屈しやすいとしても，どちらの方向に変更すればよいかを思い出せないため，実際には彼らにより正確な回答をさせることになるだろう。

　GSSで検査したとき，知的障害者は再生数が少なく，健常者に比較してより誘導されやすいようだが，これらの研究は，言語という一つのモダリティのみで記憶すべき出来事を提示すること，そして記憶すべき物語が個人の経験する出来事とはまったく似ていないことについて批判を受けてきた（Willner, 2008）。低い知的能力が，乏しい「言語的（verbal）」な再生と関連しているために，GSSにおける高い被誘導性や黙従と関連していることを考慮すれば，これはとりわけ的を得ている（Milne et al., 2002）。視聴覚刺激を使用することによってGSSの提示法を修正して実施した実験研究では，知的障害者における自由再生が向上し，Yieldスコアが改善することを見いだしている（Cardone & Dent, 1996）。これは，聴覚刺激と視覚刺激により記憶すべき情報を二重に

提示することが原記憶を強化し，誘導質問に対するより強い抵抗につながったからであると考えられる（Gudjonsson, 1992）。Shift 反応は，気分や性格特徴とより関連しており，記憶要因とはあまり関連しないと考えられることから（Gudjonsson, 1992; Sharrock & Gudjonsson, 1993），視覚刺激と言語刺激の両方で提示することによる変化はあまりない（Cardone & Dent, 1996）。しかしながら，視覚的な刺激を含めて GSS を修正した研究のすべてが，Yield スコアの改善を報告しているわけではないことも記述しておくべきだろう。ミルンら（Milne et al., 2002）は，録画ビデオで提示された出来事（視覚情報と言語情報の両方が提示される）の目撃内容に関する質問を含むように GSS を修正したが，言語情報のみが提示される GSS と同じ結果が得られたことを報告した。

　ビール（Beail, 2002）は，知的障害者の記憶すべき物語に関する記憶の弱さが，実際には体験していない出来事についてより誘導されやすくする可能性を指摘している。ビールの議論は，ナラティブに基づく課題が出来事に基づく課題とは異なる記憶の過程を必要とするというものである。この推測は，知的障害者が実際に目撃した出来事に関する被誘導性の合計のスコア――Yield スコアと Shift スコアから算出――が，GSS の場合と比較して 3 分の 2 近く減少したことを報告したホワイトとウィルナー（White & Willner, 2005）の知見によって支持されている。ほとんどの目撃体験は個人的な経験であり，かつ視覚的に知覚されるものであることから，実際には，知的障害者は GSS によって予測されるほどには誤誘導質問に誘導されないだろう。確かに，ウィルナー（Willner, 2011）は，これらの理由から知的障害者の被誘導性を評価するために GSS を用いるべきではないとまで言っている。それでもなお，この領域にはさらなる研究が必要である。

　要約すると，知的障害者は，概して，知的障害のない人たちと比較してより誘導されやすい。彼らは質問に対して短い回答をしやすく，偏った反応をしがちである――特に「はい」という反応だけを要求する質問に対してその傾向がある――。そして，とりわけ誤誘導質問に脆弱である。しかしながら，彼らが特定の質問形式により誘導されやすいというだけで，彼らが役に立たない目撃者であることを意味するのではない。特定の誤誘導質問に対する反応においてでさえ，知的障害者の約 84% の回答は正確なのである（Perlman et al., 1994）。

さらに，実験室で得られた知見を現実の事例に一般化する際には注意をすべきであり，知的障害を有する目撃者たちの障害は一様ではなく，一様に扱ってはならないということを強調すべきである。本章において報告した研究は，知的障害者の被誘導性について洞察を与えるものであるが，知的障害者における被誘導性の個人差をより深く探索するために，今後も引き続き研究が必要とされている。

## 3. 自閉スペクトラム症

――自閉スペクトラム症（ASD）と刑事司法システムにおける自閉スペクトラム症の有病率――

　自閉スペクトラム症（Autism Spectrum Disorder：ASD）は人口のおよそ1％の有病率であり，男性に多く，女性のおおよそ3～4倍である（Baird, Simonoff, & Pickles, 2006）。しかし，知的障害者の場合と同様に，多くのリスク要因は，自閉スペクトラム症の人たちが犯罪の目撃者や被害者，犯罪者として刑事司法システムの中に過剰に現われるであろうことを示している（Hare, Gould, Mills, & Wing, 1999; Petersilia, 2001）。たとえば，他の人たちが考えていることを洞察する能力の低さや，彼らの反復的で型にはまった関心は，彼らが他者から搾取されたり，被害を受けやすい状態にしうる（Allen, Evans, Hider, Hawkins, Peckett, & Morgan, 2008; Howlin, 1997）。

　自閉スペクトラム症には，反復的で型にはまった行動パタンの存在，相互的な社会的交流や社会的コミュニケーションの障害という臨床的な特徴がある（American Psychiatric Association, 2000）。自閉スペクトラム症の人たちにとって，複雑な感情を理解することや，他の人たちの視点や知識が自分たちのものとは異なることに気づくこと（すなわち「心の理論（theory of mind）」Baron-Cohen, 2001）は難しいことが多い。また，彼らは，柔軟な注意の移行，その他の能力や行動のコントロールや調整を可能とする高次の認知操作を行な

う「**実行機能**（executive function）」にも障害をもつ（Bennetto, Pennington, & Rogers, 1996）。その発現が非常に多様であるがために，さまざまな重篤さの程度があるスペクトラム障害であると考えられている。「自閉スペクトラム症」という用語には，カナー（Kanner, 1943）により提唱された「古典的」な自閉症――典型的には IQ が 70 未満で言語に遅れがある知的障害を伴うもの――から，自閉症の中核症状をもつが平均以上の IQ をもつ高機能自閉症やアスペルガー症候群――アスペルガー症候群においては，生育歴に言語的な遅れはない――まで，異なる状態が多様に含まれるものとして用いられる。自閉スペクトラム症の人たちは，一般的な認知機能や言語において非常に多様である。そして，いまだ公的にはアスペルガー症候群と自閉症との区別はあるが，これについては決定的な証拠はない。本章の目的のために，*DSM-IV-TR*（*Diagnostic and Statistical Manual of Mental Disorders*, American Psychiatric Association, 2000）の枠組みをここで適用し，自閉スペクトラム症の用語は多様な状態を含むものとして用いる。しかしながら，たとえば自閉スペクトラム症が重度の知的障害を伴うかどうかで違いはあるだろう。

　臨床的な機能障害とは別に，自閉スペクトラム症は，感覚異常や動作異常（Dawson & Watling, 2000 のレビューを参照），重要ではない情報をフィルタリングすることが難しい選択的注意の障害を含む，独特な認知によっても特徴づけられる。そして，選択的注意の障害は，しばしば感覚情報が絶え間なく入ってくることや覚醒亢進に結びつく（Burack, 1994; Ciesielski, Courchesne, & Elmasian, 1990; Remington, Swettenham, Campbell, & Coleman, 2009）。さらに，次節で議論するように，自閉スペクトラム症の人たちには非常に特異な記憶の障害があり，それは障害を特徴づける行動特徴の多様性の一部を説明すると主張する人もいる（Boucher & Bowler, 2008）。

## ――なぜ自閉スペクトラム症の人たちは誘導に脆弱なのか――

　より幅広い領域での障害をもつ傾向のある知的障害を有する目撃者とは対照的に，自閉スペクトラム症の人たちは，特異な強みと弱みをもつ，かなり独特な記憶の特徴を示す傾向がある。たとえば，彼らは手がかり再生（Bennetto et al.,

1996; Tager-Flusberg, 1991）や再認（Bennetto et al., 1996; Minshew & Goldstein, 1993），事実の記憶（Crane & Goddard, 2008）の検査において完璧な成績を示す傾向がある。しかしながら，彼らは顔の再認（Blair, Frith, Smith, Abell, & Cipolotti, 2002）や意味的に重要な方法で記憶を体制化すること（Bowler, Gaigg, & Gardiner, 2008）は難しい。また，彼らはエピソード記憶の検査において障害を示し（Bowler, Gardiner, & Grice, 2000; Crane & Goddard, 2008），個人が経験した出来事を思い出すことにとりわけ困難さをもっている（Crane, Goddard, & Pring, 2009; Klein, Chan, & Loftus, 1999; Millward, Powell, Messer, & Jordan, 2000）。さらに，自閉スペクトラム症の人たちは，自身の記憶のソースモニタリング——「だれ」「なに」「どこ」「いつ」——に障害がある（Bowler et al., 2000）。しかしながら，たとえば自由再生検査手続きではなく手がかり再生検査手続きを用いることによって，記憶の検査時により多くのサポートが提供されれば，彼らのソースモニタリングにおける困難さを排除することができる（Bowler, Gardiner, & Berthollier, 2004）。

## ——自閉スペクトラム症の人たちにおける被誘導性を検討する研究——

上述した記憶の困難さにもかかわらず，司法の観点から自閉スペクトラム症の成人の被誘導性を検討した研究はほとんどない（Maras & Bowler, 2014 のレビューを参照）。ノースら（North, Russell & Gudjonsson, 2008）は，グッドジョンソン被誘導性尺度 2（GSS 2）と，被誘導性と関連することが知られているいくつかの心的状態を測定する検査を，高機能の自閉スペクトラム症の人たちと，彼らと IQ をマッチングさせた統制群に実施した。その結果，Yield と Shift で測定される被誘導性に群間の違いは認められなかったが，先行研究と一致し，自閉スペクトラム症群では抑うつ，不安，ネガティブな社会的評価への恐れ，パラノイアに関する各検査での値がより高かった（Cath, Ran, Smit, van Balkom, & Comijs, 2008）。ノースらは，次のように指摘した。彼らの研究に参加した自閉スペクトラム症の人たちは，Shift スコアの上昇に寄与する多くのリスク要因——不安や不承認への恐れなど——の影響を受けやすかったが，——彼らの実行機能が低いゆえに——GSS で自身の反応を変更することは

できなかった，もしくは変更しようとしなかった。そして，それゆえに自閉スペクトラム症群の Shift スコアは，統制群に類似した値となった。あるいは，単に，自閉スペクトラム症群は，否定的なフィードバックを与えることによって異なる反応を引き出そうとした面接者の動機や意図を認識できなかったという可能性もある。Yield スコアにおいて，自閉スペクトラム症群と統制群の被誘導性に違いはなかったという研究知見は，この測度がより認知的な要因の影響を受ける測度であるという考えを支持する。なぜなら，この研究における自閉スペクトラム症群は明らかによい記憶——よい再生成績と統制群と同等の高い IQ——をもっていたからである。しかしながら，自閉スペクトラム症群は，マッチングを行なった統制群と比べて迎合性の尺度（グッドジョンソン迎合性尺度，Gudjonsson Compliance Scales：GCS）で高い値を出していた。これは驚くべきことではない。なぜなら，自閉スペクトラム症群が高い値を示した上述の心理特性に関する変数は，GCS と相関があることが知られているからである（Gudjonsson, 1988）。ノースと共同研究者らは，これらの知見を，自閉スペクトラム症の人たちが健常者と比較して尋問による被誘導性により脆弱であることを示すものとして解釈した。しかしながら，この分野の研究が少ないことを考慮すれば，結論は注意深くなされなければならず，これらの知見をより生態学的に妥当な迎合性のシナリオに発展させた今後の研究が重要となるであろう。

　マラスとボウラー（Maras & Bowler, 2011）もまた，誤情報パラダイムを用いた標準的な検査を実施し，自閉スペクトラム症の目撃者と，彼らに IQ をマッチングさせた統制群との間に同程度のレベルの被誘導性を見いだした。彼らは，銀行強盗を描写した一連のスライド写真を参加者に示した。参加者は，その後，いくつかの誤情報が含まれる偽の新聞記事を読んだ。その誤情報には，スキーマに典型的なもの（たとえば，銀行強盗が拳銃をもっている）とスキーマに典型的でないもの（たとえば，銀行強盗はウールの目出し帽を外した）があった。いずれの群も，スキーマに典型的でない誤情報（誤情報の取り入れの平均数：自閉スペクトラム症の参加者で 0.31，統制群の参加者で 0.25）よりも，スキーマに典型的な誤情報（誤情報の取り入れの平均数：自閉スペクトラム症の参加者で 1.75，統制群の参加者で 1.31）をその後に続く記憶報告に取り込ん

でいた。これらの知見は，自閉スペクトラム症の人たちの誤情報からの影響の受けやすさは健常者となんら変わらないことを示しており，自閉スペクトラム症の人たちも，健常者たちも，誤情報がその種の出来事に関して現存するスキーマと適合する場合に，より誘導されやすいことを示している。

　この非常にわずかな研究に基づけば，高機能の自閉スペクトラム症の人たちと健常者では，多くの要因が彼らの被誘導性の違いを予測するにもかかわらず，両者の被誘導性は同程度であると慎重に結論づけることができる。いくつかの要因（たとえば，記憶の障害や相手を喜ばせたいという強い願望など）は高機能の自閉スペクトラム症の人たちが「より誘導されやすい」ことを予測し，他の要因（たとえば，完璧な機械的記憶や，局所的な処理スタイル）は彼らが「より誘導されにくい」ことを予測することから，これらの要因が単に相殺している可能性があることは言及に値する。その指摘において，自閉スペクトラム症の高機能の人たちと低機能の人たちの間のIQと記憶力に関する差異は強調されるべきであろう。つまり，低機能の人たちには，自身の低い知的機能と関連する幅広い記憶の障害（Boucher, Mayes, & Bigham, 2008）に加えて，さらに自閉スペクトラム症に固有の記憶の障害があることから，誘導の可能性に関するかぎり低機能の人たちは2倍のダメージを経験することになる。低機能の自閉スペクトラム症の人たちにおける被誘導性を検討するために，さらなる研究が必要とされる。

# 4. 高齢の目撃者

――高齢化と刑事司法システムにおける高齢の目撃者の出現率――

　何歳の目撃者から「高齢の目撃者」とするかを定義することには困難を伴う。しかしながら，以降で議論する研究では，研究者は60歳以上もしくは65歳以上を高齢の目撃者として分類している。英国では，2020年までに5人に1人は65歳以上となる。これは65歳超の人口が16歳以下の人口を超えるこ

とを意味している（Allan, 2008）。これらの数値や世界の先進国における数値は，人口が高齢化していること（たとえば，Eurostat, 2010 や，「21 世紀のアメリカの高齢化」を参照）を示しているが，目撃証言の研究者の大部分は，若年成人の目撃者や子どもの目撃者の能力を検討することに焦点を当ててきた。このような次第ではあるが，高齢者も犯罪を目撃し（Wilcock, Bull, & Milne, 2008），ある種の犯罪の標的となる可能性がある。ソーントンら（Thornton et al., 2003）は，だましの手口による侵入盗（distraction burglary）の被害者の大半は高齢者であることを指摘している。さらに，高齢者は，高齢者虐待やネグレクト（Görgen, 2006），金融詐欺（Nerenberg, 2000）の被害者となっている。このように，高齢の目撃者の能力を検討することにはニーズがある。本章の残りで，なぜ高齢者が誘導の影響を受けやすいのかに関して簡潔に議論する。その後，わずかな文献ではあるが，目撃者の被誘導性の観点から高齢者の能力を検討した研究を概観する。

## ——なぜ高齢者は誘導に脆弱なのか——

　高齢者が若年成人と比較して誘導されやすいことには多くの理由があり，それは加齢に伴って，私たちが情報を知覚し，記銘し，記憶から検索する際に生じることと関連している。犯罪を知覚するとき，高齢者は感覚システムの減退のために，若年成人に比較して直ちに不利となる。加齢に伴う目の構造の変化は視覚刺激の効果的な処理の効率を下げ，また 75 歳から 79 歳の人たちの半数には測定可能な聴覚の衰えがある（Schneider & Pichora-Fuller; 2000）。情報を首尾よく記銘するために，目撃者は，周囲の重要でない情報を無視して犯罪の出来事に選択的に注意を払わなければならない。証拠は，高齢者がより注意の障害を示す傾向があることを示している（McDowd & Shaw, 2000）。そして，それは高齢者が若年成人ほど効率的には情報を記銘できないであろうことを意味している。文脈情報——記憶を鮮明にするために重要な要素である——に関して，ラビノヴィッツら（Rabinowitz, Craik, & Ackerman, 1982）は，高齢者は具体的な文脈の詳細情報についての記銘が劣る傾向があることを見いだした。これに関して，連合欠陥仮説（Associative Deficit Hypothesis, Navah-

Benjamin, 2000）によれば，高齢者は一つのエピソード全体を形成するために個々の情報を連合させたり，関連づけたりすることに困難があるため，高齢者のエピソード記憶の能力は減退する。高齢者はまた，若年成人に比較して，自身の記憶の情報源を正確に特定することが困難になりがちでもある。たとえば，ハッシュトロウディら（Hashtroudi, Johnson, & Chrosniak, 1989）は，高齢者が，口に出した単語と頭で考えた単語の識別や，ある人が言った単語と別の人が言った単語の識別で間違いやすいことを見いだした。

　ここで概要を示した加齢の影響は，高齢者が若年成人に比較してより誘導されやすいことを意味しうる。たとえば，犯罪の出来事に完全に注意を向けず，その出来事が十分に記銘されなかったとしたら，記憶痕跡の弱さとエピソード記憶の弱さにつながるだろう。前に議論したように，被誘導性はエピソード記憶が弱い場合により大きくなる傾向がある。高齢者は情報源に関する記憶が弱い傾向があるため，特に被誘導性を示しやすいだろう。目撃者が犯罪を目撃し，その後に他の目撃者や新聞から，もしくは面接の中で，その事件に関する誤った情報を得るかもしれない。しかし，若年成人に比較して，高齢者は，そのような誤った情報をどこで知ったかについて，うまくモニタリングすることはできないであろう。これにより，高齢者はその情報を自身が目撃したことの一部だと信じてしまうために，高齢者による出来事の目撃証言にはその詳細情報が組み込まれる可能性が高くなる。よく知られた記憶に対する認知的加齢の影響のために，高齢者は若年成人に比較して誘導されやすく，この問題こそが私たちがここで考察するものである。

## ──高齢の目撃者における被誘導性を検討する研究──

　誤情報効果のパラダイムを用いた研究は，高齢者の誘導されやすさに関して一貫しない知見を見いだしている。高齢者が若年成人に比較してより誘導されやすいことを示す研究もある。たとえば，コーエンとフォークナー（Cohen & Faulkner, 1989, 実験2）は，若年成人群（平均年齢35歳）と高齢者群（平均年齢70歳）に録画ビデオを見せ，その少し後に，参加者の半分にはビデオの正しい説明を読ませ，残り半分の参加者には不正確な情報を含む説明を読ませ

た。さらに少し時間をおいて，参加者に対し 18 項目の複数選択式の再認検査を行なった。これら 2 つの年齢群において，非裁決質問——すなわち，誤情報の含まれない質問——の成績に違いはなかった。しかし，両方の年齢群にとって，誤情報条件の参加者は裁決項目——誤情報が提示された項目——でより誘導されやすかったが，誤情報を提示された高齢者群では，若年成人群と比較して有意に誤答率が高かった（高齢者群で 0.57，若年成人群で 0.28）。さらに，高齢者群の参加者は，若年成人群と比較して，裁決項目に対する間違った回答が正確であると強い自信をもっており，その差は統計的に有意であった。著者らは，2 つの年齢群の間で非裁決項目に関する正確さに違いはなかったことから，加齢により記憶すべき出来事についての記憶が劣っていることが，高齢者の誤情報効果の増大に影響しているわけではないだろうとした。代わりに，著者らは，高齢者群の参加者が誤情報効果による影響をより受けやすいことは，ソースモニタリング能力が低いことによるものであろうと考えた。同様の結果が，ロフタスら（Loftus, Levidow, & Duensing, 1992）によっても見いだされている。

　情報源を特定する課題を用いた 2 つの研究もまた，高齢者がより誘導されやすいことを見いだしており，高齢者の被誘導性に影響を与える状況をより深く検討している。カーペルら（Karpel, Hoyer, & Toglia, 2001）は，覚えるべき出来事を記銘する機会が増えることは，高齢者が示す誤情報効果を改善するか否かを検討したが，その出来事に 2 回さらされた高齢の参加者でさえ，若年参加者——同様にその出来事に 2 回さらされた——に比較して，より誘導されやすかった。ミッチェルら（Mitchell, Johnson, & Mather, 2003）は，質問項目には，ビデオでのみ示された情報と，質問でのみ示された情報，ビデオにも質問にも含まれていない情報があると説明することによって，誤情報の異なる情報源を明確に特定することの効果を検討した。さらに，研究者が，要求特性などの被誘導性に関する側面ではなく，虚記憶を確実に測定できるようにするために，参加者に対しては自身の記憶に基づいて判断するように求めた。裁決項目（誤情報）をビデオで見たと誤帰属することについては，高齢の参加者で，若年の参加者に比較して，彼らに暗示されただけの項目をビデオで見たと報告する傾向があった。カーペルら（Karpel et al., 2001）とミッチェルら（Mitchell et al., 2003）は，いずれも，参加者による自記式の確信度評定と回答の正確さとの関係を検討した。いずれの研究においても，若年成人に比較して，高齢者は，誘導された情報を含む回答の正確さについて有意により強い確信度を示していた。

　参加者の背中，首，肩のマッサージの実演イベントにより高齢者の被誘導性を検討する研究では，すべての高齢者が若年成人に比較してより誘導されやすい（高齢者で 0.49，若年成人で 0.21）ことが示された（Mueller-Johnson & Ceci, 2004）。しかしながら，誤情報への誘導されやすさには，出来事のさまざまな側面によって違いが認められた。たとえば，身体のどの箇所が触られたかなど，参加者の関与についての暗示においては，高齢者は若年成人と比較してより大きな誤情報効果を示した。著者らは，これを高齢者が虐待の被害者となりやすいこと（前述を参照）を考慮すれば憂慮すべき知見であると指摘した。逆に，マッサージ施術者が着ていたものなどの他の暗示においては，実際に若年成人は高齢者よりも誘導されやすかった。著者らは，おそらくいずれの群においても参加者は着衣の詳細を十分に記銘することは難しかったこと，若年参加者は誤情報をよく記憶していたことから，他の項目に比較してこの項目で，若年参加者がより誘導されやすかったとしている。この研究の著者らは，回答の正確さに関する参加者自身による確信度評定に，被誘導性がどのように影響するかについても検討している。若年成人は，誤情報を含まない回答に比較して，誤情報を含む回答の正確性で確信度を低く評価していたが，高齢者ではそのような差異は認められなかった。

　高齢目撃者の被誘導性について検討した他の研究は，目撃者が犯罪を見て他の目撃者と議論した後に生じる非常に現実的な問題に焦点を当てている。それは，記憶の同調の原因となりうるものである。おそらく，この社会的な方法で遭遇した誤情報は，誤情報パラダイムの研究で示された誤情報よりもより有害なものになりうるだろう。ギャバートら（Gabbert, Memon, Allan, & Wright, 2004）は，若年成人（平均年齢 20 歳）と高齢者（平均年齢 69 歳）に模擬強盗を目撃させた。参加者は，自分と同じ参加者の一人と信じているサクラの参加者と一緒にビデオを視聴するか，もしくは一人でビデオを視聴するかのどちらかであった。視聴後少しおいて，20 項目の手がかり再生の質問に回答した。

その後，サクラと一緒に出来事を目撃した参加者は，サクラと話し合った。参加者は，サクラが話し合いの中で4つの誤情報を提示する群と，サクラが話し合いの中で誤情報をまったく提示しない群とに割り当てられた。一人で視聴した参加者は，サクラが提示する4つの誤情報と同じものを含んだナラティブを読む群と，誤情報のまったくないナラティブを読む群とに割り当てられた。さらにその少し後に，参加者には，ビデオの情報に基づいて回答するよう教示し，前に回答したものと同じ自記式の質問紙への回答を求めた。データは，若年群，高齢群ともに，サクラとの話し合いの中で社会的に示された誤情報を受け取った参加者は，誤情報の含まれたナラティブを読んだ参加者に比較してより多くの誤情報を報告したことを示していた。高齢参加者は若年参加者に比較して出来事に関する再生は少なかったが，若年の参加者に比較して誤情報を報告する量は少なかった。これらの知見は，高齢参加者の出来事に関する記憶は劣っていたが，誤情報を取り入れる傾向は若年参加者と変わらなかったことを報告したギャバートら（Gabbert, Memon, & Allan, 2003）の研究に類似していた。著者らは，若年成人は，社会的承認を望むために，社会的な場面で遭遇した誤情報の影響を受けやすいのだろうと指摘した。しかしながら，いずれの研究においても再生テストは個別に実施されており，その説明ではこの知見を説明できないであろう。著者らが行なった他の説明は，一緒に目撃した人と話し合うことが，見たことと話し合ったことに関する高齢者の記憶を助ける環境的制御に相当するというものである。自己評定による確信度への年齢の影響に関する上記の議論に関連して，ギャバートら（2003）は一緒に目撃した人の情報に依存した回答か，そうでない回答かで，回答の正確性に関する確信度評定が異なるかを検討した。著者らは，若年の参加者が，一緒に目撃した人によって提供された情報に依存した回答の正確性については，そうでない回答と比較して，確信度を低く報告することを見いだした。しかしながら，高齢者の場合には一緒に目撃した人の情報に依存した回答か否かで確信度の評定に違いは認められなかった。これは上述した他の研究者たちの結果を支持していた。

　他の研究もまた，高齢者の誘導されやすさは若年成人と同程度であることを示していた。コクソンとバレンタイン（Coxon & Valentine, 1997）は，若年成人（平均年齢17歳）と高齢者（平均年齢70歳）にビデオを視聴させた後

に，4つの誤情報を含む17の質問を行なった。その少し後に，参加者に対して，先ほどの誤情報と関連する4つの質問を含む20の質問を行なった。すべての質問には，簡潔に再生することが求められた。再認課題とは異なり，再生課題は記憶からの積極的な情報の想起が必要とされるため，高齢参加者は，若年成人に比較して非裁決質問でより不正確であった。誤情報に関連する裁決質問では，誤情報を受け取った若年成人の39%が誘導された回答を行なったが，統制群の若年成人ではそれが14%であった。この差は統計的に有意であった。しかし，誤情報を受け取った高齢者では39%が誘導された回答を行ない，統制群の高齢者ではそれが24%であり，この差は統計的に有意ではなかった。このように，この研究では，高齢目撃者の被誘導性は若年目撃者と変わらなかった。しかしながら，高齢者は，若年成人に比較して非裁決項目についての記憶は弱く，統制群の高齢者は同じ統制群の若年参加者に比較して誤誘導された反応が多かったことを心にとどめておくべきである。

この統制群の高齢者が再認を誤る傾向は，若年成人と高齢者の誘導されやすさが同程度であることを見いだした研究や，まさに若年成人が高齢者に比較して誘導されやすいことを見いだした研究のデータを検討するときに考慮すべきである。もし高齢者が誤情報を提示されていなかったときでさえ誤りをおかすのであれば，誤情報を受け取った参加者が示した被誘導性はその要因の背後に隠されてしまう。たとえば，ボーンスタインら (Bornstein, Witt, Cherry, & Greene, 2000) では，若年参加者において誤情報効果を見いだしたが，高齢参加者では誤情報効果は見いだされなかった。高齢参加者において誤情報効果が見いだされなかったのは，統制群における成績の悪さ（正しい回答は80%）が原因であり，誤情報を提示する群においても正当率は75%までしか落ちなかった。バートレットとメモン (Bartlett & Memon, 2007) によって推奨されるように，高齢者における被誘導性の影響の実態を正しく把握するためには，若年成人と高齢者はマッチングで統制する必要がある。

ドッドソンとクルーガー (Dodson & Krueger, 2006) は，同じ条件に属する若年群（平均年齢19歳）と高齢群（平均年齢68歳），2日間の遅延後に被誘導性の検査を行なう若年群（平均年齢20歳）の3群の比較を行なうことによって，この課題に取り組んだ。再認の正しさと情報源記憶の成績に関するデータ

は，期待したとおり，高齢群と若年の遅延あり群の参加者の間に違いはなく，若年の遅延なし群の参加者が，高齢群や若年の遅延あり群と比較して，統計的に有意によい成績であることを示していた。したがって，著者らは，若年参加者と高齢参加者で成績を「統制」したマッチングに成功していた。被誘導性に関して，高齢群と若年の遅延あり群は，若年の遅延なし群に比較してより誘導されやすく，高齢群と若年の遅延群の間には違いは認められなかった。前述した研究と一貫した結果として，著者らは，若年成人が誘導された反応の正確性について確信がないと報告していたのに対し，高齢者は誘導された反応の正確性について確信度をかなり高く回答する傾向が認められた。

　GSSによって測定された尋問による被誘導性について若年成人と高齢者の成績を比較した研究が一つだけある。ポルチェクら（Polczyk, Wesolowska, Gabarczyk, Minakowska, Supska, & Bomba, 2004）は，Yield 1とYield 2，被誘導性の合計のスコアで測定される被誘導性に関しては，若年の参加者に比較して高齢の参加者で高いことを見いだした。しかし，Shiftについては，高齢群と若年群で違いは認められなかった。さらに，著者らは，参加者に対してウェクスラー記憶検査（Wechsler Memory Scale：WMS）と記憶力に関する自己評価テストを実施した。彼らは，若年参加者に比較して高齢参加者で記憶力が劣っていることを見いだし，記憶力が悪いために，若年参加者に比較して高齢参加者で被誘導性の得点が高くなったと考えた。対照的に，Shiftスコアについては，高齢者はより自分に対する自信があり，社会的影響力に影響されにくいことから，否定的なフィードバックに抵抗したと考えられた。さらに，この研究の高齢参加者の年齢層はとても幅広く，通常高齢者と考えられる基準である60歳を大きく下回る参加者も含まれていた。このことを考慮すると，確固たる結論にいたる前に，高齢者にGSSを用いた研究のさらなる蓄積が必要である。

　高齢者の被誘導性を検討した限られた研究に基づいて，証拠を比較考量すると，おそらく認知的加齢の記憶への影響のために，若年成人に比較して高齢者はより誘導されやすいことが示される。さらに，高齢目撃者は若年成人に比較して，誘導された自身の回答の正確性について非常に強い確信度をもっているようだ。このことは法廷場面に影響するものであり，陪審員が確信をもった目撃者を重視すること（Cutler, Penrod, & Stuve, 1988）を念頭におく必要がある。

そして目撃者の確信度によって，警察にも影響が及ぶものである。しかしながら，誤誘導情報にさらされたかもしれない高齢の目撃者の正確性を評価するときには，次の2つのことを考慮すべきである。第1に，先に概観した研究は実験室研究に基づくものであるということである。それゆえ，これらの知見が実生活における犯罪の状況にどのように適用できるかは明らかではない。第2に，高齢者は一般的に若年成人に比較して記憶力が悪いが，記憶力に対する加齢の影響は一様ではないということである。私たちは個人差の役割を認めなければならない。決して，すべての高齢者が誘導されやすいわけではない。前述した中で議論したように，ギャバートら（2003, 2004）は，若年成人に比較して高齢者の出来事に関する記憶は劣っていたが，彼らは誘導されやすいわけではなかったことを見いだした。著者らは，高齢の参加者たちは積極的で，この研究に参加するために喜んで大学に出かけてきた人たちであることから，高齢者人口を代表していなかったかもしれず，そのことがこの結果に影響している可能性があると議論した。

　つまり，高齢の目撃者は，一つのグループとしてみればより誘導されやすく，それゆえに適切な面接の実践によって誤情報を提供する機会を減らすことが重要である。高齢の目撃者が誤った情報を報告する場合には，自身の回答の正確性には自信がある傾向がある。高齢者が誘導される状況や誘導されない状況，高齢の目撃者の被誘導性における個人差の役割について，さらなる検討が必要である。

# 5. 結論

　本章では，知的障害（ID）を有する目撃者や，自閉スペクトラム症（ASD）の目撃者，高齢の目撃者について検討した。これら脆弱なグループはそれぞれ，誘導に対する脆弱性を高める多くの「リスク」要因をもっている。しかしながら，これらの要因が実務において常に被誘導性を高めるわけではない。要約すると，次のとおりである。

- 知的障害を有する目撃者は，誤誘導質問により誘導されやすいだろう。しかしながら，GSS の Shift によって測定される尋問のプレッシャーにはほとんど影響されない。
- 自閉スペクトラム症の目撃者における被誘導性を検討した数少ない先行研究は，高機能の自閉スペクトラム症の人たちの誘導されやすさは，健常者と同程度であることを示している。しかしながら，言葉の発達の遅れや障害に加えて，より広い記憶の障害をもつ低機能の自閉スペクトラム症の人たちについて，今後の研究で同様に検討する必要がある。
- 高齢の目撃者は，より誘導される傾向があり，自身の反応により確信をもつ傾向があるが，個人差があり，誘導的な影響力に抗う人もいることを心にとどめておくべきである。

# 6. 司法への示唆

- 知的障害を有する目撃者にとって，長くて複数の内容を含む質問は難しく，とりわけ偏った反応をする傾向がある。それゆえ，面接者は，可能なかぎり少ない語数で質問すべきであり，クローズド質問に頼らないように配慮する必要がある。
- 捜査面接の実施者は，自閉スペクトラム症を有する目撃者が，ある環境においてより迎合的になることを知っておくべきである。つまり，自閉スペクトラム症の人たちの誘導されやすさは，そうでない人たちと同程度であるが，自閉スペクトラム症の人たちが，出来事についての本当の説明だとは実際には思っていなかったとしても，誘導した相手に迎合する傾向はより強いであろう。
- 面接者は，高齢の目撃者と知的障害を有する目撃者が，特定の環境下ではより誘導されやすくなることを心にとどめておくべきである。それゆえ，誘導的な質問形式の使用は避けるべきである。
- 現在，捜査の専門家は，これらの脆弱な人たちのそれぞれに対する最善の

**面接方法に関する知識をほとんどもっていない。**これらの知見と今後の知見が警察や立会人，弁護士，裁判官のガイドラインやトレーニングに取り入れられることが重要となるであろう。

Acute Suggestibility in Police Interrogation:
Self-regulation Failure as a Primary Mechanism of Vulnerability
Deborah Davis and Richard A. Leo

# Chapter 9

# 警察の尋問における急性の被誘導性：脆弱性の主なメカニズムとしての自己制御の障害

デボラ・デイビス，リチャード・A・レオ

### KEY POINTS

本章は，以下の事項を目的とする。

- 誘導や尋問の影響力に対する脆弱性における急性の状況要因の重要性を扱うことで，慢性的な要因である人格特性が被誘導性に影響を与える範囲を比較考量する。
- 衝動性のコントロール，感情調節，認知制御に必要な自己制御のためのリソースの消耗や損傷が，慢性および急性の誘導や尋問の影響力に対する脆弱性の主要なメカニズムを構成するという知見を示す。
- アメリカ警察の尋問において，被疑者に影響を及ぼす力の特性と，それに対抗するために必要な抵抗のメカニズムを概観する。
- 警察の尋問において，多くの被疑者に共通した自己制御の障害に関する次の3つのメカニズムの影響を詳細にレビューする。
    - 情緒的苦痛

- グルコースの利用可能性と制御
- 疲労や睡眠剥奪

　2004年9月19日深夜の午前2時少し前に，警察は，ザヒラ・マトスとカーメン・モリーナのレズビアンカップルと，マトスの3人の子どもが同居するニューヨーク市にあるアパートからの通報を受けた。到着した警察は，マトスが，裸で意識がなく血だらけで，重度の怪我を負い，足を骨折している2歳の息子に覆い被さりながら，ひざまずき，人工呼吸を試みているところを発見した。男の子は病院に搬送されたが，後にそこで死亡が宣告された。母であるマトスは警察に対し，彼女自身が息子をお風呂に入れたところ，息子は落下し，空のバスタブに頭を打ったと話した。息子は夕方以降，ずっと断続的に泣いていたが，午後11時あたりに血の混じった下痢をするまでは問題ないようだったとのことだった。マトスは，取調べのために午前3時くらいに警察署に連れて行かれ，モリーナは午前3時50分くらいに警察署に連れて行かれた。

　この時点で，2人の女性はともに，1966年のミランダ対アリゾナ州事件（Miranda v. Arizona）による権利［訳者注：ミランダ警告は，被疑者に認められる次の権利等について伝えるものである。黙秘権がある，供述は法廷で不利な証拠として扱われることがある，弁護士の立ち合いを求める権利がある，自身で弁護士を依頼する経済力がなければ，公選弁護人を付ける権利がある］として，取調べを拒否する権利，取調べ中に弁護士が立ち会う権利，自分たちのために公選弁護人をつける権利を読まされ，2人の女性はいずれもそれらの権利を放棄し，取調べを受けることに同意した。実際，たいていの被疑者がミランダの権利（Miranda right）を放棄し，警察による尋問を許可した結果として，そのほとんどが自白にいたる。イギリスやアメリカのフィールド研究によれば，自白の割合は42〜76%である（Gudjonsson, 2003; Thomas, 1996）。

　被疑者が取調べを受けることに同意した場合，取調官には，被疑者の知覚や感情を操作する，強力で洗練された影響力の武器（weapon of influence）を用いることや，被疑者に対して自白が長期にわたる最良の法益であると信じさせることが許される。そして取調官は，ほとんど自由に，とても影響を受けやすい状態にある被疑者を尋問することができ，対抗的で疲弊させるような言語

による尋問のさまざまな手法を用い，被疑者がミランダの権利を行使したり，そうした行為をやめるよう要求するまで尋問を続けることができる（Davis, 2008; Davis & O'Donohue, 2004，これらの手法の詳説については Kassin et al., 2010; Leo, 2008 を参照）。マトスとモリーナの事件では，2 人ともこれから何が起きるのかを理解していなかった。すなわち，尋問がどのくらい長時間に及ぶのかも，彼女たちの身体的な状態や感情状態が次第に悪化することが，非常に劇的に自身の利益に反した行動を引き出す尋問の戦略と，どのくらい相互作用するのかということについてもわかっていなかったのである。

　2 人の女性は当初，アパートや警察署において，被害男児は，モリーナの外出時に母親のマトスと一緒に入浴中に怪我をしたと警察官に話した。しかし，この説明に対して，24 時間を超えて続けられた尋問の中で執拗に繰り返し異議が唱えられた。2 人の女性は一晩中，さらに翌日にいたるまで，複数の警察官によって尋問を受けたため，マトスは自分の説明を変え始め，ついには自分が息子を殴り，それによって息子が落ちて頭を打ったことを認めた。しかし，この最初の自白は，刑事たちにとって不十分なものであった。たとえマトスに自分の子どもを虐待した過去の記録があったとしても，刑事たちはむしろ，男性の役割を果たす「レズビアン」で義母であるモリーナのほうを疑い，マトスの最初の自白に異議を唱えたのである――すなわち，モリーナがマトスの子どもを殺したのに，なぜマトスはモリーナの味方をし，彼女を守りたいのかを尋ねたのである。午後になり，マトスは再び説明を変え，モリーナが子どもを傷つけていたときに自分は実際にはいなかったと，モリーナを非難し始めた。マトスは供述調書の作成を終え，その後の午後 5 時から 6 時の間に，現在のように内容が変わった説明が含まれた供述のビデオ録画を終えた（警察が彼女の家に行き，取調べを始めてから 15 時間から 16 時間が経っていた）。それから 6 時間にわたる取調べを受け，取調官によってストーリーがさらに形作られた後で，マトスは午後 11 時 52 分に，検察での証言ビデオの録画を終えた。マトスは 22 時間の取調べの間，一度しか食事をとらなかった。

　マトスが，モリーナが関与したと説明を変え始めると，警察は午後の間，モリーナに対し，彼女が一貫して述べてきた説明に対して熱心に異議を唱え始めた。彼女は，真夜中を過ぎても身の潔白を主張し続けた。しかし，取調べは 9

月20日午前3時を少し過ぎたころまで続き，アパートで取調べが始まってから25時間が経っていた。そのとき，モリーナは，シャワーのときに子どもを殴ったことや，それによって子どもが怪我をしたことを自白し，その自白はビデオに録画された——すなわち，彼女が話した説明のとおり，その出来事を再演した。この25時間の間，モリーナは午後7時に一杯のスープを食べただけであった。彼女の自白が録画されたのはその7時間後であった。

　マトスとモリーナの2人ともが，非常に長くて強力な一連の尋問に屈した。そして，何が起きたかに関する最終的な説明の内容を再現した様子を含む，詳細な完全自白が録画されたビデオを提出した——事実上，2人の自白は有罪判決を確実にするものであった。しかしながら，自己利益に反した自白は珍しいわけではない。特に懸念されるのは，たいていの自白がおそらく真実である一方で，尋問の技術は虚偽自白を引き出すのに十分に強力なものでもあるということである。事実，過去数十年にわたり，ほとんどもしくは完全な確実さによって虚偽であることが証明されてきた数百の自白が，学者や独自の研究者，ジャーナリストたちによって報告されてきた（Drizin & Leo, 2004; Garrett, 2010, 2011; Gudjonsson, 2003; Leo, 2008; Leo & Ofshe, 1998）。そうした虚偽自白は，報告された有罪の誤審において，際立った役割を果たしてきた。それを示す例が，イノセンス・プロジェクト（the Innocence Project, http://www.innocenceproject.org）によって達成された300近い冤罪事件である。これらの20～25%の事案において，警察が引き出した虚偽自白は，誤った有罪判決または誤った有罪答弁の原因とされていた。

　自白をした多くの被疑者が，自白内容についてまったく争わなかったり，司法取引に応じたりするが，中には——マトスやモリーナのように——，自白は強制されたもので自発的ではなく虚偽である，もしくはそのいずれかであると異議を唱えて，後に自白を撤回したり，裁判の証拠としての許容性を争ったりする者もいる。一度自白が争われると，自白が得られた環境について，自発的ではない自白を引き出した可能性と，虚偽自白を生み出した可能性のいずれか，もしくはその双方が判断されなければならない。2つの一般的な要因が，そのような判断に関係している。すなわち，尋問の性質と，被誘導性に対する脆弱性を増加させる，または合理的な意思決定や抵抗する能力を弱体化させる可能性

があるような，被疑者の慢性の特徴と急性の特徴であり，これらの双方もしくはいずれかが関係している。

　しかしながら，被告人に知的障害または精神障害がみられる場合を除いて——時にはそのような場合でさえも——，自白に対する先入観の影響は，次のことを確信させるのに十分であることを示す証拠がある。自白は自発的になされたもので，裁判で証拠採用されると判断されること，自白が妥当であり，有罪判決を導くと判断されること，さらには，自白は十分に自発的であり，これらの許容性の判断や判決を支持する上訴審判決を維持できるくらい信頼できると判断されることである（Davis & Leo, 2010, 2011; Kassin et al., 2010; Leo, 2008）。一部には，この圧倒的な先入観の影響は，犯罪の被疑者が尋問において直面する他者からの影響の大きさに関する認識が，すべてのレベルにおいて不足した結果といえる。被疑者が尋問において直面する影響には，被疑者にプレッシャーをかける説得の直接的なパワーと，被誘導性を増加させたり，取調官が意図する影響をより受けやすくするといった尋問によるプレッシャーという間接的なパワーの両方が含まれる。

　マトスとモリーナは，そのような認識不足の犠牲者であった。多くの被告人とは違って，彼女らには若年者，薬物やアルコールによる明らかな無能力状態，精神障害といった，強圧に対する明らかな脆弱性はなかった。代わりに，尋問やそれを取り巻く環境の性質に基づいて，自白を証拠から排除することに関する議論がなされるべきであった。子どもの病気や死というストレスがあり，尋問を受けるために睡眠が奪われ，尋問は過度に長時間に及んだといった状況であったにもかかわらず，マックスウェル・ウィリー裁判官は，自白を証拠から排除する申し立てを却下した。

　ミランダ警告が行なわれ，妥当な権利放棄が得られていたならば，裁判官が自白を証拠としてから排除することはきわめて稀である（Leo, 2008）。実際に，ウィリー裁判官は，2人の女性がミランダの権利を何度も読み，警察に対して話し続けることに同意していた事実を指摘した。若年者，精神障害，無能力状態といった明確な脆弱性がない「正常な」被疑者から得られた自白を，裁判官が証拠排除とすることはないようである。裁判官は，正常な成人の能力について，過度に長時間にわたる対抗的な尋問に耐えられ，単に尋問による苦痛

を回避するために自白してしまう衝動に抵抗できると過大評価する傾向がある（Davis & Leo, 2010; Wrightsman, 2010）。

　その結果，ウィリー裁判官は，子どもの死による深刻な情緒的苦痛や，過度に長時間に及んだ尋問，彼女らの蓄積する疲労や睡眠剥奪に対してほとんど注意を払わなかったようであった。代わりに，彼は次のように述べた。

　…被告人がその日の多くの時間，その警察署にいたにもかかわらず，尋問は継続しては行なわれなかった。また，彼女らには，食べ物や飲み物，タバコが与えられ，休憩や昼寝の機会さえ奪われてはいなかった。

　後者を支持するものとして，ウィリー裁判官は刑事が見たことについて言及した。尋問の初日に，モリーナは取調べ室で2回ほど寝入ってしまい，そのときに彼女はおでこをテーブルにつけて眠っていた（2006年11月決定，ニューヨーク州 対 マトスとモリーナ，Order November 2006; *New York v. Matos and Molina*）。

　次に，被告人らは陪審員の面前で，虚偽自白の存在やその原因を説明するために，鑑定人を申請する手続きに移った。しかし，尋問はビデオ録画されておらず，どのように彼女たちが取調べられたのかを示す証拠として，被告人や取調官が記述したわずかな説明があるのみであった。ウィリー裁判官は，虚偽自白に対して尋問の技術が与える影響に関する証言は疑わしく，尋問の客観的な記録がないために，本件の事実とは結びつけられないことなどを根拠として，鑑定人の申請を却下した（2007年4月決定，Order, April, 2007）。彼は，尋問の長さの影響や被告人の身体的な状態および感情状態の影響について鑑定を行なうことの妥当性には言及しなかった。

　ウィリー裁判官の決定は，尋問中の意思や認知における急性の機能障害の大きさや，それらによって急性的に被疑者の被誘導性がどれほど高まり，影響を受けやすい状態になるかということに対する認識不足という，警察や弁護士，裁判官，陪審員にありがちな問題を反映したものであった。本章の残りの部分で，慢性的な個人特性というよりもむしろ，私たちが「**急性の尋問による被誘導性**（acute interrogative suggestibility）」と呼ぶ，被疑者を取り巻く環境の特

徴によって引き起こされる，尋問の影響力に対する脆弱性を高める要因について検討する。さらに，急性の尋問による被誘導性を生み出す，「**尋問に関連した制御の減退（interrogation-related regulatory decline：IRRD）**」（Davis & Leo, 2012）の役割を詳細に検討する。これは，尋問の影響力に抵抗するのに役立つ思考や行動をコントロールするために必要な，自己制御のリソースが減少するものである。この文脈において私たちは，警察による尋問における IRRD のよく知られているが正当に評価されていない 3 つの要因に焦点を当てる。その要因とは，①急性の情緒的苦痛，②疲労や睡眠剥奪，③グルコース欠乏である。

## 1. 尋問の影響力に抵抗するための基礎：抵抗力の減退による脆弱性の増大

　社会的影響の理論は，うまく人に影響を与えるためには，努力に対して抵抗するものは何かを最初に明確にし，それから特定の抵抗の原因を克服するための戦略を取り入れることが最も効果的であることを示している。この仮説はおそらく，エリック・ノールズと共同研究者によって（Knowles & Linn, 2004; Knowles & Riner, 2007），最も完全かつ明確に提案された。彼らは，推奨しようとするものの魅力を増加させる意図に影響を与える戦略（アルファ戦略）と，それに対して，推奨しようとするものに対する抵抗を減らしたり，不活性化したり，逸らしたりするような意図に影響を与える戦略（オメガ戦略）とを区別して説明する説得理論（theory of persuasion）を提案した。この理論はさらに，抵抗は説得の真のターゲットであることを示唆している。

　……抵抗は，説得の過程において，重要な要素である。……説得は，人が「それは好きではない」「それは信じない」，または「それをしたくない」といった感情を抱いたときのみ必要とされる。このような抵抗がない場合，目的は絞られ，目的に向けた動きが始まる。動機づけシステムおいて変化を阻止し，説得を必要とするのが，抑制，抵抗，回避なのである。それゆえ，すべての

説得は暗に抵抗に向けたものである。このため，説得は，変化を阻止するために機能する抵抗のさまざまな形態の理解に基づくべきである

(Knowles & Riner, 2007, p.84)。

そのような見解によって，抵抗の要因や，それがどのように弱体化されたり，障害されたりしうるのかを理解することと同様に，影響の受けやすさを理解することが必要であるという当然の結果が明確に示唆されている。さらに，抵抗のリソースにはどのようなものが必要とされるのかを理解するためには，抵抗への特定の影響力を理解しなければならない。その結果，私たちはこれまで，警察の尋問の影響力と，それに抵抗するのに必要なリソース，それを弱体化するような個人特性や尋問に関連する要因を，理論的に分析してきた（Davis & O'Donohue, 2004; Davis & Leo, 2012; Follette, Davis, & Leo, 2007）。特定の尋問に関連した力や，それが尋問の影響力に対する脆弱性に与える効果について深く洞察する前に，簡単にこれらの理論的課題を概観する。

## 2. 尋問の影響力には何があるのか，また，どのように抵抗することができるのか？

尋問の研究者は，自白の2つの一般的な原因を特定した。一つは，苦痛への耐性がなく，自白の結果にかかわらず，さらなる尋問を回避するために自白するものである。もう一つは，自白には結果が伴わない，または自白が自身にとって最善の法益または利益となるという誤った信念により自白するものである（Gudjonsson, 2003; Kassin et al., 2010; Leo, 2008）。これらの一方もしくは双方が原因となることがある。結果的に，急性の尋問による被誘導性の原因を理解することは，自白を促すこれらの特定のメカニズムに対する抵抗の基本原理を特定するだけではなく，自白の獲得を目指した尋問がどのようなものかを理解することになる。影響力に対する抵抗の2つの主な要因——動機づけと能力——は，説得理論によって特定されてきた（Knowles & Riner, 2007; Petty,

Cacioppo, Strathman, & Priester, 2005)。これら2つの要因はいずれも，尋問の研究者によって特定された虚偽自白の原因に適用されうるものである。

## ——抵抗への動機づけ——

　ストレスが誘発した自白のしやすさは，動機づけの障害と直接的に最もよく関連している。嫌悪する状況を回避するために自白する傾向は，状況を回避したいというより即時的な欲求の強さと，それに対して，自白を抑制する動機や信念——自白によって予期される社会的，個人的，法的コストなど——の強さの関数であるといえるだろう。それゆえ，ストレスによって自白が誘発される可能性は，慢性的な人格特性や急性の状況的影響により，苦痛を増加させたり（たとえば，高い特性不安，長くて対抗的な尋問），苦痛に耐える被疑者の能力を低下させたり（たとえば，慢性的な特性としての苦痛への耐性のなさ，急性の疲労や不快感），長期的で最適な結果に有利となる，機能不全を引き起こしうる急性の衝動を制御する能力を減退させたり（たとえば，若年，精神障害，疲労）することで，増大するのである。

　抵抗に対する動機づけを弱めるようなこれらの要因に反して，抵抗を強める要因もある。ノールズとリネール（Knowles & Riner, 2007）は，個人の信念や選択，行動のすべてもしくはそのいずれかの自由が実際に奪われるか，もしくはそれが脅かされると，それらの影響に対する動機づけられた抵抗，または心理的な「リアクタンス（reactance）」が生じることを示した。すなわち，「リアクタンス」は，そのような個人の自由を防護したい，回復したいという願望なのである（Brehm, 1966）。「リアクタンス」は，脅かされた自由や，影響を与えようとする試みの強圧さや明確さについての程度と重要性が作用してより大きくなると推定される。また，影響力の発信源を嫌うことによっても動機づけられうる。

　説得の試みが，自身が好む信念または行動に対する挑戦的なものとして経験されるときには，概してリアクタンスが生じるリスクがある。そのようなとき，説得の試みは，影響を与える意図として容易に同定されるような方法で構成されていることが多く，また，強圧的なものとして経験されるような方法で行な

われることが多い。警察による尋問では，そのような状況が生じている。警察の尋問では，問題となっている自由の重要性がきわめて高く——自己の有罪化や収監の可能性を避けるための自由——，影響を与える意図は明確かつ強圧的である。被疑者は，明らかに自白を獲得しようとする意図に気づいている。取調官は敵と見なされるかもしれないし，取調官の行動——尋問の過度な長さ，繰り返し，罪や欺瞞の追及，個人空間の侵害など——は強圧的なものとして経験される（Davis, Leo, & Follette, 2010; Inbau, Reid, Buckley, & Jayne, 2001, 2011; Leo, 2008）。

　尋問の戦略は，いくつかのやり方によって，リアクタンスの根源を直接的な標的にする。たいていの場合，これは，自分が無実であることを主張し，弁護することの実現可能性に関する知覚——それゆえ，結果的に重要性を意味する——を弱体化するための取り組みを通して行なわれる。実際，尋問の第1の目標は，被疑者に無罪を勝ち取ろうとすることをやめさせ，その意思を抵抗することの徒労感に置き換えることである。これは，被疑者に対して，絶対的に確信した追及や実在する，もしくは捏造した被疑者に不利となるさまざまな形態の証拠に直面化させることによって——さらには，彼らに反論したり，さもなければ彼らを圧倒することで，無実の主張を認めないことによって——行なわれる。アーロンソン（Aronson, 1999）は，徒労感に反応することを「必然性の心理（psychology of inevitability）」と呼び，一度結果が確かなものであると知覚されると，認知や動機づけの力が状況を許容し，それに従い，同意することを促すようになるという証拠を示した。類似した反応は，学習性無力感（learned helplessness, Seligman, 1975），自己効力感（self-efficacy, Bandura, 1997），合理的行動（reasoned action, Fishbein & Ajzen, 2009）といった理論によって予測されている。これらすべての理論において，行動の動機づけや意図は，結果の望ましさと実現可能性とによって制御されている。このように，無罪を弁護するための動機づけは，無罪獲得の実現可能性に関する知覚が減弱することによって弱体化される。

　取調官は，次に，相互作用の目的を見直し，疑いを晴らすことよりも結果を最小化することを目標とするように被疑者の動機づけを変えようとする。取調官は，被疑者に対して，有罪は確固たるものであるが，なぜその犯罪が起きた

のか，また，被疑者が「どんなタイプの人間」なのか——これは被疑者に起きたことに対して影響を及ぼしうる情報という裏の意味をもつ——を確固たるものとするために話を続けたいと伝える。同時に，取調官は，取調官のことを被疑者の法益に反することをする悪意をもちうる敵と見なすリアクタンスを弱体化するよう試みるのである。取調官は，自身に善意の協力者という役を割り当てることによって，これを行なう。一部には，これは，刑事が被疑者をほめる中で「時間的な制約のある提案をもった共感的な刑事（sympathetic detective with a time-limited offer）」と呼ばれる戦術を通して達成される。取調官は，被疑者は悪人ではない——むしろ悪い状況に陥った人である——ことをほのめかし，援助することを切望していると述べるが，この事案がより共感的ではない他の刑事の担当になる前の，この尋問中に，被疑者が「真実を言う」ならば助けることができると言うのである（Davis et al., 2010）。

　被疑者がそれでも自白に抵抗している場合には，刑事は援助をやめるという脅威を与えるかもしれない。これは，無罪を弁護したり，法的結果を回避したり，それを見直したりといった，より複雑な——そしてある意味でよりかけ離れた——目標から，取調官の有益な援助を維持するという即時的な目標へと注意をそらす効果がある。刑事からの援助を受けられるようにする唯一の方法は，「被疑者の言い分を話す」という取調官の要求に従うことである。このように，刑事からの援助を受けられるかどうかに対する脅威によって作り出されるリアクタンスは，直接的に自白を促す。そのような脅威や，抵抗の無意味さに関する他のメッセージは，尋問の間，被疑者が罪を認めずに抵抗を示しているかぎり——時には数時間または数日間であっても——，共感的な刑事の戦術と合わせて繰り返されるのである。

　これらの戦略や他の戦略は，無実をうまく弁護できるかもしれないと考える被疑者の中に無力感を植えつけ，ほのめかされている犯罪の結果を最小化することに注意を向けさせることに，累積的な効果をもっている。さらに，取調官は，尋問を，それが何であれどのような罪で起訴されるのかということに影響を与える**権限**をもち，被疑者が最善の法益を得られるように助けるという**有益な動機づけ**をもつ取調官との交渉の場としてとらえ直す（権威や有益さの知覚に対するこれらの戦術の効果を示すものとして Davis et al., 2010 を参照）。こ

のように，リアクタンスの主要な起源——有罪を回避する見込み——は，刑事からの援助を得て回避できない有罪の結果を最小化するという目標によって弱体化され，置き換えられるのである。

尋問では，被疑者に強い徒労感を植えつけ，回避という他の目標や有罪の結果を最小化すること，取調官や他者を喜ばせたりすることに注意を向け直すために，複数の持続的な試みが行なわれる。そのため，私たちは，尋問の影響力に抵抗する動機づけが以下で明らかにする能力に大きく依存することを示してきた（Davis & Leo, 2012）。この動機づけを維持するために，被疑者は，自身の法益に役立つ長期的な目標に焦点を置くべきであり，取調官によって推奨される即時的な目標や，苦痛への不耐性によって引き起こされる即時的な回避の目標に，注意を向けることに抵抗しなければならない。取調官による被疑者の動機に関する虚偽の陳述や，抵抗するよりも自白するほうが賢いとする誤誘導の暗示などの尋問の欺瞞を，被疑者は見抜かなければならない。さらに，被疑者は，不快感や苦痛，疲労が大きくなっても，抵抗を維持する意思の強さをもたなければならない。

## ——抵抗する能力——

自白の2つめのメカニズム——結果の誤った理解——に関する脆弱性は，本質的に説得の受けやすさを引き起こす。尋問のトレーニングマニュアルは，自白こそが最も被疑者の法益にかなうものであることを，被疑者に信じさせることが目標であると認めている。明確に被疑者を脅したり，自白と引き替えの約束をすることをせずに，このメッセージを伝える多くの戦略が用いられている。戦略の中には，犯罪の明らかな重大さや結果を「最小化」するように努めるもの——知覚される自白によるコストを下げる——や，否認による明らかにネガティブな結果を「最大化」するよう試みるもの——自白を拒否することによるコストを上げる——がある（Kassin, 1997）。

そのような戦術に対する脆弱性は，自白が結果とは関係がない，もしくは自白が被疑者の法益になると誘導していることを見抜く被疑者の能力や，実際に自白は被疑者自身のためにならないという認識をもつ被疑者の能力として機能

している。(真のもしくは虚偽の) 自白に対する脆弱性に加えて，被疑者は，自白の詳細情報に関しても誘導されてしまう可能性がある。尋問では，何が起きたのか (たとえば，彼女の性器の外側をなでたのか，それとも彼の指で貫通したのか)，どのようにその犯罪が行なわれたのか，何回行なわれたのか，誰が関与し，それぞれがどのような役割を担ったのか (たとえば，銃撃をした人なのか，それとも逃走するときのドライバーなのか)，なぜそれが起こったのか (たとえば，復讐なのか，自己防衛なのか)，といった詳細情報に関して多数の誘導が行なわれる。

　説得理論が示しているように，説得に抵抗する能力は，説得的なメッセージに反論する知識——この場合，犯罪，証拠，取調官の意見，自白以外の選択肢に関する知識——と，入ってくる情報を処理し，それを既存の知識に統合し，関連するすべての情報を覚えておき——すなわち，ワーキングメモリーに保持する——，それを合理的にそして効果的に評価することのできる能力に依存する。これらの能力についての慢性の障害 (たとえば，知識，知能に関するもの) や，急性の障害 (たとえば，注意散漫，認知負荷，自我消耗に関するもの) は，被疑者の説得に対する脆弱性を高め，評価や意思決定において分析モードよりもヒューリスティックを使うようにさせる (Kahneman, 2011; Petty et al., 2005, のレビューを参照)。

## 3. 尋問の影響力に対する抵抗の主要なメカニズムとしての自己制御

　前節で確認した脆弱性のメカニズムは，自己制御と認知の慢性および急性の障害を引き起こす。しかしながら，著者らは，**急性の尋問による被誘導性**が，本質的には，「自己制御」——すなわち，1つまたは複数の特定の目標に資するよう，感情，認知，行動を制御する能力 (Baumeister, Schmeichel, & Vohs, 2007; MacDonald, 2008)——の急性の障害を引き起こすことを示す。人は，理想的な環境のもとでは，尋問の影響力に抵抗するための知識，知性，個人の意思，

自己制御といった長期にわたる慢性のリソースを十分にもっているかもしれないが，差し迫った状況においては，効率的にそれらを組織化したり，用いたりすることができないような急性の不十分な自己制御能力をもつことになる。

バウマイスターと共同研究者（Baumeister, Bratslavsky, Muraven, & Tice, 1998）は，自己制御能力には限界があり，その能力を使用することで消耗し（「自我消耗（ego-depletion）」と呼ばれる），そして，そのような「自我消耗」によって，自己制御のリソースを必要とする後続の課題において失敗する可能性が高くなることを示した。これらの仮説は多くの研究によって支持されている。それらの研究では，とりわけ，自己制御のリソースに重大な要求を課す状況において，自己制御のリソースを前もって使うと，確実に後続の課題の遂行能力が低下することが示されている（Hagger, Wood, Stiff, & Chatzisarantis, 2010; Vohs & Baumeister, 2011, のレビューを参照）。しかし，尋問の影響力への抵抗という特定の課題が，どのくらい自己制御を必要としたり，自己制御に依存したりするのであろうか。

私たちは，自己制御が抵抗の主要なメカニズムであることを示した。すなわち，慢性の自己制御のリソースと，必要なときにそれを組織化する急性の能力の両方である。人は，最善の行動系列を決定するために関連する情報を効率的に評価する能力や，決定に関する自分の意思や行動を実行するために急性の衝動を抑える能力をもっていなければならない。同様に，これらの能力は，多くの特定の機能に依存する。私たちは，尋問の影響力に抵抗するための特定の能力として，少なくとも次のような機能が損なわれていないことを必要とすることを示した。すなわち，①疑いを晴らすことや自己を有罪とすることを回避するといった長期的な目標に集中し続けられる能力。それは，自白などによって，取調官を喜ばせること，葛藤を回避すること，即時的に逃避することといった短期的な目標に置き換えられるのを避けるものである。②関連する情報に集中し，無関係な情報を無視するよう注意を制御する能力。③入ってくる情報や誘導を文脈の中で評価するために，長期記憶の情報にアクセスする能力。④ワーキングメモリーの能力。それによって関連するすべての情報を覚えておき，取調官からの要求を評価したり，対応を決定したりする際に，それらの情報を用いることができる。⑤取調官が要求するものではなく，自身が最善と考えるこ

とに基づいて抵抗したり，行動したりすることができる意思の力と，必要なかぎりそうした抵抗を維持できる意思の力。⑥前述の機能を維持するために，尋問の文脈や内容によって刺激された感情を調節する能力（Davis & Leo, 2012）。これらの能力は，知識や知性などの慢性的な資質だけではなく，急に必要となったときに，慢性の能力を組織化する能力にも依存する。これらすべてが，自己制御のリソースが損なわれていないことによってなされることが示されてきた。

## ——自己制御の検討：二重課題パラダイム——

　上記の機能に対する自己制御のリソースの重要性についての検証では，二重課題消耗パラダイム（dual-task depletion paradigm）が広く用いられてきた。そのパラダイムでは，最初に参加者が自己制御リソースを消耗すると仮定される「自我消耗」課題を受け，続いて，同様に自己制御リソースを要求すると仮定される無関係な2番めの課題を行なう。二重課題消耗パラダイムを用いた研究に共通する知見では，先行して自己制御のリソースを使うと，後続のリソースを必要とする課題の遂行能力が低下するが，あまりリソースを必要としない課題においては，遂行能力の低下は少しだけであったり，まったくみられなかったりする。他の研究は，身体的または感情的な状態が悪化した条件では，自己制御の障害が促されることを示してきた。概して，これらの研究では，すべての自己制御の機能は互いに依存していることが示唆されている。すなわち，どの領域であれ自己制御を行なうことによって生じるリソースの消耗が，自己制御を必要とする他の領域の遂行能力に影響を及ぼすのである。

　結果として，消耗のメカニズムとは関係なく，難易度の高い認知課題や感情調節，衝動制御は，先行したまたは同時期に生じる消耗によってより困難になるのである。尋問による被誘導性と特に関連する点は，自我消耗によって，即時的な衝動や，説得あるいは被誘導性，合理的な意思決定の障害に対する脆弱性が高まるというものである（Davis & Leo, 2012; Hagger et al., 2010; Hofmann, Friese, Schmeichel, & Baddeley, 2011; Kahneman, 2011; Otgaar, Alberts, & Cuppens, 2012; Vohs & Baumeister, 2011, のレビューを参照）。しかし，厳密には，尋問がどのように自己制御を低下させるのであろうか。

# 4. 尋問に関連した制御の減退と，抵抗に関する急性の障害：主要な3要因

　警察の尋問やそれを取り巻く環境内において，尋問の影響力に対する抵抗を障害する多くの力がはたらく。それらの中には，自白の自発性や妥当性を判断するときに，微妙で，ありそうもないと考えられるものもある。それは，社会的アイデンティティや自尊心への脅威による消耗効果，ステレオタイプの脅威の操作——その人が属する集団のステレオタイプに一致させるリスク——，抵抗に必要な努力，対抗的な言語による相互作用，その他多数のものがある。しかし，これらは，衝動制御や感情調節，合理的思考に障害を生じさせる自己制御の障害の原因を記述したものである（Davis & Leo, 2012; Davis & O'Donohue, 2004; Follette et al., 2007 を参照）。ここでは，私たちは，「尋問に関連した制御の減退（interrogation-related regulatory decline：IRRD）」と急性の被誘導性の重要な3つの原因に焦点を当てる。自発的ではない自白や虚偽自白を主張する事案のほとんどにおいて，情緒的苦痛，疲労や睡眠剥奪，グルコース欠乏のいずれか1つ以上が該当している。それぞれの影響は，自白を判断するような状況において過小評価される傾向がある。

## ——1. 情緒的苦痛——

　私は自分の娘の遺体をみつけた。両方の目の玉も頭についていないような状態だった。私の精神は崩壊していた。彼ら（警察）によって壊されるまでもなく。

（虚偽自白者ジェリー・ホッブス，2011年11月25日，ニューヨークタイムズ紙，マーティン記者の記事を引用）

　警察による尋問中のストレスは，尋問自体の内部と外部から生じうる。ジェリー・ホッブスの事件やマトスとモリーナの事件のように，多くの被疑者は，親しい友人や家族の死，恐ろしい暴力や身体への傷害などの出来事から受ける

情緒的な打撃や，他の深刻な個人的または経済的な損失の直後に尋問を受ける。事実，多くの確認された虚偽自白が，ちょうどそのような状況下で引き出されていた。これらの先行して存在するストレスは，尋問に固有のストレッサーによって増強される。尋問に固有のストレッサーには，疑いをかけられたり，尋問されていることに関連する不安や羞恥心，拘禁，社会的孤立，身体的不快感，無力感や制御不能感，尋問戦術の対抗的な特性，自尊心やアイデンティティへの脅威などが含まれる（Davis & Leo, 2012; Davis & O'Donohue, 2004; Najdowski, 2011）。

　感情，覚醒，ストレスが非常に高いレベルでは，自己制御や認知における重大な障害が生じうる。これは，いくつかの有名なストレスと遂行能力に関する理論——たとえば，ヤーキーズ・ドットソンの法則（the Yerkes-Dodson law, 1908）——や，不安と遂行能力のカタストロフィーモデル（Fazey & Hardy, 1988），非対称神経制御システムモデル（Tucker & Williamson, 1984）において述べられている。先行して存在するストレッサーと，尋問と関連するストレッサーとが組み合わさることによって，尋問中にこれらが非常に高いレベルに達したり，達する可能性がある被疑者もいる。中には，虚偽自白だけではなく，その犯罪を行なったという虚記憶をもつのに十分なほどの深刻なリアリティ・モニタリングの障害を生み出すほどのストレスレベルに達する被疑者もいる（Kassin, 2007, の例やレビューを参照）。

　そのような極限状態が短かったとしても，尋問に関連したストレッサーによって，認知や衝動制御が深刻に損なわれることが十分にありうる。感情の直接的な影響が加わるために，情緒的苦痛は，自己制御の障害を伴う危険なフィードバック・ループに陥る。それは，情緒的苦痛が自己制御を損ない，それが感情調節を障害したり感情を高ぶらせたりして，さらにそれが自己制御を損なう，といった状態である。このように，尋問が進むにつれて，強いネガティブな感情は，認知や衝動制御を徐々に損ねていく可能性がある（Davis & Leo, 2012 レビューを参照）。そうした影響は，いくつかの分野における数十年にわたる研究によって報告されてきた。たとえば，多岐にわたる研究によって，さまざまな領域における強いネガティブな感情とストレスの影響が検証されてきた（Driskell, Salas, & Johnston, 2006; Hammond, 2000; McNeil & Morgan, 2010;

Phelps & Delgado, 2009; Thompson, 2010)。特に尋問に関連した研究では，認知遂行能力，意思決定，感情調節，衝動制御に対する高いストレスのネガティブな影響が示されてきた。さらに，ストレスと遂行能力の研究は，ストレスのネガティブな影響を相殺するには，高い動機づけとより多くのエネルギー投資が欠かせないことを示してきた。それらが欠けている場合，ストレスは，思考や衝動制御をより大きく減退させ，その結果としてエネルギーを追加消費する意思をさらに減退させるのである（Kruglanski & Webster, 1996; Roets & Van Hiel, 2011）。

　これは，尋問の間にとりわけ問題となる。というのは，尋問の戦術は，特に，被疑者に対して無力感を植えつけようとするものであり，動機づけは，自己制御の障害，グルコース欠乏，睡眠剥奪や疲労（次項を参照）によって直接的に影響を受けるからである。さらに，エネルギー自体も，これらの要因によって弱められる。自己制御の研究では，ストレスが制御の減退を招き，それによって，過食，飲酒，喫煙のような機能不全行動を抑制したり衝動を制御したりすることに失敗するだけではなく，運動のような望ましい行動の維持にも失敗することが示されている。（Vohs & Baumeister, 2011，レビュー参照）。

　そのような失敗は，ネガティブな感情を調節する意図によって悪化する。二重課題消耗パラダイムを用いた多くの研究が，最初の課題で，参加者に感情の反応（情緒的経験，感情の表出，または感情に対する行動面の反応）を抑制するよう求めるか，または参加者が自由に制御できるようにするという手続きを用いる。（ストレスに対処する努力に当てはまるような）感情の抑制は，健康に関する機能不全行動(不健康な行動)，攻撃性，社会的機能やコミュニケーションの障害，認知的遂行能力や意思決定力の低下，フラストレーションに直面したときの耐性の減退，さらに，覚醒とネガティブな感情の逆説的な増大，ポジティブな感情の抑制といった，自己制御の障害を招く。逆に言えば，最初にさまざまな種類の消耗課題を行なうと，感情を調節する後続の意図が損なわれるのである（Davis & Leo, 2012 レビュー参照）。

　要約すると，尋問の特性や被疑者の個人的な文脈における情緒的苦痛に関する多くの様相——さらに，結果として生じる感情を調節する意図——によって，迎合による回避という即時的な衝動を制御し，自白という賢明な判断をとるか，

他の選択肢をとるかを合理的に評価するためにさらに必要となる自己制御のリソースを損なう可能性がある。さらに，それらは記憶の機能を損ない，嫌疑をかけられている出来事の詳細情報についての誘導（暗示）の影響をより受けやすくさせる。また，一般的に認識されているよりも，より低い苦痛のレベルでそれが生じる。被疑者の情緒的苦痛は，それだけでこれらの効果を作り出すのに十分であるのだが，尋問の間に他の一般的な力が加わると，機能の障害はより深刻になる。

## ── 2. 不快感，疲労，睡眠剥奪 ──

　被疑者は，苦痛，疲労，睡眠剥奪の複合効果にしばしば直面する。──たとえば，マトス，モリーナ，ジェリー・ホッブスの例がそうであったように，24時間を超える尋問を受ける前の段階で，彼ら全員がすでに疲労し，睡眠が奪われており，そのときには子どもを亡くしていた。睡眠剥奪は，自己制御のあらゆる側面を損ねる。これには，情報処理，記憶，プランニング，優先順位づけ，意思決定に必要なさまざまな認知機能だけでなく，感情調節や衝動制御も含まれる（Barnes & Hollenbeck, 2009; Harrison & Horne, 2000; Walker & van der Helm, 2009; Wesensten & Balkin, 2010）。睡眠剥奪は，もともとの知覚や情報の記銘において，実在するものと実在しないものとを混同するような極端なレベルまでも正確さを低下させる（Larsen, 2001）。それはまた，新しい記憶の統合を損ね，さらに，徐々に記憶が誘導（暗示）の影響によって歪曲することに対する脆弱性を高める（Blagrove, 1996; Blagrove, Alexander, & Horne, 1995; Blagrove, Cole-Morgan, & Lambe, 1994; Walker & van der Helm, 2009）。それによって，合理的な分析，入力される情報の評価，意思決定の基礎となる多くの認知機能──注意力，ワーキングメモリー，言語の流暢さ，論理的推論，創造的思考，計画や優先順位の柔軟な変更などの他の能力（Harrison & Horne, 2000; Wesensten & Balkin, 2010）──も損なわれる。そのために，人は説得に抵抗できないようになる。最終的に，それが，感情調節や衝動制御に必要とされる認知的なリソースの基礎に対して影響を与えることになり，睡眠剥奪は，耽溺からリスク・テイキング，攻撃性やその他まで広がる多様な機能不全行動

の脱抑制を生じさせることになる（Walker & van der Helm, 2009; Wesensten & Balkin, 2010）。すなわち，人が長期的にみて最適な結果よりも即時的な衝動に反応しやすくなればなるほど，まさにその過程によって，人はストレスが誘発する自白をしやすくなるのである。しかしながら，そのような影響があるにもかかわらず，情緒的苦痛や睡眠剥奪，疲労を伴うことの影響は過小評価される傾向にあり，深刻に衰弱した被疑者から得られた自白の多くが，自発的になされた証拠として認められ，陪審員によって妥当であると見なされているのである。

## —— 3. グルコース欠乏 ——

　裁判所は，被疑者に食べ物を与えない警察を非難し，それが自発的ではない自白を得ることにつながると考える一方で，被疑者が提供された食べ物を拒否した場合には，裁判所は自発性がみられる側面として，拒否したことを重視する傾向がある。一見したところ，食べ物や飲み物の提供を拒否することは，被疑者の障害や脆弱性の原因としてよりはむしろ，勧め方が不適切であったとみなされる傾向がある。尋問に関連した制御の減退（IRRD）とそれが急性の被誘導性に与える影響に関する私たちの分析では，尋問における食べ物の役割について異なる見解が示されている。すなわち，グルコースの欠乏は，他者からの影響や衝動制御の障害に対する被疑者の脆弱性を高めるような自己制御の障害を，直接的にもたらす可能性がある。

　ウィリー裁判官は，マトスやモリーナの尋問における食べ物や飲み物の役割について明確に前者の見解をもっていた。彼は，彼女たちの証拠排除の申し立てを却下した命令において，警察が彼女たちから基本的な欲求を奪ってはいない証拠として，食べ物や飲み物，タバコの提供を申し出たことについて繰り返し言及した。証言によると，彼女たちは，マトスの息子が死ぬ前にとった夕食から 30 時間以上経つまでの間，たった一度しか食事をとっていなかったにもかかわらず，ウィリー裁判官は，これをもって，夕食と息子の死との間の 8 時間と，その後に 24 時間を超えて続いた尋問の間，彼女たちの意思と合理的な意思決定は適切に維持されていたとみなした。さらに，そのような論理では，

彼女たちが食べ物の提供を拒否したことの重要な意義を説明できない。すなわち，普通の環境下において，たいていの人は典型的な一日として起きている概ね16時間の間に3食以上食べるが，この被疑者たちは，睡眠なしで24時間以上もの間，想定される量の3分の1さえ食べることができなかったのである。通常の食べ物の摂取を拒否するということは，何よりも，ストレスによる食欲の減退を反映している——そして，それ自体が，2人の女性の感情状態に関する重要な手がかりを与えている。

　警察が食べ物や栄養のある飲み物を提供できなかったり，被疑者が苦痛を感じているためにそれらを拒否する傾向があると，被疑者の多くで，尋問の間にグルコース欠乏が進行する。しかし，どのくらい簡単にグルコースが欠乏するのだろうか。どのくらいの量のグルコース欠乏が問題となるのであろうか。さらに，それがどのように問題となるのか。これらの疑問に対しては，ガリオットとバウマイスター（Galliot & Baumeister, 2007）による詳細なレビューが答えている。

　著者たちは，脳のプロセスのすべて——すなわち，すべての認知や行動制御——は，血中のグルコースからエネルギーを消費することによってなされることを指摘した。これは，脳がグルコースを摂取して，吸収し，消費することが，強くこれらの機能に影響を及ぼすことを示唆している。著者たちはさらに，自己制御の機能は相対的にエネルギーを多く必要とし，必要量がより少ない心的活動よりもより早くグルコースを欠乏させることを示した。これらの仮説によって，慢性もしくは急性に生じる低いグルコースレベルやグルコース代謝の不足は，自己制御の障害と関連するという予測が導かれる。

　ガリオットとバウマイスター（2007）は，前述の二重課題消耗パラダイムを用いて自己制御に対するグルコースの重要性を検証した多くの研究を報告した。自己制御を含むさまざまな課題を最初に行なった参加者では，より難易度の低いコントロール課題を行なった参加者に比較してより多くグルコースが欠乏していた。さらに，各課題の間に，グルコースを補充した参加者では，後続の遂行能力に対する最初の課題による欠乏の影響が和らいだ。著者たちは，警察の尋問において，遂行能力の中心となる多くの自己制御の機能は，このパタンに適合するという頑健な証拠をレビューした。すなわちそれは，認知制御，

感情調節（ストレスへの対処を含む），衝動制御といった実行機能（executive function）を含むものであった。

　研究によって，グルコース欠乏は，分析的な推論や意思決定をより悪化させ，自動的に行なわれるヒューリスティックを基礎としたプロセスにより依存するようになることと関連することが示されてきた（Masicampo & Baumeister, 2008）。警察の尋問では，認知や感情，行動に関する自己制御活動に対して，とても強力で，時に圧倒するような要求が課せられる。そしてそれによって，大量のグルコースが欠乏することとなり，飲食によってグルコースの量をもとに戻すことができなければ，欠乏状態がさらに悪化してしまう。

　これらの知見は，グルコース欠乏が，尋問における被疑者の思考や衝動制御に対して多大な影響を及ぼしうることを明確に示している。しかしながら，グルコースの規則的な摂取は，そのような影響を和らげうる。二重課題消耗パラダイムを用いた多くの研究では，課題の間に，砂糖の入った飲み物を摂取すると，2番めの課題における遂行能力の悪化が軽減したり，みられなくなった。別の研究でも，難易度の高いまたは苦痛を伴う課題の前にグルコースを摂取すると，注意の制御や学習，ワーキングメモリー能力，エピソード記憶といったさまざまな認知課題や感情調節，行動の自己制御が含まれる実行の制御（executive control）の機能を促進しうることが示されている（Gagnon, Greenwood, & Bherer, 2010; Gailliot & Baumeister, 2007; McMahon & Scheel, 2010; Serra-Grabulosa, Adan, Falcon, & Bargall, 2010）。

　そのような研究から，長時間にわたる尋問の間に規則的にグルコースを補充することによって，たいていの場合グルコース欠乏の影響を和らげることが示されている——しかし，これは前述の事例に確実に当てはまるわけではない——。しかしながら，グリセミック・インデックス（glycaemic index：GI，血糖指標）［訳者注：グリセミック・インデックスとは，食後の血糖値の上昇度を示す指標のことであり，低GIの食品は血糖値の上昇が穏やかであることを意味する］の低い食べ物は，グルコースをより継続的に放出し（Radulian, Rusu, Dragornir, & Posea, 2009），それゆえに主要な疲労をより最小限にし，自己制御のリソースを維持する。いくつかの補足的で直接的な知見では，低GIの食べ物によって，より効果的に認知遂行能力を維持できることが示されている（たとえば，Gilsenan, de Bruin,

& Dye, 2009; Lamport, Hoyle, Lawton, Mansfield, & Dye, 2011)。被疑者は尋問の間に，砂糖の入った飲み物を飲むことが多いが，低 GI の食べ物を食べることはないため，そのような知見は重要である。長時間にわたる尋問に必要とされる認知機能を長時間維持することが障害されているとしても，低 GI 食品を摂取することによって，直接的に認知遂行能力の改善がもたらされうる。

　最後に，尋問におけるグルコースの潜在的な役割を評価する場合，一日の流れの中で尋問が行なわれた時間を考慮することが重要である。グルコースの利用可能性や機能は睡眠後に最も高く，一般的には，午前中により良い傾向があり，一日の中で遅い時間や夕方の時間帯では，より低くかつ非効率的に消費される傾向がある（Gailliot & Baumeister, 2007）。「午後の糖尿病（afternoon diabetes)」という言葉は，まさにその効果を説明するために作られたものである（Jarrett, Viberti, & Sayegh, 1978）。この理由とその他の理由のために，尋問のタイミングは，被疑者の自己制御のリソースや急性の被誘導性に対して重大な影響を与えることが示唆される。

　ここでの私たちの主な関心は，健康な被疑者におけるグルコースの急性欠乏であるが，尋問の影響力に対する個人の脆弱性を検討する場合にはほとんどそれが考慮されていないため，グルコースの耐性や制御に関する慢性の障害が，認知機能や衝動制御を低下させうることを述べることは重要である（Dahle, Jacobs, & Raz, 2009; Gailliot & Baumeister, 2007; Lamport, Lawton, Mansfield, & Dye, 2009; Messier, Awad-Shimoon, Gagnon, Desrochers, & Tsiakas, 2011）。正常にグルコースの制御がなされている場合であっても，そのような個人差は認知や行動の自己制御に影響を与えうる（Dahle et al., 2009; Lamport et al., 2009）。糖尿病の罹患者は，効率的にグルコースを消費できないため，より深刻にグルコース欠乏になる可能性がある。低血糖症は，個人の脆弱性の原因にもなりうる。深刻なほど低いグルコースレベルは，認知や行動において比較的重大な障害を招きうる（Galliot & Baumeister, 2007 参照）。低血糖症の人は，より低いグルコースレベルで尋問が始まるので，長くて消耗させられる尋問の間に，より深刻にそのレベルは低下するようになる。

　いくつかの証拠によって——単なる断食，血中のグルコースレベルまたはグルコース不耐性とは対照的に——グルコースを消費する能力に障害があること

は，一般成人や糖尿病の成人の両方において，認知遂行能力をより正確に予測することが示されている。課題を終えた後により多くグルコースが欠乏していた実験参加者は，あまりグルコースが欠乏していない実験参加者に比べて遂行能力が良かった（Galanina, Surampudi, Ciltea, Singh, & Perlmuter, 2008）。このように，グルコースの利用可能性とグルコースを消費する能力は，自己制御にとって重要なようである。

要約すると，尋問中の被疑者の身体的な状態は重要である。グルコース欠乏は重要であるが，ほとんど完全に隠れており無視されている身体的な状態の側面である。それは，尋問自体の性質や長さによって，グルコースの代謝と関連する被疑者の身体疾患によって，そして尋問前の環境によって，強く影響を受けるようである。被疑者の尋問の影響力に対する脆弱性に関して証言することを求められた専門家は，必ずこの問題と関連した情報を検証すべきであり，その影響に関して証言すべきである。裁判官と陪審員もまた，専門家の知見が得られたときには，この情報について真剣に検討すべきである。

## 5. 主要な3要因の協働：尋問に関連した深刻な制御の減退（IRRD）

前節で概観した研究では，自己制御の障害の原因である「主要な3要因」のそれぞれについて，個別に検討してきた。しかしながら，警察の尋問において被疑者は，苦痛やグルコース欠乏，疲労，そして時には睡眠剥奪といった複数の要因を経験するようである。そのような環境は，実験室では簡単に検討することはできない。とりわけ，被疑者の経験の強さに相当するような操作を用いる場合にはそうである。それらの要因の複合効果に関する最もよい情報は，「戦場の霧（fog of war）」や「オペレーションの要求と関連する認知的減退（Operational Demand-Related Cognitive Decline）」（Lieberman et al., 2005; McNeil & Morgan, 2010）――もしくは，極限または危険な環境下における認知遂行能力や意思決定の減退（極限の環境下における認知については

Gonzales, 2003 も参照）と呼ばれる事象について公刊されている軍事研究から得られる。特に尋問に関連するものとして，極度のストレスや睡眠剥奪下での生理的なストレス反応の指標は，軍事的な尋問トレーニングの実践において遂行能力の低さと関連していた（McNeil & Morgan, 2010）。

　マックニールとモーガン（McNeil & Morgan, 2010）は，「SERE（Survive 生き残る，Evade 逃れる，Resist 抵抗する，Escape 回避する）」トレーニングによる極度のストレッサーが認知に与える影響として，たとえば，90％を超える士官学校生にかい離症状を生じさせるほど，とても深刻なものであったと述べている。そのような深刻な影響によって，尋問中に苦しめられる被疑者もいるだろう。とりわけ，ここで概観した制御の減退にかかる主要な3要因がすべて該当するような場合にはなおさらである。

# 6. 結論

　著者らは，自己制御が尋問の影響力に抵抗するための基礎となる主なメカニズムであること，自己制御の障害が被誘導性や衝動制御の障害の主なメカニズムであることを議論してきた。これらの主張は，たいてい見過ごされてきたが，特定の被疑者における尋問の影響力に対する脆弱性を評価するために考慮すべき重要な観点である。これらには，自己制御能力と関連する慢性的な個人差――たとえば，グルコース代謝やその他の自己制御に関わる生理的および心理的な基礎――だけでなく，自己制御を低下させる可能性をもつ急性の状況的影響――グルコース欠乏，情緒的ストレッサーなど――も含まれる。そのような要因は，とらえにくく（アイデンティティの脅威や自尊心の制御など），または隠れているため（グルコース欠乏，慢性の自己制御の個人差など），尋問の研究者や，被疑者を個別にアセスメントして審問や法廷で証言する専門家によって，たいていの場合過小評価されているか，未検討の状態にある。私たちは，争われている自白の自発性や妥当性を評価する人すべてに対して，犯罪の被疑者の意思や合理的な意思決定が弱体化されるような自己制御の障害の重要性をより完全

に認識し，検討することを奨励する。

# 7. 全体のまとめと結論

- ■脆弱性に関する急性そして慢性の原因の両方が，個人の被誘導性や他者からの影響の受けやすさの一因となっている。平均的な精神的健康と知性を備えた被疑者，さらに優れた知性を備えた被疑者でさえも，個人のリソースが急性の損傷を受けることによって，尋問の影響力に対する抵抗が弱体化されてしまう。
- ■損傷を受けていない自己制御のリソースは尋問の影響力に抵抗するための主要なメカニズムとなる。そして，それは，とりわけ尋問によって導かれた自己の利益に反する自白においてそうである。
  - 自己制御のリソースの消耗は，衝動制御を障害し，尋問の即時的な苦痛から逃れる手段としての自白をさせやすくする。
  - 自己制御のリソースの消耗は，説得に対する効果的な抵抗や効果的な意思決定の基礎となる認知機能をも障害する。そのため，被疑者は，取調官によって掲げられた自白が被疑者にとっての最善の法益であるという信念の影響を受けやすくなる。
  - 最後に，自己制御リソースの消耗は，感情調節を障害し，それによって衝動制御，合理的な分析や意思決定のすべてを損なう。
- ■警察の捜査段階にある被疑者は，自己制御のリソースを損傷させるような尋問を受ける間に多くのプレッシャーと直面する。それには，以下のものが含まれる——しかし，それらに限ったものではない——。
  - 尋問前の苦痛，疲労，睡眠剥奪，薬物使用
  - 犯罪の責任を問われていることや，予期される社会的結果や法的結果によるストレスや不安
  - 尋問の長さや環境的ストレッサー
  - 対抗的な尋問の戦術

- ○社会的孤立，コントロールの欠如
- ■警察の尋問において多くの被疑者に共通するものに，自己制御の障害に関する3つのメカニズムがある。頑健な実証研究によって，衝動制御の障害，感情調節の障害，認知の障害のメカニズムのそれぞれが関連づけられている。それは，尋問中の影響力に対する抵抗のための重要な示唆となっている。これには，次のものが含まれている。
  - ○情緒的苦痛
  - ○グルコースの利用可能性と制御
  - ○疲労や睡眠剥奪
- ■アメリカの裁判では，「自発的ではない」自白を生み出す状況下で得られた自白は，法廷において被告人に対する証拠としては認められない可能性がある。しかし，実務においては，多くの裁判官が，被疑者に精神的な健康や認知に関する著しい障害が認められない場合には，尋問で引き出された自白を排除しない。たとえ，それらの障害が認められたとしても，自白を排除しないことすらある。ここで概観した研究によって，急性に生じた尋問の影響力に対する脆弱性の問題は，現状よりももっと重視すべきであることが示唆された。

# 8. 司法への示唆

- ■自白証拠の排除手続きで，警察が引き出した自白の自発性を評価するよう求められた，もしくは陪審員の前で虚偽自白や個人の脆弱性の原因を明らかにするために召喚された専門家は，慢性の脆弱性に加えて，急性の脆弱性の原因を入念に評価すべきである。
- ■専門家の中には，慢性の脆弱性の問題を分析しないで，「正常な」被疑者に虚偽自白を主張する証拠排除の根拠はないとする者もいる。
- ■検討されるべき急性の障害に関する特定の潜在的な原因には次のものが含まれる。

- 犯罪の性質やその犯罪から被疑者自身が受ける影響（法的な影響を除く）による情緒的ストレッサー
- 犯罪とは無関係な他の情緒的ストレッサー
- 尋問を受けるにいたる被疑者の身体的な状態

それには，下記が含まれる

  - 疲労や睡眠剥奪
  - 薬物（処方されたものまたは娯楽としての麻薬）またはアルコールの使用
  - グルコースの制御機能や急性のグルコース欠乏
  - 病気や怪我
- 尋問と関連するストレッサー
  - 非難の性質と重大さ
  - 尋問やその環境によって生じる感情
  - 拘禁，社会的孤立，身体的な不快感，無力感やコントロールの欠如
  - アイデンティティや自尊心への脅威とそれらに対して努力を要するマネジメント
    - 非難の性質によるもの
    - ある社会カテゴリに属するために，他者が被疑者を有罪として見ることにつながるステレオタイプの脅威や期待によるもの（たとえば，暴力犯罪で告訴された黒人，継子に対する性的いたずらで告訴された継父）
  - 対抗的な尋問の戦術：
    - 対抗
    - 遮り，無実の主張を傾聴したりそれを尊重することを拒否すること，要求の繰り返し，論争的な行動
    - 過度な長さ
    - トイレの時間をとらない，または軽食を与えない
    - 複数の取調官による尋問
    - 敵意または脅威，もしくはその両方
  - 身体的および精神的な状態の悪化の進行

# Chapter 10

## 被誘導性と被害者・目撃者
## 認知面接とNICHDプロトコルによる面接

デイビッド・J・ラルーイ，ディアードレ・ブラウン，マイケル・E・ラム

**KEY POINTS**

- この章は，面接状況において，（部分的に）誘導の影響を最小化するために開発された2つの面接方法をレビューする。
- 第1に，認知面接（CI）の効果を評価した研究をレビューする。認知面接とは，成人の協力的な目撃者を面接するときに，警察官が利用するために開発されたが，それ以来，さまざまな目撃者に適用されてきた。
- 次に，NICHD捜査面接プロトコルについて説明する。NICHDプロトコルは，子どもと面接する際に，司法面接者が最良の実践モデルの指針（ベスト・プラクティス・ガイドライン）に忠実に従うことができるように開発された。
- 認知面接とNICHDプロトコルは，多くの先行研究によって支持されている。それらの中心となる提言は，効果的な面接に関して研究者間で十分な合意が得られたものである。
- 2つのアプローチは多くの特徴を共有している。しかし，NICHDプロトコルは子どもに対する面接に焦点を当てており，認知面接よりも構造化

- 認知面接は主として実験室で行なわれた研究で検討されてきたが，NICHDプロトコルは広範なフィールド研究に重点が置かれてきた。

　この本を通して示されているように，被誘導性は多様であり，捜査中は誘導の影響を非常に深刻に受け止めるべきである。私たちの記憶はさまざまな方法で影響され，歪曲されやすい。なぜなら，記憶は，減衰や内的バイアス，社会的要求や期待，類似した（が，異なっている）経験，誘導質問，誤誘導質問，他の目撃者との会話，同調，精神障害などに影響されやすいからである。物事をより複雑にするのは，誘導されやすさには個人差もある（Bruck & Melnyk, 2004）ということであり，それによって，どこでいつ，被誘導性の影響が現われそうであるかを正確に指摘することがさらに難しくなる（Chapter 5, Chapter 7, Chapter 8参照）。被誘導性は司法制度の中で，カフカの小説のような悲劇的な結果——たとえば，虚偽自白や，誤同定，冤罪——をもたらすことがあるので，被誘導性の影響を最小化する実践的な方法を開発するために多くの努力がなされてきた。捜査員が自身の関わる過程を理解し，誘導やその影響を避ける方法を理解することは重要である。

　この章では，研究に基づいた捜査面接の2つのアプローチ——認知面接（Cognitive Interview：CI）と国立小児保健発達研究所（National Institute of Child Health and Human Development：NICHD）捜査面接プロトコルを概観する。ここで明らかにするように，この2つのアプローチは，記憶に関する多くの実験研究および応用研究から得られた同じ重要概念の多くを利用している。しかし，これらの2つのアプローチの開発に影響してきた重要な違いもある。特に認知面接は，主として，**話すつもりがある**成人の**目撃者**の記憶を**促進**するために開発された。彼らは犯罪とわかっていて目撃したか，あるいは犯罪と知らないで目撃したかのどちらかであり，したがって，実際に，非常によく記憶している出来事と同じように，ほとんど，あるいはまったく記憶がない出来事について尋ねられるかもしれない。認知面接の重要な機能の一つは，捜査員に究明するための多くの正確な手がかりを提供することで，捜査を進展させることである。

対照的に，NICHDプロトコルは，主として，性的虐待や身体的虐待の被害が疑われる子どもに対して用いるために開発された。彼らは，怯えていたり，怖がっていたり，恥ずかしいと思うために話したがらないことも多い。時間が経過してから被害を開示したために，面接の実施までに非常に長い遅延があることが多く，子どもたちは信用できず，誘導されやすいとみなされることもある。重要なことは，面接で子どもたちから得られるものについて現実的な期待ができるように，子どもの認知能力の発達を考慮すべきだということである。多くの司法制度で子どもの面接は電磁的に記録され，それは司法制度の中で2つの目的を果たす。つまり，手がかりを提供することによって捜査を進展させると同時に，法廷でも利用されることが多く，時には法廷における本人の証言の代わりになる。認知面接とNICHDプロトコルは，本章において，被誘導性を最小化することに重点を置いて議論される。

# 1. 成人の目撃記憶を促進する：認知面接

　認知面接（CI）は警察官が成人の協力的な目撃者を事情聴取する方法を改善するために作られた（Fisher, Geiselman, Raymond, Jurkevich, & Warhaftig, 1987）。捜査面接の内容やスタイルを調べた1980年代後半と1990年代前半の研究は，次のような問題を見いだした。それは，ラポール形成が少ないこと，詳細を得るために（誘導や暗示的な質問を含む）焦点化した質問を早い段階で利用すること，目撃者のナラティブ（自由な語り）や再生を頻繁に遮ることである(Fisher, Geiselman, & Raymond, 1987; George & Clifford, 1992)。さらに，警察官の中には，被疑者を取調べるのと同じような誘導的なやり方で目撃者を面接する者もおり，事件の特徴について，多くの予めもっていた推測を目撃者から引き出していた。その結果として，認知面接のもともとの目的は，警察の捜査面接を改善することであり，記憶や認知の原理に関する研究から得られた方略を組み込んで，目撃者が詳細な報告をするのを助けることであった。最も重要な点は以下の2点である。①符号化特定性（Tulving & Thomson, 1973），

つまり符号化（記銘）と検索（想起）が起こる心理学的な文脈の類似性を最大にすることによって，記憶が喚起されやすくなるということ，②記憶の符号化は多成分であるとの見方（Bower, 1967; Wickens, 1970），つまり記憶痕跡は多くの特徴からなっており，そのすべてが一度に等しくアクセスできるわけではないということである。この理由のために，何度も検索しようとすることで，さらに詳細情報にアクセスできるようになるだろう（しかし，Dando, Ormerod, Wilcock, & Milne, 2011 も参照）。

オリジナルの認知面接は以下の4つの方略を含んでいる。①目撃者がその情報について関係がある，あるいは重要であると信じていようといまいと，思い出したことをすべて（たとえ部分的でも）報告するように教示すること，②事件の文脈（感情的，感覚的な特徴の双方を含む）を心理的に再現するように試みること，③異なる時系列で事件を思い出すこと，④多様な視点，たとえば他の人の視点から，または事件現場の異なる場所から，事件を思い出すこと。初期の研究では，認知面接は実際に目撃者が提供する情報量を増やすことを示したが，警察官が直面する多くの問題は解決されなかった（Köhnken, Milne, Memon, & Bull, 1999）。これらの中には，以下のものが含まれる。可能性のある手がかりを得るために指示的な質問をすることで報告する情報の流れをコントロールする傾向，限られた範囲の記憶の促進刺激や検索方略の利用，目撃者の供述を頻繁に遮ること，そして限定的なラポール形成と目撃者が貢献することの重要性を強調することである。認知面接は，面接のダイナミクスに影響する社会的要因を扱い，面接者が目撃者主体の供述を得ることを促進するためにさらに改訂された（Fisher & Geiselman, 1992）。改訂版の認知面接は，ラポール形成の促進と目撃者の面接への準備状態を高めること，面接のコントロールを目撃者へ移譲すること，間（ま）や非言語的行動の使用，多くのタイプの記憶の促進刺激や検索手がかり（たとえば，イメージ）の探査，目撃者に適した質問や対応（たとえば，空間的な配置を描写するためにスケッチなどの他のコミュニケーション手段を利用すること）が強調された。Box 10.1 には，目撃者が記憶した文脈を再現し，記憶を高めることを目指して面接者が述べる内容を説明している（Westera, Kebbell, & Milne, 2011）。この例では，何が起こったかを目撃者が捜査員に話す前に，捜査員が目撃者に，記憶した出来事について心の中

> **Box 10.1　記憶を喚起する認知面接の一例**
>
> 捜査員：私はあなたから詳細な情報を得たいので，あなたには本当に一生懸命に集中してほしいのです。私はその場にいなかったので，何が起こったのかわかりません。あなたはすべての情報を知っている唯一の人なので，あなたが覚えていることすべてを私に話してほしいのです。たとえ，あなたが重要ではないと思うことでも，たとえあなたが完全に思い出すことができない，あるいは，部分的にしか覚えていないことでも，昨晩起こったことについて，私にすべてを話してほしいのです。心に浮かんだことすべて，あなた自身の時間とペースで私に話してほしいのです。何か物をなくして，最後にそれを持っていた場所を心に描こうとするように，私はあなたに，その夜のその時間に戻って考えてほしいのです。私があなたにしてほしいことは，あなたの心の中にイメージを描くことです。あなたがいた場所について考えてください。あなたはどのように感じていましたか？　何が聞こえましたか？　どんなにおいを感じましたか？　その場所にいたすべての人のことを考えてください。その場所にあったすべてのものについて考えてください。あなたがいた場所のレイアウトを考えてください。心の中に本当に的確なイメージを描いてください。たとえあなたが重要ではないと思うどんな些細なことでも，できるだけすべてを私に話してください。私がそこにいなかったことを忘れないでください，そしてただあなたのペースですべてを私に話してください。
>
> （Westera et al., 2011）

に最も的確なイメージを作ってもらうことで，記憶を喚起しようとしている。

2つのメタ分析の研究では，さまざまな形式の認知面接に関する研究を要約している。ケーンケンら（Köhnken et al., 1999）は，1984年から1999年の間に実施された研究（公刊・未公刊を問わない）を対象に，統制群や標準的な面接手続きと比較して（オリジナル版と改訂版の）認知面接の効果を分析した。標準的な面接は，目撃者の面接に向けた特別な準備や検索方略，記憶術の直接的な利用をせずに，単に言語的促し（オープン質問あるいは焦点化質問）を利用する面接である。彼らの分析では，認知面接は実際に，参加者（子どもと成人）によって報告される正確な情報量を増やしており，統制群よりも認知面接が効

果的ではないことを示す研究はなかった。効果量は，自由再生に影響すると知られている要因によって影響されていた（たとえば，成人は子どもよりも効果があるようであり，遅延が短いほうが効果は大きく，目撃者がターゲットとする出来事に積極的に関与しているほうが効果が大きかった）。認知面接は誤った再生数をも増やしていたが，研究によってパタンは一貫しておらず（たとえば，認知面接が誤った詳細情報を引き出しにくいことを示した研究もある），効果量は非常に小さかった。全体の正確さ（報告された全体の情報量に対する正確な情報量）を考慮すると，差異はなかった。言い換えれば，認知面接は報告された情報の質や信頼性に悪影響を与えることなく，再生量を増やしたのである。

さらに最近では，メモンら（Memon, Meissner, & Fraser, 2010a）が1999年以降に公刊された研究も含めてメタ分析を実施した。最近の研究では認知面接に多数の変化形による多様性があるにもかかわらず，初期の研究で得られた知見を再確認した。すなわち，認知面接の利用は，得られる正確な情報の量にかなりの効果があった。報告された誤った詳細情報の数には小さな影響があったが，全体でみた正確な情報の割合には影響がなかった。これは，報告された情報が全体的に増えた結果だと思われる。すなわち，目撃者がより情報を報告すれば，誤った詳細情報を含む機会が増えるということである。報告量の増加は，恐らく，認知的な検索方略（たとえば，文脈の心的再現）とすべての詳細情報を報告するという教示の双方の効果の結果であろう（Memon, Wark, Bull, & Köhnken, 1997）。「悉皆報告」の教示は，目撃者の反応の閾値を下げ，目撃者が重要とは思わないために情報を述べない可能性を最小限にすることを目的にしている（Koriat & Goldsmith, 1996）。重要なことに，正答率（正しい情報の割合）は，認知面接と比較された他の面接と同じである。認知面接の効果は，再生に基づいた課題で最も高く，特に補足質問の段階（そこではさまざまな記憶術が使われている）で高かった。このように，認知面接は，目撃者が自らの経験について精緻な詳細情報を報告することを助けるというかなりの証拠があるが，多くが実験室や類似の文脈で行なわれた研究の結果である。

認知面接を検討している研究のほとんどは成人（主として大学生）を対象としているが，脆弱な目撃者に対する効果についても，子どもや高齢者，知

的障害を有する成人，知的障害や他の発達障害を有する子どもを対象に検討されてきた。認知面接は，成人に対して効果があるほど，一貫して子どもの目撃者に効果があるわけではないが，4歳から（Holiday & Albon, 2004）児童期の中頃まで（Akehurst, Milne, & Köhnken, 2003; Geiselman & Padilla, 1988; Holliday, 2003; Larsson, Granhag, & Spjut, 2003; Milne & Bull, 2003; Saywitz, Geiselman, & Bornstein, 1992）の子どもにおける再生を増やすということを示してきた。成人同様に，誤った詳細情報の数も増加することを報告する研究もある（Memon et al., 1997）が，正しい情報に対する誤った情報の割合は一定のままであった（McCauley & Fisher, 1995）。他の研究者は，子どもに認知面接を用いて面接を行なったが，再生が増えなかったことを報告している（Memon, Cronin, Eaves, & Bull, 1996）。高齢者に対する研究でもまた効果を示しており（たとえばHolliday et al., 2012），重大な認知障害のある高齢者に対してさえ効果を示していた（Wright & Holliday, 2007）。しかし，高齢者に認知面接を用いて面接をした場合に利点があることを示せなかった研究が少なくとも1つは存在している（McMahon, 2000）。

　知的障害や他の障害（たとえば，自閉スペクトラム症（ASD））を有する成人や子どもを対象にした研究はほとんどない。軽度の知的障害児が，認知面接を使って面接をされたとき，正確な詳細情報と誤った詳細情報とが増えるが，全体的な正確さに対する悪影響はなかった（Milne & Bull, 1996; Robinson & McGuire, 2006）。境界域や軽度知的障害の範疇に入る認知障害を有する成人は，認知面接を利用して面接をされた場合に，より多くの情報を想起したが，誤った情報もより多く報告した（Brown & Geiselman, 1990）。軽度知的障害を有する成人を対象にした研究で，ミルンら（Milne, Clare, & Bull, 1999）も同様の結果を得ている。

　目撃者が特定の発達障害をもっている場合に，認知面接の効果を検討した研究は，今まで1つしか存在しない。マラスとボウラー（Maras & Bowler, 2010）は，自閉スペクトラム症の成人と自閉スペクトラム症でない成人が，認知面接もしくは標準的な面接方法で面接された場合に，短いビデオ画像をどの程度よく思い出せるかを比較した。他の脆弱なグループに対して行なった研究結果と比較して，認知面接は正確な再生を増やすことができなかっただけでなく，正確性

に悪影響を与えた。その結果，著者らは，自閉スペクトラム症に関連する認知社会的問題のために，このグループにとって特に認知面接が不適当であると警告をしている。このように，自閉スペクトラム症の場合の例外はあるが，認知面接は脆弱な目撃者を面接するときに用いると効果的であるようだ。

　しかし，被誘導性については，どうであろうか？　目撃者は，面接中の不適切な質問（誘導質問や誤誘導質問）や，同じ出来事を目撃した者による誤情報，あるいはメディアや関係者（たとえば親）からの明確な誘導や指示を含むさまざまな情報による誘導に遭遇するかもしれない。目撃者が最初に面接を受ける前にこれらの影響にあうかもしれず，あるいは面接と次の面接との間に，もしくは面接と法廷での証言との間に，これらの影響にあうかもしれない。したがって，認知面接が，目撃者の証言に誤情報を組み込んでしまうのをどの程度防げるのか，あるいは誘導的な質問に目撃者が抵抗することをどの程度助けるのかを検討している研究者もいる。被誘導性に関する認知面接の結果は，出来事の再生に関する結果ほど均一ではない。認知面接を用いると，子どもが面接の終わりに誘導質問に抵抗することができる（Memon, Holley, Wark, Bull, & Köhnken, 1996; Milne & Bull, 2003）ということや，面接前に提示された誤情報に抵抗することができる（Holliday, 2003, 実験 2; Holliday & Albon, 2004）ということを示している研究がある。しかし，一方で，子どもは依然として事後情報に対して脆弱であるということを示す研究もある（Hayes & Delamothe, 1997; Holliday, 2003, 実験 1; Milne, Bull, Köhnken, & Memon, 1995）。最近，ホリデイら（Holliday et al., 2012）は，認知面接で面接された（若年成人ではなく）高齢者は，面接前に遭遇した誤情報に影響されにくいということを示した。しかし，若年成人を対象にした他の研究では，認知面接を誤情報の提示**後**よりも提示**前**に実施することで，誘導された情報を報告に組み込んでしまうことに対する防護効果があることが示されてきた。すなわち，初期に行なった認知面接は後の誘導から防護する可能性があるが，誤情報に汚染されたのちに認知面接を使用しても，誤情報の影響に打ち勝つ，もしくはその影響を「解消する」ことはない（たとえば，Centofanti & Reece, 2006; Geiselman, Fisher, Cohen, Holland, & Surtes, 1986; Memon, Zaragoza, Clifford, & Kidd, 2010b）。認知面接は検索される情報量を増加させ，体験したときの出来事の詳細情報に関する

記憶をリハーサルを通して強化し，より正確なソースモニタリングを通して誘導を排除することを可能にするため，早い段階で認知面接を行なうことによって防護効果が発揮される可能性が示唆されてきた（たとえば Geiselman et al., 1986; Holliday et al., 2012）。認知面接に含まれる教示もまた，認知面接を受けた目撃者が誘導的な質問を排除することに対して，より自信を感じるように導くかもしれない。つまり，社会的教示が目撃者の専門家としての役割を強調するのである。裏返して言えば，面接者の無知さを強調する。これは，子どもが，肯定的な印象を作るために面接者に同意しやすいこと，そして大人は自分たちの経験について知識があるという仮定をもっていることを考えると，子どもにとってとりわけ重要であるだろう（Lamb & Brown, 2006）。

　これらの研究によって，私たちは，実生活における警察の捜査面接において，認知面接がどれほどうまく機能するかをどの程度わかるのであろうか？　面接の質に関する研究では，定期的なスーパービジョンや継続する訓練がなければ，面接者が研修後の面接の基準を維持することは難しいということを一貫して示してきた。研究によれば，警察官は常に認知面接を完全なかたちで用いているわけではなく（たとえば，Kebbell, Milne, & Wagstaff, 1999），認知面接の中に含まれる方略のいくつかの有効性について懐疑的であることを示している。さらに，警察官が直面する時間的制約のために，認知面接のすべてを実施することは実用的ではない。この懸案事項に応えて，研究者たちは，認知面接の短縮版を検討してきた（たとえば，Davis, McMahon, & Greenwood, 2005; Dando, Wilcock, Milne, & Henry, 2009）。また，多くの目撃者にできるかぎり早く面接するための自己記述式面接プロトコル（self-administered interview protocol：SAI）も検討されてきた（Gabbert, Hope, & Fisher, 2009）。これらの修正版はいずれも効果的であるようだ。

　対象者の多様性や，認知面接の特定の構成要素の多様性にもかかわらず，目撃者の再生や報告に対する肯定的な効果が示されてきたが，いくつかの重要な方法論的な限界が存在する。メモンら（Memon et al., 2010a）はあまり注目されてこなかったさまざまな要因を特定したが，それらの多くは10年前にケンケンら（Köhnken et al., 1999）によって述べられたものと同じであった。第1に，研究されている認知面接の特定の構成要素が多様であるために，どの

構成要素が特に重要であるかを判定することは難しい。メモンら（Memon et al., 2010a）によれば，実施されてきた研究の44%が認知面接の修正版を使用しており，どの方略が含まれているかについては一貫性がほとんどない。その結果，どの目撃者に対して，どのような条件で，どの構成要素が効果的か——あるいは，ある構成要素が他の構成要素よりも生産的かそうでないか——は明らかではない（Fisher, 2010; Fisher & Schreiber, 2007）。第2に，目撃者（特に子ども）が司法制度の中で遭遇する可能性がある遅延と同種の遅延を検討している研究はほとんどない。多くの研究は，1日程度の遅延であり，2週間以上の遅延を検討している研究はほとんどない。第3に，ほとんどの研究は目撃者に短いビデオ画像を思い出すように依頼しており，個人的に経験した出来事を用いた研究はほとんどなく，高いレベルの感情的覚醒を引き起こす出来事やトラウマとなる出来事を用いた研究は存在しない。第4に，驚くべきことに，実際の捜査面接の逐語録を検討した研究はほとんどない。最後に，目撃者は多数回の面接で——それが公式であれ非公式（たとえば家族や友人と話すなど）であれ——自らの経験について語るように要求されることが一般的であるが，研究者は複数回行なわれる認知面接の効果をほとんど検討していない。このように，研究者が認知面接とその効果に関する理解を深める機会は多く残されている。

　要約すると，認知面接は実質的かつ増大する証拠によって支えられているが，認知面接の内容を洗練し，その適用範囲を広げるためには，生態学的妥当性の高い研究をする余地がかなり残されている。認知面接は，研究者および実務家からの支持があり，世界中の多くの警察の訓練プログラムに取り入れられている（Fisher, 2010; Fisher, Milne, & Bull, 2011; Fisher & Schreiber, 2007）。しかし，他の面接プロトコルと同様，認知面接は，先に行なわれた不適切な面接の影響（つまり誘導）を——いくらかは改善するかもしれないが——「解消する」ことはできない。そして，すべてのグループの目撃者に対して均一に防護を与えることはない。認知面接の研究の第一線にいる研究者たちは，他のプロトコルと同様，認知面接を，面接のための厳格なレシピとしてというよりも，面接の過程で生じる問題を解決するための技術の道具箱としてみなすべきであると警告している（Fisher, 2010; Fisher, Milne, & Bull, 2011; Fisher & Schreiber,

2007)。認知面接のすべての構成要素がすべての目撃者，そしてすべての目撃課題に効果的であるわけではない。認知面接の単なる訓練や使用が，目撃者の特性や，目撃の対象となる出来事の性質を考慮して十分な面接計画を立てることの必要性に取って代わることはない。面接者は，ある特定の目撃者のニーズに合わせて面接を柔軟に変えなければならない。

## 2. 子どもの証言を獲得する：NICHD プロトコル

　NICHD プロトコルは，法律家，発達心理学者，臨床心理学者，犯罪心理学者，警察官，ソーシャルワーカーを含むさまざまな専門家からのアドバイスを受けて，1990 年代半ばに開発された。開発されて以降，司法における評価や研究が集中的に行なわれてきた（Lamb, Hershkowitz, Orbach, & Esplin, 2008; Bull, 2010 参照）。このプロトコルの開発は，一つには，非常に注目を浴びたさまざまな児童虐待事案によって推進された。これらの事案は，心理学界と法学界のいたるところで，子どもが面接をされる際の誘導的なやり方に対する懸念を引き起こした。たとえば，一連の「デイケア」における児童虐待事件（Ceci & Bruck, 1993 と Bruck & Ceci, 1995 によって記述された，よく挙げられるマクマーチンとマイケルの事件を含む）では，誘導的な面接は，子どもたちが強姦された，ナイフで性器を貫通された，排泄物を無理矢理食べさせられた，生きたまま埋められた，地下のトンネルを通って運ばれた，殺人を目撃したという申告を生み出した。これらはすべて通常の勤務時間中の出来事であり，親たちが好きなようにデイケアセンターから自由に行き来する時間帯の出来事であった。これらの事件でも，似た他の事件でも，裏づけとなる証拠は見つかっていなかった。最近では，子どもを面接する方法が虚偽の申告を生み出しうることは明らかであるようだ。しかし，過去には，子どもの記憶について広く支持されているが誤った信念を，社会的ヒステリーや診断的治療が増幅させており，それらはこの問題の「広範な」特徴を「証明」しているようであった（たとえば，Bass & Davis, 1988）。1980 年代と 1990 年代には，一般的に次のように思われ

ていた。「すべての男性は強姦魔である」「女性の25%はひどく虐待されていた」「複数の子どもを性的に虐待することや，悪魔崇拝儀礼のための虐待はよくあることだ」「ほとんどの人は自分の虐待された過去について否認している」「過去に抑圧された記憶を思い出すことは可能である」「たとえ，被害者と思われる人が何も覚えていないときでさえ，行動指標によって虐待が起きたことを明らかにできる」。非常に多くの証言が誘導的な面接や心理療法を通して得られたために，多くの裁判所が最終的には有罪判決を出さなかったが，それにもかかわらず，多くの関係者の日常生活がその告発によって損なわれた。

次に続くのは，「記憶戦争」として知られるものであり，その時期に子どもの被誘導性（および心理療法家の「介入」の危険性）に対する私たちの理解が大きく進んだ。私たちは今，実験研究から以下のものがすべて，子どもたちに不正確な報告をするように導いてしまう可能性があることを知っている。誤誘導質問 (Baker-Ward, Gordon, Ornstein, Larus, & Clubb 1993; Pipe, Sutherland, Webster, Jones, & La Rooy, 2004)，誤誘導情報 (Bruck, Ceci, Francoeur, & Barr, 1995)，誤誘導のために用いる小物 (Leichtman & Ceci, 1995)，繰り返し質問 (Krähenbühl & Blades, 2006; Poole & White, 1991, 1993)，社会的プレッシャー (Melnyk & Bruck, 2004)，仲間からのプレッシャー (Bruck, Ceci, & Hembrooke, 2002; Principe & Ceci, 2002)，想像と空想 (Ceci, Huffman, Smith, & Loftus, 1994)，不適切な励ましと称賛 (Bruck et al., 2002)，私たちが起こらなかったと知っていることについて尋ねること(Ceci et al., 1994; Erdmann, Volbert, & Bohm, 2004)，負の強化 (Powell, Jones, & Campbell, 2003)，推測や憶測をするよう励ますこと (Erdmann et al., 2004) である。これらの研究の多くで，さまざまに組み合わされた誘導的な技術が，大きな影響を生み出すために使われてきた。たとえば，ある研究では，73%もの子どもが架空の出来事が起こったということに誤って同意した (Erdmann et al., 2004)。

研究者のおかげで，面接中いつ子どもが信頼できない情報を話しそうであるかということに加え，その発達段階から考えて子どもの能力がどの程度であるかを適切に推測し，子どもが虐待の経験を最も正確に話しそう状況を特定することができるようになった。オープン質問によって引き出されたナラティブ

（自由な語り）が優れていることは例外なく強調できるが，これは模擬実験の研究において，オープン質問を使って引き出された情報が，焦点化した再認質問を用いて引き出された情報よりも，はるかに正確であることが，よく追試されているからである（Dale, Loftus, & Rathbun, 1978; Dent, 1982, 1986; Dent & Stephenson, 1979; Goodman & Aman, 1990; Goodman, Bottoms, Schwartz-Kenney, & Rudy, 1991; Hutcheson, Baxter, Telfer, & Warden, 1995; Oates & Shrimpton, 1991; Ornstein, Gordon, & Larus, 1992）。おそらく，オープン質問は回答者に記憶から情報を思い出すように強制するが，焦点化した再任質問は，面接者が示唆した1つまたは複数の選択肢を回答者が再認することを求めるからであろう。

　子どもの記憶と被誘導性に関する研究の明瞭さを前提として，NICHDプロトコルの開発者たちは司法面接のガイドラインを作成しようとした。このガイドラインは，子どもの面接における適切な発問タイプを明らかにすると同時に，起きなかったかもしれない出来事について自分自身の仮説に基づいて焦点化した質問を尋ねることで，面接者が誘導の罠に陥る機会をできるだけ制限しようと努めるものであった。このように，プロトコルの開発者は，焦点化した質問に頼ることを減らし，子ども自身が再生の過程をコントロールでき，再生された情報が正確である可能性を高めるオープン質問を多く利用することを推奨しようした。彼らの目標は，多様な経験や訓練を受けた世界中の面接者が利用でき，そして重要なことには，被誘導性に関する研究や記憶の発達について専門の知識をもたない面接者が利用できる面接プロトコルを作成することであった。さらに，プロトコルは法的な異議申し立てにも耐えうる十分な堅固さを有する必要があった。その解決法は，記憶や被誘導性についての一般的な概念に関する指針だけではなく，言うべきこと，またその順序について厳密に，特定の構造化された指針を提供することにあった。この構造化されたアプローチの利点は，子どもの能力や事件の類似性に対する面接者の偏見や既存の信念にかかわらず，すべての子どもたちに，自らの経験を詳しく話す平等の機会を与えることができ，それによって公正性を保つことが期待できることである（Box 10.2参照）。

　1990年代半ばに開発されたプロトコルは，捜査面接のすべての段階をカバー

> **Box 10.2　構造化された NICHD プロトコルの段階の例**
>
> 　NICHD プロトコルのすべての内容は クーンレとコネル（Kuehnle & Connell, 2009），ラムら（Lamb et al., 2008），ラムら（Lamb, La Rooy, Malloy, & Katz, 2011）で公表されている。
>
> ■導入
> ■グラウンド・ルール
> 　・真実と嘘
> 　・コントロールの移譲（たとえば，「わからない」「推測しない」「もし私が間違えたら訂正して」）
> ■ラポール（たとえば，「あなたは何をするのが好きですか？［回答を待つ，そして回答を得たら］それについてお話ししてください」）
> ■面接の練習（記憶の訓練／認知的サポート）
> ■本題への移行
> ■出来事の調査：
> 　・オープン質問（たとえば「何が起こったかお話ししてください」）
> 　・出来事の分割（たとえば「これは1回起きたことなの？　それとも何回も起きたことなの？」）
> ■まだ述べられていない情報についての焦点化質問
> ■情報の開示（その子どもが最初に話したのは誰か？　誰か他に起こったことを知っているか？）
> ■終結（たとえば「他に何か話しておきたいことがありますか？」「何か聞きたいことはありますか？」）
> ■中立的な話題（たとえば「この面接が終わったら，今日は何をしますか？」）

している。導入段階は，さまざまな司法地域のさまざまな法執行機関の影響を受けている。これらの法執行機関は，子どもの証言の信頼性に対する異議申し立てを予想して，子どもが真実と嘘の発言の違いを理解できることを立証する質問を含むように依頼した。たとえば，面接者は子どもに，これから出来事を詳細に述べるように頼まれるが「真実を話すべきであり」，面接者が言っていることがわからなければ「覚えていない」「わからない」「理解できない」と言うべきだと伝える。この最初の段階は「グラウンド・ルール」と呼ばれること

もあるが，後の面接で，子どもが誘導的な質問や暗示的な発言に黙従しなければならないと感じた場合に，それ自体が誘導となりうる潜在的な「プレッシャー」を除去できるように考案されている。これらのグラウンド・ルールはまた，これは常に起こってしまうものだが，暗示的あるいは誘導的な質問が不注意に尋ねられた場合に，面接者を防御するものとして機能することができる。面接中，子どもたちが「わからない」と言うのを見ることは実際に好ましいことである。

　その後，面接者は子どもたちの社会的感情的な要求を判断しようとしながらも，くつろいだ，支持的な環境を作り出す。「面接の練習」（「記憶の訓練」「発話の精緻化の訓練」「エピソード記憶の訓練」ともいわれる）として知られる段階の間に，さらにラポール形成が進められる。この段階で子どもたちは，オープン質問に応えて，実際の経験を詳細に述べるように促される。これによって，面接者は，後で本題について話すときに使う質問と同じ種類の質問を取り入れることができ，それによって，子どもたちに，どれくらい詳細に話すべきかということと，面接者は子どもたちの経験についてよく知らないということを示すことができる。この段階で重要なことは，子どもたちの焦点を「実際の」出来事に当てることでもある。なぜなら子どもたちは実際に起こったことについて詳細に話すように求められており，たとえば他の人から言うように頼まれたことを話すことが求められているわけではないからである（面接者は，親や保護者と前もって話すことで，子どもと話すのに適切な出来事について事前に計画を立てることができることもある。また，このような会話を通して，面接が始まる前に，面接者が起こった出来事についてすでに少し知っていることもある）。重要なことには，プロトコルは最初から，被誘導性を高めたり，空想を生み出す可能性がある話題や活動，たとえば，映画や物語，好きなゲーム，想像上の友人の話や，お絵かき，おもちゃと遊ぶ機会のようなものから距離を置いている。

　導入的な，ラポール形成とナラティブの訓練段階（あわせて本題前の段階）から本題の段階への移行は，特に被誘導性に対する懸念がある。この段階では，捜査対象となる出来事をできるかぎり誘導しないやり方で特定するための一連の質問方法が使われる。子どもによってまだ述べられていないが面接者が導入

した情報が誘導質問として定義されるため，面接者はその事件に関する話題を最初に取り上げることはできない。したがって，誘導的ではないようにするために，面接者は単に子どもになぜここにいるか知っているかを尋ねるべきである。そして，子どもが知っていると述べた場合には，「起こったことについてお話しして」というようなオープン質問を利用して，証言を得ようと試みるべきであり，その後もオープン質問を続けるべきである。

「それについてもっとお話しして」というようなオープン質問は，子どもがすでに自分の記憶をすべて述べた場合にもさらに何かが起こったことを暗示しているようにみえうるので，実際には誘導的であると提言する解説者も存在する。子どもが質問をされたときに，実際には起こらなかった情報を述べる可能性があり，実際に述べることもあるということからも，この懸念は明らかに重要である（Bruck et at., 2002; Ceci et al., 1994）。しかし，「話して」という質問が推奨される文脈を考慮することは重要である。研究とは異なり，実際の子どもの虐待事件の捜査では，捜査員が実際には起こっていないとわかっている出来事について，子どもが意図的に面接を受けることはない。むしろ，多くの面接のきっかけは，子どもたちが虐待の疑いをもたせるような事前開示をしたことである。したがって，司法の文脈では，子どもたちが事前開示をしているため，子どもたちは面接が行なわれる理由を知っていることが多いことを認識することが重要である。さらに，子どもによる虚偽の申告は非常にまれであり，適切な文脈で，何が起こったかを「話して」と子どもに頼んだ場合に，子どもが情報を捏造する証拠は存在しない。もちろん，これは，先に述べたマクマーチン事件における非常に誘導的な面接の文脈とそれによる虚偽の申告とは異なっている。

しかし，子どもたちが面接者の最初の質問である「今日あなたが私に会いにきた理由を教えて」に対してどんな情報も提供しない場合には，面接者は他のオープン質問を尋ねる必要があるときもある。スターンバーグら（Sternberg, Lamb, Davies, & Wescott et al., 2001）によれば，被害申告をする子どものうち5分の4の子どもが，オープン質問だけでもそれに応えて被害申告をする。このために，面接者は常に子どもが自分自身でその話題を持ち出すことを可能にすべきである。しかし，もし子どもが被害申告をしないが，捜査員にとって

彼らが実際に虐待されたと疑う正当な理由があるなら，面接者は，より焦点化した質問を使用する必要があるだろう。たとえば，おそらく「あなたが陰部を触られたと言っていたと先生が話してくれました。そのことについて私にお話しして」のような質問である。この質問方法は，子どもが捜査員に話していなかった情報について言及しているために誘導的である。そのため，必要なときにのみ使われるべきであり，容疑者や場所，疑わしい事件についての詳細情報を特定することなく，焦点を絞って使われるべきである。子どもが捜査員の発言に同意した場合は，捜査員は，たとえば「そう，誰かがあなたの陰部を触ったの。そのことについて私にすべてをお話しして」という言葉で始めて，オープン質問を使って面接を再開することがきわめて重要である。このようなオープン質問によって，面接者が誘導していない詳細情報を子どもが報告することができ，子どもが再び面接をコントロールできるようになる。上記のとおり，最初に被害申告する機会を与えられたときに，このような質問に対して被害申告をしない子どももいる。そして面接者は，記憶を汚染してしまうような誘導的な質問を尋ねるよりも，面接を中止することのほうがよいかどうかを常に考慮するべきである。もちろん，子どもの保護への懸念があるときには，リスクが付随する中で慎重に面接を進めることが必要な場合が多い。

　子どもが被害申告をするときはいつでも，面接者は追加のオープン質問を使ってさらなる情報を得ることが推奨される。たとえば「それから何が起こったの？」「そのことについてもっと教えて」「あなたは〇〇と言ったけれど，それについてもっと教えて」などである。いったん子どもが初期供述をした場合には，特定の出来事の内容を明らかにするために，その虐待が行なわれたのは「1回か複数回か」を子どもに話すように促すことが必要なときもある。子ども（と成人）がソースモニタリングをすることの難しさを示す研究は，面接者にとって子どもが正確に話すことを期待できる出来事の数について，私たちがもつべき予想に影響を与えてきた（Brubacher, Glisic, Roberts, & Powell, 2011; Brubacher, Roberts, & Powell, 2011; Powell, Roberts, & Guadagno, 2007）。子どもに特定の順序で（認知面接の修正版で示されているように）すべての出来事を再生するように依頼するよりは，面接者は最もよく覚えていそうな事件——たとえば最初の虐待，最近の虐待，あるいは別のときの虐待——に焦点

を当てることが推奨される。

　子どもが十分に詳しく証言をした後，面接者は省略された可能性がある重要な詳細情報を調べるために，焦点化質問を使うことができる。それらの質問には，誰，どのように，のような種類の焦点化質問——これらの質問は，子どもにコントロールを委ねているため好ましい——あるいはクローズド質問が含まれるだろう。クローズド質問には，はい・いいえで答えられる質問や，面接者が提示する選択肢の中から選択するように子どもに求める質問，たとえば「それはAですか，それともBですか」というような質問が含まれる。研究によれば，このような質問は，子どもを誤誘導する可能性があり，面接者によって誘導された経験していない出来事や詳細情報に子どもが黙従してしまう可能性がある（Bruck, Ceci, Francouer, & Renick, 1995; Ceci & Huffman, 1997; Pipe et al., 2004; Poole & Lindsay, 1998）。したがって，面接者がどうしても必要なときにだけ，これらの質問で尋ねることが特に重要であり，その質問の後には子どもにコントロールを戻し，汚染を最小化するオープン質問を続けることが特に重要である（たとえば，「そう，痛かったのね。そのことについてすべてお話しして」）。

　すべての質問は，誤解を避けるために，単純にそして注意深く組み立てられる必要がある。そして，捜査員は，誤解されてきた手がかりに敏感であり続ける必要がある。たとえば「その車は何色ですか？」という質問はかなり単純なようであるが，子どもはその質問が車の内側の色のことなのか，外側の色のことなのか戸惑うかもしれない（たとえば Jones & Krugman, 1986）。また，焦点化質問の答えやすさはさまざまである。つまり，「あなたの兄弟の名前は何ですか」のような質問はかなり答えやすいだろう。なぜなら，この質問はよく覚えている意味的な情報について尋ねているからである。一方，「彼はどの指であなたを触りましたか」という問いは思い出すことが難しい可能性があり，したがって回答を推測するように促してしまうかもしれない。

　誘導的な質問は望まれる回答を強く伝えてしまうが，NICHDプロトコルではそれらの質問の使用を避けている。2000年代初期に実施された研究では，そのような質問がどれほど危険であるかを明確に示しており，また，そのような質問が使われる頻度が一般的には減少してきているということに，ほとんど

の専門家は同意している。司法面接で尋ねられた誘導的な質問の数が実際にかなり少ないことを示している研究はいくつかある（たとえば，10%未満という結果は，Cederborg, La Rooy, & Lamb, 2008; Orbach et al., 2000; Sternberg et al., 2001）。今後の課題は，面接で最も正確な情報を引き出すことができるオープン質問の利用を推奨することである。

　要約すれば，聴取による被誘導性をめぐる問題に対する私たちの理解は，子どもの面接に関する多くの専門的助言を形作ってきたといえる（たとえば，American Professional Society on the Abuse of Children（APSAC），1997; Achieving Best Evidence（ABE），Home Office, 2002, 2007; Ministry of Justice, 2011; Jones, 2003; Lamb et al., 2008, 2011; Law Commission, 1997; Poole & Lamb, 1998; Sattler, 1998; Scottish Executive, 2003, 2011）。現在，記憶や被誘導性に関する私たちの知識が大きく進展したため，世界中の専門家集団によってなされた助言の主要な部分は著しく一致しており，劇的に変わることはないであろう。専門家によって推奨される手続きの差異は，記憶の性質や子どもの発達途上の能力，子どもから情報を引き出す最善の方法についての不一致というよりもむしろ，地域に特有な法律の制約から発生していることが多い。

# 3. 結論

- ■認知面接（CI）と国立小児保健発達研究所（NICHD）捜査面接プロトコルはともに，誘導の影響を最小限にする面接方法として，研究者によって開発されてきた。
- ■認知面接はイングランド・アンド・ウェールズ，カナダ，ニュージーランドにおいて，専門家のガイドラインに組み込まれている。
- ■NICHDプロトコルは，アメリカの一部，カナダ，イスラエルで義務化されており，スウェーデン，ノルウェー，イングランド，ウェールズ，スコットランド，フィンランドで教えられ，公的なガイドラインに組み込まれたり，公的なガイドラインの根拠になっている。そして現在，韓

国，日本，ポルトガルで実施されている。
■認知面接と NICHD プロトコルは，現在ある訓練プログラムに簡単に組み込むことができ，自由に利用できる。
■参考文献として，NICHD プロトコルのすべての内容はクーンレとコネル（Kuehnle & Connell, 2009），ラムら（Lamb et al., 2008），ラムら（Lamb et al., 2011）で公表されている。

# 4. 司法への示唆

■捜査員は，研究に基づいた面接のガイドラインを知っていなければならず，それらを完全に実行するように努力すべきである。
■研究に基づいたガイドラインについての知識は，異議を申し立てられたときに弁明する際に重要である。面接者はいつ，そして**なぜ**，ガイドラインからそれてしまうことがあるかを特定できる必要がある。

Suggestibility in Legal Contexts:
What Do We Know?
Anne M. Ridley, Fiona Gabbert and David J. La Rooy

# Chapter 11

## 取調べにおける被誘導性：
## 私たちは何を知っているのか？

アン・M・リドリー，フィオナ・ギャバート，デイビッド・J・ラルーイ

　この最終章では，本書でレビューした被誘導性に関する重要な点をまとめ，実務家に向けた，司法への示唆を検討する。

# 1. KEY POINTS のレビュー

　本書の最初の3つの章では，取調べにおける被誘導性の初期の歴史と，1970年代と1980年代にこの領域の研究が再興してからの手法と理論について深く議論した。20世紀初頭にビネー（Binet, A.），シュテルン（Stern, W.），そして他の研究者によって行なわれた子どもの被誘導性に関する初期の研究の流行は際立っている（Chapter 1）。この研究は，約70年後にやってくる研究の明らかな先駆けであった。この間には，研究の焦点は被誘導性が単一の現象かどうかを特定することに向けられたが，目撃証言に特に焦点を当てることも，また目撃証言に関連づけられることもなかった。本書を通して，取調べにおける被誘導性の2つの概念を3つの異なるやり方で定義してきた。これらの定義は，

Table 11.1 被誘導性に対する異なるアプローチと個人差の研究結果のまとめ

| 概念化 | 特徴 | 関連する証拠 |
| --- | --- | --- |
| 実験の（Experimental）<br>遅延の（Delayed）<br>聴取による（Investigative） | 誤情報パラダイムを用いて実験的に引き出される。<br>つまり、誘導質問で暗示されたものを含む、以前に遭遇した誤誘導情報の再生の誤りを検査する。 | ・不安（負の関係）<br>・記憶不信<br>・記憶（さまざまな結果） |
| 特性（Trait）<br>直後の（Immediate）<br>尋問による（Interrogative） | GSSによって測定される。<br>社会的な相互作用と、否定的なフィードバックあるいは（誘導質問を含む）強圧的な面接手法と関係している。 | ・不安（正の関係）<br>・自尊心<br>・逆境<br>・記憶（負の関係，特に誤誘導質問に対して） |

完全にではないが，広くいえば，互いに同じである。

　明確にするために，これらの概念を Table 11.1 にまとめたが，その際，Chapter 5 でレビューした「個人差」の知見も一緒に示している。リドリーとグッドジョンソン（Ridley & Gudjonsson）によれば，被誘導性についてのこれらの異なる概念に関する研究は，しばしば，統合的にというよりは並行的に実施されてきた。Chapter 1 で提案されたように，「**尋問による被誘導性**」対「**聴取による被誘導性**」という新しい定義を用いた研究は，個人差の要因と結びついて，どの程度それらが異なる，あるいは重複する概念であるのかをさらに明らかにするだろう。

　Chapter 2 では，クロバックとサラゴサ（Chrobak & Zaragoza）が，**聴取による被誘導性**を引き起こすために 1970 年代に導入された実験的な誤情報パラダイムに焦点を当てている。Chapter 2 では，このタイプの被誘導性に関する異なる理論的説明をレビューし，批判的吟味をしている。著者らによる最近の研究もまた概説されている。これらの研究では，よりプレッシャーのかかる，強圧的な取調べ手法を反映し，それによって**尋問による**被誘導性を引き起こすことができる誤情報パラダイムを開発している。一連の研究にわたり，著者たちは，取調官からのプレッシャーのもとで目撃者が自ら捏造した出来事を信じるようになるかどうかを検討している。彼らは，この方法で推測できることがおそらく警察の取調べで起こるであろうし，それゆえ重要な司法への示唆があると指摘している。

被誘導性に関する実験研究から離れて，グッドジョンソン（Gudjonsson, G. H.）は，個人がどの程度誘導質問に従いやすいか，また否定的なフィードバックの後で反応を変えやすいかを測定するために開発されたグッドジョンソン被誘導性尺度（GSS）を概観している（Chapter 3）。目撃者や被疑者の対処方略や期待，面接者との対人的な信頼を含む尋問による被誘導性の理論で，この背後にあるメカニズムは説明されてきている。著者らはまた，迎合性という考えや，その被誘導性との密接した関係を説明している。ただし被誘導性と違い，迎合的な反応は，内心では真実であると受け入れてはいないということが主な違いである。また，迎合性は標準化されたテストを利用して正確に測定することが被誘導性よりも難しい。著者は，司法の文脈で目撃者や被疑者を査定する際に，GSS をさまざまな検査バッテリーの一部として利用するべきだと指摘している。最近提案された**聴取**による被誘導性と**尋問**による被誘導性の区別を使用すれば，否定的なフィードバックの結果として起こる被誘導性は明らかに**尋問**による被誘導性であるが，（誤誘導質問の結果として生じる）GSS の Yield 尺度は**聴取**による被誘導性として概念化されることがより適切だろう。これは Chapter 5 で言及した異なる研究結果のパタン，つまり Yield は記憶と関係し，Shift は心理社会的な要因とより強く関係するということによって実証できる。

　誤情報パラダイムと密接に関連があるのは，複数の目撃者の間での話し合いが記憶の同調に関係していることであり，それはギャバート（Gabbert, F.）とホープ（Hope, L.）が執筆した Chapter 4 で取り上げられている。この章で議論されているように，記憶の同調とは，ある出来事に関する人々の記憶が話し合いののちに類似することを指している。「記憶の同調」研究と，より一般的な「誤情報研究」との差異は，参加者が話し合いという社会的文脈で誤誘導の事後情報にさらされるということである。個人が影響されるかどうかには社会的要因と認知的要因の双方が関与する可能性があるので，他者との話し合いの中で誤誘導の事後情報にさらされることは，特に強力なかたちの誘導となる。この章ではなぜ記憶の同調が起こるのかについて理論的説明を提示する際に，社会的要因と認知的要因の双方を考慮している。捜査面接を行なう者は，ある出来事について一緒に話し合った目撃者が意図せずにお互いの記憶に影響を与えうることを知っているべきである。カールッチら（Carlucci, Kieckhaefer,

Schwartz, Villalba, & Wright, 2011）による最近の研究では，傍観者はある出来事に積極的に関与した目撃者よりも記憶の同調の影響を受けやすいことを示しており，将来の研究では，目撃者の証言を評価する際に，出来事における個人の役割を考慮すべきである。

　明らかなことは，被誘導性は複雑なやり方で作用する複雑な現象であるということである。たとえば，被誘導性は，社会的相互作用の中で存在するかもしれず，そこでは誘導されたメッセージが内心では真実であると信じられているかもしれないし，そうではないかもしれない。被誘導性はまた，少なくとも部分的には，誤誘導情報の情報源を正確には特定できないこと，誤誘導質問に直面したときに正確に詳細情報を思い出せないこと，あるいはこの２つの組み合わせといった記憶に関連する要因の結果である。

　本書の後半部分では，誘導の影響に対する脆弱性の問題が詳細に検討された。著者たちは，子ども，知的障害を有する成人，高齢の目撃者，児童期の性的虐待について異論の多い回復された記憶をもつ者，強圧的な取調べにおける被疑者など，さまざまな人々に着目している。

　ジェームズ・オスト（Ost, J.）は，児童期の虐待が「忘れられ」，成人になって——時には心理療法中に——思い出すかどうかに関する研究をレビューしている。Chapter 6 では，被害者が児童期のトラウマとなる出来事を初めて再発見したと信じるさまざまなメカニズムを提示しているが，これらは一般的には，忘却や個人の信念のような通常の認知機能とメタ認知機能によって説明できると述べている。本書に関連する重要事項は，回復した記憶が誘導的な心理療法の結果であるのかという問題である。もしそうであるなら，これは司法への重要な示唆を示している。オストは，実際にはまったく目撃していないトラウマティックな出来事の詳細や，児童期に経験したと誘導された出来事でさえも，思い出させることが可能であることを示す，いくつかの実験研究をレビューしている。これをふまえると，司法の文脈において，児童期のトラウマについての回復した記憶は，裏づけとなる証拠で補強されるべきであるが，これは依然として議論の余地がある問題である。

　ロンドン（London, K.），ヘンリー（Henry, L. A.），コンラッド（Conradt, T.），コーサー（Corser, R.）による Chapter 7 では，子どもの被誘導性の個人差に

関する最近の研究について詳細なレビューを行なっている。面接技術の改善に向けて，ナラティブ（自由な語り）の訓練については，被誘導性をある程度防ぐ可能性があることを示す有望な研究がある。それにもかかわらず，高度なナラティブ・スキルをもつ子どもたちもまた，社会的手がかりをよく理解してしまうかもしれない。このことにより，逆説的ではあるが，彼らは面接者が示す誤った出来事の説明を受け入れやすくなる可能性がある。心の理論と被誘導性の関係についても複雑な知見が得られてきた。他者の意図を察する能力は被誘導性の減少と関係することを示す証拠があるが，より多くの研究が必要であろう。この章の最後の節で，知的障害児は，同じ生活年齢の子どもよりも誘導されやすいが，一般的には同じ精神年齢の子どもと同程度の誘導されやすさであるということを示す証拠がある。しかし知的障害児を含むすべての子どもは，適切に質問されれば，正確な証言を提供できる。

　マラス（Maras, K. L.）とウィルコック（Wilcock, R.）は，人の生涯の対極側となる高齢の目撃者に関する文献を要約した（Chapter 8）。それは，高齢者が若年成人よりもいくぶん誘導されやすいと結論づけているが，その程度については，一般的に高齢者の記憶力が劣っていることによってはっきりしなくなっている。これらの人々における被誘導性は多様であり，多くの高齢の目撃者が非常に正確な証言をすることができる。一貫して得られている結果によれば，高齢の目撃者が誘導される場合には，彼らは若年成人の目撃者より正確性に自信をもつ傾向がある。司法の文脈では，自信が正確性を意味すると思われることがよくあるため，これは懸念すべき事項である。高齢者対象の研究の問題の一つは，今日までの研究は，重大な認知的障害のない参加者を対象にする傾向があるということである。しかし，認知症のある人々のように，能力的により問題がある個人を対象とした研究の必要性は明らかである。なぜなら，イギリスのメディアによる最近の報告が示しているように，能力的により問題がある人たちは，医療制度内にいるときでさえ，犯罪の被害を受けやすいからである。

　マラスとウィルコックはさまざまな研究をレビューしているが，それらによると知的障害者は統制群よりも誤誘導質問に影響されやすいが，否定的なフィードバックを与えられたときには，統制群と同様に誘導されにくい。自閉

スペクトラム症（ASD）の人たちは，特殊なパタンの認知的・社会的障害を有する特別な人たちである。マラスと共同研究者による成績優秀な自閉スペクトラム症の人たちを対象とした新しい研究では，これらの人たちは統制群と同様に誘導されにくいことを示している。この結果は，自閉スペクトラム症に典型的な，他人の意図が理解できない，認知的な柔軟性がない，という特徴と矛盾しない。たとえば，これらの障害は，否定的フィードバックで回答を変える傾向を減らすかもしれない。低機能の自閉スペクトラム症の参加者を対象とした研究など，より多くの研究が必要である。

　子どもや自閉スペクトラム症の人たちに対する研究の中には理論的に興味深い点が潜んでいるが，これは面接者の実際の意図についての理解と関係している。子どもに関しては，ナラティブの能力の高さや高度な「心の理論（theory of mind：ToM）」が他者の意図の理解に導くということが提示されてきた。このことは同時に，被誘導性にとって有用であると同時に逆効果でもありうる。もし子どもが実験者の意図を理解し，彼らを喜ばせたいと思うのであれば，進んで，そして認識しつつ誤誘導情報を受け入れるだろう。しかし，彼らは同時に，自分たちが「だまされている」ことを理解していると推測されうる。そのような場合には逆のことが起こり，誤誘導情報を拒絶するだろう。それとは対照的に，自閉スペクトラム症の成人は認知的・社会的障害のために，統制群よりも面接者の意図を理解しにくい。この自閉スペクトラム症の人たちに関して現在までに利用できるわずかな証拠は，**聴取による被誘導性**あるいは**尋問による被誘導性**のいずれのパラダイムでも彼らの被誘導性を高めることはないことを示している。これは面接における対人的な側面が重要ではないためか，あるいは自閉スペクトラム症の参加者は彼らの反応を変えられるような認知的な柔軟性をもっていないためであるか，依然として明らかではない。子どもと特別な知的障害を有する成人，あるいはそれらのない成人を対象に，面接者の意図の理解が重要であるかどうかに関するさらなる研究が，被誘導性のこの重要な特徴を理解するのに役立つはずである。

　被疑者取調べにおける被誘導性は，デイビス（Davis, D.）とレオ（Leo, R. A.）によってChapter 9で詳細に論じられている。被疑者が脆弱であると分類され

た場合には，特別な問題が持ち上がる。真実の自白は，当然のことだが，警察の取調べの望ましい結果である。それにもかかわらず，自白は必ずしも被疑者の利益が最優先されるものではない。特に，被疑者の犯罪への関わりの程度が誇張された場合はなおさらである。さらに，被誘導性は虚偽自白の要因であると論じられており，アメリカのような国で支持されている取調べの尋問技術は，特に懸念される。デイビスとレオはそのような尋問技術が急性の尋問による被誘導性に導くと論じている。著者らは，新しい理論的な説明の概要を述べているが，それによれば，グルコース欠乏に関連した自己制御の障害，情緒的苦痛，睡眠剥奪，自尊心へのわずかな脅威の組み合わせの結果として急性の尋問による被誘導性が起こる。ただし，被誘導性の高さに関連する要因はいくつかあるが，逆のこともまた真であると述べることは重要であろう。つまり，多くの人は誘導に対して強く抵抗する。そのような抵抗力に導くものが何であるかは，現在までの研究ではいささか無視されてきた。

　Chapter 10 では，ラルーイ（La Rooy, D. J.），ブラウン（Brown, D.），ラム（Lamb, M. E.）が，被誘導性に関する懸念を減らすために，司法の文脈における適切な面接について，研究に基づいたアプローチを記述している。検討されたアプローチは，認知面接（CI）と NICHD プロトコルである。認知面接は，イングランド・アンド・ウェールズ，カナダ，ニュージーランドで専門家のガイドラインに組み込まれている。NICHD プロトコルは，アメリカの一部，カナダ，イスラエルで義務化されており，スウェーデン，ノルウェー，イングランド，ウェールズ，スコットランド，フィンランドで教えられ，公的なガイドラインに組み込まれたり，公的なガイドラインの根拠になっている。現在，韓国，日本，ポルトガルでは実施されている。NICHD プロトコルは子どもに対する面接に焦点を当てており，認知面接よりもはるかに完全に構造化されているが，この2つのアプローチは多くの共通した特徴がある。これらのアプローチの利点は，面接者に推奨されている良い面接方法に着目させ，記憶を汚染する可能性がある行動を制限している点である。

## 2. 司法への示唆

各章では，レビューした研究の司法への示唆を強調してきた。Table 11.2 では，これらの知見を，取調べにおける被誘導性に関する時系列で統合し，全体としての司法への示唆としてまとめている。

**Table 11.2　被誘導性に関する時系列**

| 段階 | リスク | 対象 | 被誘導性を最小にする行為 | 関連する章 |
|---|---|---|---|---|
| 犯罪 | ・トラウマ<br>・覚醒<br>・注意<br>・目撃状況 | 目撃者<br>被害者<br>被疑者 | ・該当なし | Chapter 6<br>Chapter 7<br>Chapter 9 |
| 直後 | ・他の目撃者との話し合い<br>・間違った情報（たとえば不正確なマスコミ報道）にさらされること<br>・非開示<br>・初回面接での不適切な質問<br>・忘却<br>・トラウマ<br>・感情 | 被害者<br>目撃者 | ・目撃者に目撃した出来事を他の人と話させない<br>・できるかぎり早期に目撃者の証言を得る | Chapter 2<br>Chapter 4<br>Chapter 6<br>Chapter 7<br>Chapter 8<br>Chapter 9 |
| 警察の面接 | ・誘導質問<br>・面接者の態度<br>・プレッシャーをかけられたあるいは強圧的な面接の状況<br>・対象者の脆弱性 | 目撃者<br>被害者<br>被疑者 | ・できるかぎり自由再生を推奨する<br>・選択式質問や誘導質問を避ける<br>・繰り返し質問が必要な理由を説明する | Chapter 2<br>Chapter 3<br>Chapter 5<br>Chapter 6<br>Chapter 7<br>Chapter 8<br>Chapter 9<br>Chapter 10 |
| 出廷 | ・誘導質問<br>・複雑な質問<br>・プレッシャーをかけられた状況<br>・覚醒<br>・感情<br>・証人の脆弱性 | 目撃者<br>被害者<br>被疑者 | ・質問の言葉使いが脆弱な証人の答えを誘導しないことを確かめる<br>・繰り返し質問が必要な理由を説明する | Chapter 3<br>Chapter 5<br>Chapter 7<br>Chapter 8<br>Chapter 9<br>Chapter 10 |

犯罪が起こると，警察の到着を待っている間に，被害者や目撃者の仲間と何が起こったかを話し合いたいという傾向はまったく理解できるものである。たとえば，この章の第一著者自身が，最近武装した銀行強盗を目撃したという事件を例にとろう。

　アン・リドリーが以下のように再生する：

　　拳銃の存在と強盗犯の大声を出しながらの脅迫行動のせいで，この事件はかなりトラウマティックな出来事となり，銀行にいる多くの人々が嘆き悲しんでいた。犯人が現場から逃げると，銀行は閉められ，現場にいた人々は何が起こったかを話し合い始めた。記憶と被誘導性を専門としている心理学者として，私は人々がこのようにお互いの記憶を汚染するリスクをとるべきではないということを知っている奇妙な立場にいたので，遠慮なく言うことに決めた。私は銀行のスタッフに鉛筆とペンを配るように説得し，その結果，人々は自らが覚えていることを書き留めることができた。もし手元に自己記述式面接プロトコル（Self-Administered Interview：SAI, Gabbert, Fisher, & Hope, 2009）をもっていたら，非常に役に立っただろう！　臨場した警察官は，すぐに，進行中の初動捜査に必要な情報（逃走中のオートバイの詳細や犯人の人種や人数）を目撃者に尋ねた。ロンドン警視庁の刑事が約45分後に到着し，捜査を引き継ぎ，主な証拠収集のための面接を実施した。これは認知面接（Fisher, Geiselman, Raymond, Jurkevich, & Warhaftig, 1987）の要素である文脈の心的再現を用いて行なわれ，続いて，犯人の人種や服装，身長，事件が起きていた時間の長さのような詳細情報について，より特定の質問が行なわれた。私の知るかぎり，9か月経っても犯人は逮捕されていないので，法廷で証言をするために呼ばれてはいないが，時間の経過や目撃した話を繰り返すことで，目撃したときの記憶といくぶん変わってしまった可能性があることを強く感じている。それは確実に，要点のようになってしまった。被誘導性の観点から，特に私の心を打った一つのことがある。私は拳銃に注目していたので（私は今では凶器注目効果を強く信じている），犯人が私のほうに来たとき，犯人の顔をよく見なかった。犯人はヘルメッ

トを被っていたが，サンバイザーは上がっていたので，私は犯人の顔を見ることができただろう。それでも，彼の人種について尋ねられたとき，私はわからないと答えた。しかし，彼の声をもとにすれば，彼は恐らくは白人だと思った。のちに防犯カメラによって，犯人が黒人だとわかった。今，私が犯人の心的イメージを作ると，犯人は必ず黒人の顔をしている。私はその当時，犯人を黒人と見ていなかったとわかっているにもかかわらず。

　私の面接では認知面接の技術を用いたにもかかわらず，そのような状況での最初の面接の手続きには問題があると言えるだろう。面接中に，警察官はメモをとり，それから手書きのメモを公的な供述調書に書き換え，私はそれを読んで署名しなければならなかった。私の事件で起きたとは言わないが，この手続きには面接官の誤解や仮定に基づいた誤った詳細情報が入り込む可能性が非常に高い——実際には警察官自身が誘導されやすくなっているのである——。もし目撃者が誤った情報が真実であると信じる場合（そして本書では目撃者のそのような信念に対する多くの証拠が提示されている），あるいは目撃者が供述調書を注意深く読まない場合のいずれかで，これらの誤った情報が後に事件の「事実」になる。自己記述式面接プロトコル（SAI）は，警察官がそのような状況で多くの目撃者に対応するのを支援するために開発され，目撃者が自分の言葉で証言をすることを可能とする。その結果，捜査員が調書を作成することに関連して起こる問題を克服できる。さらに，SAIは，その後に遭遇する誤情報や誘導質問の影響を防ぐことができる（Gabbert, Hope, Fisher, & Jamieson, 2012）。イギリス警察の中には，現在SAIを正規の手続きとして用いているところもあり，イギリス国内の他の警察や外国では試験的に実施されている。しかし，被誘導性の影響を減らすことが期待できるにもかかわらず，SAIは依然として広く採用されてはいない。

　本書でレビューした研究では，警察の面接において被誘導性の影響を最小限に維持する多くの要因を明確に示している。以下はその内容である。

・記憶は，たとえ自身が経験した出来事であっても，特に誤った情報で埋められやすいギャップがあるということに気づくこと。

・目撃者がまだ知らないかもしれない事件の情報を話さないこと。
・目撃者同士がお互いに事件について話し合った場合には，誤った詳細情報が共有されたかもしれないということに気づくこと。事件直後に面接をした場合には，この可能性に注意していることが役立つだろう。
・被面接者の役割と関係を考慮していること——目撃者は被害者よりも，他の目撃者からの情報が真実であると信じやすい傾向がいくらかある。また，目撃者は，他の目撃者が知らない人であるよりも知人である場合に，その目撃者の証言をより受け入れやすい。
・目撃者，被害者，被疑者からの情報は，できるかぎり，自由再生質問やオープン質問を用いることによって得るべきである。
・誘導質問や誤誘導質問は完全に避けるべきである。
・複雑な質問や選択式質問（たとえば，はい・いいえ質問）はオープン質問をし尽くした後にのみ用いるべきである。
・面接者は実際に起こったことについては「知らない」と目撃者に説明すること。
・質問を繰り返す必要がある場合には，その理由を説明する。そうすることで，目撃者は最初の回答が間違っていると思わないだろう。
・「わからない」という回答を受け入れること。
・原因が何であれ，脆弱性（たとえば，年齢，トラウマ，知的障害，性格，ストレス）は被誘導性を高めてしまうということに気づくこと。
・目撃者に（言語的であれ，非言語的であれ）否定的なフィードバックをしないこと。

　被疑者取調べでもできるかぎりこれらのガイドラインに従うべきである。ただし，被疑者はたいてい，自由再生で詳細な供述をする協力的な目撃者ほど自ら進んで話してはくれないだろう。したがって，より特定の質問が必要であるかもしれない。さらに以下に示すものは，誘導された回答や虚偽自白の可能性を最小にするために推奨されるものである。

・可能であれば，非常に長い面接を実施するのは避けること。
・被疑者が適度に休憩したり，食事をとったり，飲み物を飲んだりすること

を許すこと。
・多くの犯罪のトラウマティックな性質が被疑者自身にも影響を与える可能性があることに気づくこと。
・脆弱な被疑者は特に，自らがしていないことを虚偽自白しやすいことを認識すること。

　犯罪の時系列の最後の段階は，出廷である。警察や他の適切な専門家が適正に実施した証拠収集のための面接のすべての素晴らしい仕事の後，目撃者と被疑者はともに法廷で非常に異なる種類の面接に遭遇する。特に，イギリスやアメリカのように当事者主義の司法制度をもつ国ではなおさらである。ここでは，自由再生は勧められてはいない（そして，目撃者が自由再生を試みた場合には，弁護士によって妨害されることが頻繁にある）。その代わりに，複雑な質問や，選択式質問，誘導質問が優勢である。これは誰にとっても困難な状況であるが，特に脆弱な目撃者や被疑者にとってはなおさらである。目撃者に反対尋問をする際には，弁護人の役割は彼らの証言に異議を唱えることであり，そのため，質問はできるかぎり目撃者が同意しないことが難しくなるように構成されている。目撃者がそのような質問に屈する，あるいは法廷で証言を変えるとしたら，これは被誘導性や迎合性と結びつけられうる。

　どのくらいの目撃者が法廷で回答を変えるかに関する研究はわずかしかなされていない。しかし，子どもに対する実験研究は，反対尋問に似た質問技術が用いられると，子どもたちは最初の「証拠収集」段階で行なった回答を非常に変えやすいことを示してきた（たとえば，Bettenay, 2010; Zajac & Hayne, 2003）。マーク・ケッベル（Kebbell, M.）と共同研究者は，実際の法廷事例の逐語録を用いて，知的障害を有する目撃者の事例と，一般の人々が目撃者である事例とを比較した，一連の研究を実施した。その結果，用いられた質問技法の点からは，2つの群に差異はないことが示された。さらに，知的障害を有する目撃者の群は，誘導質問により同意しやすい傾向があった（Kebbell, Hatton, & Johnson, 2004）。また，裁判官が，知的障害を有する目撃者の群に対する不適切な質問をやめるように介入する傾向はなかったことも見いだされた（O'Kelly, Kebbell, Hatton, & Johnson, 2003）。多くの司法管轄区で導入されてきた特別な

施策では，脆弱な目撃者にとって脅威的となる法廷の実務の問題を解決してきた。たとえば，（別室からのビデオの）ライヴリンクによる証言や，特定の目撃者に対する適切な発問方法に関する助言や目撃者が質問の意味がわからない場合に法廷で目撃者を支援する立会人（intermediary）の導入などである。それにもかかわらず，誘導された回答や迎合的な回答を強制せずに証言証拠を検証するような質問の仕方について，裁判官や弁護士，立会人に対してさらなる訓練や助言をすることが，公平さや正義の点から非常に望ましいといえる（Kebbell, Hatton, Johnson, & O'Kelly, 2001; Pigot, 1989; Spencer, 2011 も参照）。

　ここまで，私たちは，不適切な質問が目撃者，特に脆弱な目撃者の被誘導性に与える影響について，やむを得ず暗いイメージを提示してきた。しかし，反対尋問に直面したすべての目撃者が誘導されやすく，迎合するわけではない。以下に知的障害を有する目撃者の例を示した。

　　弁護士：玄関ドアの近く？　かつて食肉の搬送用フックがあったあなたの家でのことですが，覚えていますか？
　　知的障害を有する目撃者：いいえ。
　　弁護士：金属製の食肉の搬送用フック？
　　知的障害を有する目撃者：食肉用のフックはなかった。
　　弁護士：食肉用のフックはまったくなかった？
　　知的障害を有する目撃者：まったくない。
　　弁護士：大きなSの形をしたようなもの？
　　知的障害を有する目撃者：ない。
　　弁護士：金属製？
　　知的障害を有する目撃者：うちにはまったくなかった。
　　弁護士：そのうちの3つが玄関ホールにあったことを覚えていない？
　　知的障害を有する目撃者：ない，まったくない。
　　弁護士：ある日，あなたの妹が3つの食肉用のフックを持って帰ってきたのを覚えていない？　誰かが彼女にあげた？
　　知的障害を有する目撃者：いいえ。

（Kebbell et al., 2001, pp.99-100）

# 3. 今後の展望

　被誘導性を調査し，その影響を軽減するための研究は，何十年もの間，何百もの研究が実施された後でさえ，依然として発展し続けている。本書の各章は被誘導性研究の分野における専門家が執筆しており，現在の知識とその注目すべき事柄の現在の状況とともに，今後注目する必要がある研究領域についても概観している。著者らはまた，新たに生まれた研究領域についても議論し，将来有望な発展についても刺激的なアイデアを提示している。

　いつものことだが，被誘導性の研究におけるより生態学的に妥当な手法とともに，警察の面接（犯罪現場における面接とその後の面接の双方）の観察，警察の面接の逐語録，公判の逐語録に基づいた研究による3つの視点が必要である。その結果として，心理学者と法律の専門家は，被誘導性についての実験研究と現実世界の研究とがどの程度お互いに対応するかを，よりよく理解できるのである。

　被誘導性は，人間の行動の魅力的で重要な特徴である。その原因と，社会的変数，認知的変数，個人差変数との関係を完全に理解することは，理論的応用的観点から非常に興味深い。特に，司法で働いている実務家は，その潜在的に危険な影響に気づくことが重要である。

# 引用文献

## Chapter 1

Anderson, C. A. (2007). Belief perseverance. In R.F. Baumeister, & K.D. Vohs (Eds), *Encyclopedia of Social Psychology*. Thousand Oaks, CA: Sage.

Asch, S. E. (1951). Effects of group pressure upon the modification and distortion of judgment. In H. Guetzkow (Ed.), *Groups, Leadership, and Men*. Pittsburgh: Carnegie.

Asch, S. E. (1955). Opinions and social pressure. *Scientific American, 193*, 31-35.

Barber, T. X., Spanos, N. P., & Chaves, J. F. (1974). *Hypnosis, Imagination and Human Potentialities*. New York: Pergamon Press.

Bartlett, F. C. (1932). *Remembering: A Study in Experimental and Social Psychology*. Cambridge: Cambridge University Press.

Baxter, J. S. (1990). The suggestibility of child witnesses: A review. *Applied Cognitive Psychology, 4*, 393-407.

Bernheim, H. (1888). *Hypnosis and Suggestion in Psychotherapy*. (Reprinted New York: University Books, 1964).

Bierhoff, H. W., & Klein, R. (1989). Expectations, confirmation bias, and suggestibility. In V.A. Gheorghiu, P. Netter, H. J. Eysenck, & R. Rosenthal (Eds), *Suggestion and Suggestibility: Theory and Research*. Berlin: Springer-Verlag.

Binet, A. (1900). *La Suggestibilité*. Paris: Schleicher Frères.

Bornstein, B. H., & Penrod, S. D. (2008) Hugo Who? G. F. Arnold's alternative early approach to psychology and law. *Applied Cognitive Psychology, 22*, 759-768.

Brehm, J. W. (1966). *A Theory of Psychological Reactance*. New York: Academic Press.

Duke, J. D. (1964). Intercorrelational status of suggestibility tests and hypnotisability. *Psychological Record, 14*, 71-80.

Ebbinghaus, H. E. (1885). *Memory: A Contribution to Experimental Psychology*. New York: Dover (Translated 1964).

Edmonston, W. E. (1989). Conceptual clarification of hypnosis and its relation- ship to suggestibility. In V. A. Gheorghiu, P. Netter, H. J. Eysenck, & R. Rosenthal (Eds), *Suggestion and Suggest-*

*ibility: Theory and Research*. Berlin: Springer-Verlag.

Eisen, M. L., Winograd, E., & Qin, J. (2002). Individual differences in adults' suggestibility and memory performance. In M. L. Eisen, J. A. Quas, & G. S. Goodman (Eds), *Memory and Suggestibility in the Forensic Interview*. Mahwah, NJ: Lawrence Erlbaum.

Evans, F. J. (1967). Suggestibility in the normal waking state. *Psychological Bulletin, 67*, 114-129.

Eysenck, H. J. (1947). *Dimensions of Personality*. London: Routledge & Kegan Paul.

Eysenck, H. J. (1989). Personality, primary and secondary suggestibility, and hypnosis. In V. A. Gheorghiu, P. Netter, H. J. Eysenck, & R. Rosenthal (Eds), *Suggestion and Suggestibility: Theory and Research*. Berlin: Springer-Verlag.

Eysenck, H. J. & Furneaux, W. D. (1945). Primary and secondary suggestibility: An experimental and statistical study. *Journal of Experimental Psychology, 35*, 485-503.

Festinger, L. (1957). A Theory of Cognitive Dissonance. Evanston, IL: Row, Peterson.

Gheorghiu, V. A. (1989). The development of research on suggestibility: Critical considerations. In V. A. Gheorghiu, P. Netter, H. J. Eysenck, & R. Rosenthal (Eds), *Suggestion and Suggestibility: Theory and Research*. Berlin: Springer-Verlag.

Goodman, G. S. (1984). Children's testimony in historical perspective. *Journal of Social Issues, 40*, 9-31.

Gudjonsson, G. H. (2003). *The Psychology of Interrogations, Confessions, and Testimony: A Handbook*. Chichester: John Wiley & Sons, Ltd.

Gudjonsson, G. H., & Clark, N. K. (1986). Suggestibility in police interrogation: A social psychological model. *Social Behaviour, 1*, 83-104.

Hilgard, E. R. (1991). Suggestibility and suggestions as related to hypnosis. In J. F. Schumaker (Ed.), *Human Suggestibility*. New York & London: Routledge.

Koriat, A., & Goldsmith, M. (1996). Monitoring and control processes in the strategic regulation of memory accuracy. *Psychological Review, 3*, 490-517.

Koriat, A., Goldsmith, M., & Pansky, A. (2000). Towards a psychology of memory accuracy. *Annual Review of Psychology, 51*, 481-537.

Lamb, M. E., Hershkowitz, I., Orbach, Y., & Esplin, P. W. (2008). *Tell Me What Happened: Structured Investigative Interviews of Child Victims and Witnesses*. Chichester: John Wiley & Sons, Ltd.

Lipmann, O. (1911). Pedagogical psychology of report. *Journal of Educational Psychology, 2*, 253-260.

Loftus, E. F., Miller, D. G., & Burns, H. J. (1978). Semantic integration of verbal information into a visual memory. *Journal of Experimental Psychology: Human Learning & Memory, 4*, 19-31.

Meissner, C., & Kassin, S. (2004). 'You're guilty, so just confess!': Cognitive and behavioral confirmation biases in the interrogation room. In G.D. Lassiter (Ed.), *Interrogations, Confessions, and Entrapment*. New York: Springer.

Milgram, S. (1963). Behavioral study of obedience. *Journal of Abnormal and Social Psychology, 67*, 371-378.

Ministry of Justice (2011). *Achieving Best Evidence in Criminal Proceedings: Guidance on Interviewing Victims and Witnesses, and Guidance on using special Measures* (3rd edition). London: Ministry of Justice.

Münsterberg, H. (1908/1925). *On the Witness Stand: Essays on Psychology and Crime*. http://psychclassics.yorku.ca/Munster/Witness/ (accessed 20 March 2012).

Orbach, Y., Lamb, M. E., La Rooy, D., & Pipe, M.-E. (2012). A case study of witness consistency and memory recovery across multiple investigative interviews. *Applied Cognitive Psychology*, *26*, 118-129.

Ost, J., & Costall, A. (2002). Misremembering Bartlett: A study in serial reproduction. *British Journal of Psychology*, *93*, 243-255.

Powers, P. A., Andriks, J. L., & Loftus, E. F. (1979). Eyewitness accounts of females and males. *Journal of Applied Psychology*, *64*, 339-347.

Sheehan, P. W. (1989). Commentary on 'Theoretical and Historical Perspectives'. In V.A. Gheorghiu, P. Netter, H. J. Eysenck, & R. Rosenthal (Eds), *Suggestion and Suggestibility: Theory and Research*. Berlin: Springer-Verlag.

Sidis, B. (1898). The Psychology of Suggestion. New York: Appleton.

Sporer, S. L. (2008). Lessons from the origins of eyewitness testimony research in Europe. *Applied Cognitive Psychology*, *22* (6), 737-758.

Stern, W. (1910). Abstracts of lectures on the psychology of testimony and on the study of individuality. *The American Journal of Psychology*, *21*, 270-282.

Stukat, K. G. (1958). *Suggestibility: A Factor and Experimental Analysis*. Stockholm: Almquist & Wiksell.

Wagstaff, G. (1991). Suggestibility: A social psychological approach. In J. F. Schumaker (Ed.), *Human Suggestibility*. New York & London: Routledge.

Whipple, G. M. (1909). The observer as reporter: A survey of the 'psychology of testimony'. *Psychological Bulletin*, *6*, 153-170.

Whipple, G. M. (1911). The psychology of testimony. *Psychological Bulletin*, *8*, 307-309.

Whipple, G. M. (1913). Psychology of testimony and report. *Psychological Bulletin*, *10*, 264-268.

Wigmore, J. H. (1909). Professor Münsterberg and the psychology of testimony. *Illinois Law Review*, 399-445.

Wrightsman, L. S. (2001). *Forensic Psychology*. Belmont, CA: Wadsworth.

## Chapter 2

Ackil, J. K., & Zaragoza, M. S. (1998). Memorial consequences of forced confabulation: Age differences in susceptibility to false memories. *Developmental Psychology*, *34*(6), 1358-1372.

Ackil, J. K., & Zaragoza, M. S. (2011). Forced fabrication versus interviewer suggestions: Differences in false memory depend on how memory is assessed. *Applied Cognitive Psychology*, *25*(6), 933-942.

Ayers, M. S., & Reder, L. M. (1998). A theoretical review of the misinformation effect: Predictions from an activation-based memory model. *Psychonomic Bulletin & Review*, *5*(1), 1-21.

Belli, R. F. (1989). Influences of misleading postevent information: Misinformation interference and acceptance. *Journal of Experimental Psychology: General*, *118*, 72-85.

Belli, R. F. (1993). Failure of interpolated tests in inducing memory impairment with final modified tests: Evidence unfavorable to the blocking hypothesis. *American Journal of Psychology, 106*, 407-427.

Belli, R. F., Lindsay, D. S., Gales, M. S., & McCarthy, T. T. (1994). Memory impairment and source misattribution in postevent misinformation experiments with short retention intervals. *Memory & Cognition, 22*, 40-54.

Belli, R. F., Windschitl, P. D., McCarthy, T. T., & Winfrey, S. E. (1992). Detecting memory impairment with a modified test procedure: Manipulating retention interval with centrally presented event items. *Journal of Experimental Psychology: Learning, Memory, and Cognition, 18*, 356-367.

Binet, A. (1900). *La suggestibilité*. Paris: Schleicher.

Bowman, L. L., & Zaragoza, M. S. (1989). Similarity of encoding context does not influence resistance to memory impairment following misinformation. *American Journal of Psychology, 102*, 249-264.

Brainerd, C. J., & Reyna, V. F. (1998). Fuzzy-trace theory and children's false memories. *Journal of Experimental Child Psychology, 71*, 81-129.

Chambers, K. L., & Zaragoza, M. S. (2001). Intended and unintended effects of explicit warnings on eyewitness suggestibility: Evidence from source identification tests. *Memory & Cognition, 29*, 1120-1129.

Chandler, C. C. (1989). Specific retroactive interference in modified recognition tests: Evidence for an unknown cause of interference. *Journal of Experimental Psychology: Learning, Memory, and Cognition, 15*, 256-265.

Chrobak, Q. M. & Zaragoza, M. S. (2008). Inventing stories: Forcing witnesses to fabricate entire fictitious events leads to freely reported false memories. *Psychonomic Bulletin & Review, 15*(6), 1190-1195.

Chrobak, Q. M., & Zaragoza, M. S. (2013). When forced fabrications become truth: Causal explanations and false memory development. *Journal of Experimental Psychology: General. 142*(3). 827-844.

Compo, N. S., & Parker, J. F. (2010). Gaining insight into long-term effects of inviting speculation: Does recantation help? *Applied Cognitive Psychology, 24*, 969-990.

Drivdahl, S. B., & Zaragoza, M. S. (2001). The role of perceptual elaboration and individual differences in the creation of false memories for suggested events. *Applied Cognitive Psychology, 15*, 265-281.

Drivdahl, S. B., Zaragoza, M. S., & Learned, D. M. (2009). The role of emotional elaboration in the creation of false memories. *Applied Cognitive Psychology, 23*, 13-35.

Eakin, D. K., Schreiber, T. A., & Sergent-Marshall, S. (2003). Misinformation effects in eyewitness memory: The presence and absence of memory impairment as a function of warning and misinformation accessibility. *Journal of Experimental Psychology: Learning, Memory, and Cognition, 29*, 813-825.

Echterhoff, G., Hirst, W., & Hussy, W. (2005). How eyewitnesses resist misinformation. Social postwarnings and the monitoring of memory characteristics. *Memory & Cognition, 33*, 770-782.

Einhorn, H. J., & Hogarth, M. (1986). Judging probable cause. *Psychological Bulletin, 99*(1), 3-19.

Frost, P., Ingraham, M., & Wilson, B. (2002). Why misinformation is more likely to be recognised over time. A source monitoring account. *Memory, 10*(3), 179-185.

Frost, P., Lacroix, D., & Sanborn, N. (2003). Increasing false recognition rates with confirmatory feedback: A phenomenological analysis. *American Journal of Psychology, 116*, 515-525.

Gabbert, F., Memon, A., & Wright, D. B. (2006). Memory conformity: Disentangling the steps toward influence during a discussion. *Psychonomic Bulletin & Review, 139*(3), 480-485.

Gallo, D. A. (2004). Using recall to reduce false recognition: Diagnostic and disqualifying monitoring. *Journal of Experimental Psychology: Learning, Memory, and Cognition, 30*(1), 120-128.

Goff, L. M., & Roediger, H. L. (1998). Imagination inflation for action events: Repeated imaginings lead to illusory recollections. *Memory & Cognition, 26*, 20-33.

Gudjonsson, G. H. (1992). *The Psychology of Interrogations, Confessions and Testimony*. Oxford, England: John Wiley & Sons, Ltd.

Hanba, J. M., & Zaragoza, M. S. (2007). Interviewer feedback in repeated interviews involving forced confabulation. *Applied Cognitive Psychology, 21*, 433-455.

Hekkanen, S. T., & McEvoy, C. (2002). False memories and source-monitoring problems: Criterion differences. *Applied Cognitive Psychology, 16*, 73-85.

Hirshman, E., & Bjork, A. (1988). The generation effect: Support for a two-factor theory. *Journal of Experimental Psychology: Learning, Memory, and Cognition, 14*(3), 484-494.

Hyman, I. E., & Pentland, J. (1996). The role of mental imagery in the creation of false childhood memories. *Journal of Memory and Language, 35*,101-117.

Johnson, M. K., Hashtroudi, S., & Lindsay, D. S. (1993). Source monitoring. *Psychological Bulletin, 114*, 3-28.

Kassin, S. M. (1997). The psychology of confession evidence. *American Psychologist, 52*(3), 221-233.

Kelley, H. H. (1973). The process of causal attribution. *American Psychologist, 78*, 107-128.

Lane, S. M., Mather, M., Villa, D., & Morita, S. K. (2001). How events are reviewed matters: Effects of varied focus on eyewitness suggestibility. *Memory & Cognition, 29*, 940-947.

Lane, S. M., & Zaragoza, S. (2007). A little elaboration goes a long way: The role of generation in eyewitness suggestibility. *Memory & Cognition, 35*(6), 1255-1266.

Leo, R. A. (1996). Inside the interrogation room. *The Journal of Criminal Law and Criminology, 86*, 266-303.

Lindsay, D. S. (1990). Misleading suggestions can impair eyewitnesses' ability to remember event details. *Journal of Experimental Psychology: Learning, Memory, and Cognition, 16*, 1077-1083.

Lindsay, D. S. (2008). Source monitoring. In J. Byrne (Series Ed.) & H. L. Roediger, III (Vol. Ed.), *Learning and Memory. A Comprehensive Reference: Vol. 2. Cognitive Psychology of Memory* (pp. 325-348). Oxford: Elsevier.

Lindsay, D. S., & Johnson, M. K. (1989). The eyewitness suggestibility effect and memory for source. *Memory & Cognition, 17*, 349-358.

Loftus, E. F. (1979a). *Eyewitness Testimony*. Cambridge, MA: Harvard University Press.

Loftus, E. F. (1979b). The malleability of memory. *American Scientist, 67*, 312-320.

Loftus, E. F., Donders, K., Hoffman, H. G., & Schooler, J. W. (1989). Creating new memories that are quickly accessed and confidently held. *Memory & Cognition, 17*, 607-616.

Loftus, E. F., & Hoffman, H. G. (1989). Misinformation and memory: The creation of new memories. *Journal of Experimental Psychology: General, 118*, 100-104.

Loftus, E. F., & Loftus, G. R. (1980). On the permanence of stored information in the human brain. *American Psychologist, 35*, 409-420.

Loftus, E. F., Miller, D. G., & Burns, H. J. (1978). Semantic integration of verbal information into a visual memory. *Journal of Experimental Psychology: Human Learning & Memory, 4*, 19-31.

Loftus, E. F., Schooler, J. W., & Wagenaar, W. (1985). The fate of memory: Comment on McCloskey and Zaragoza. *Journal of Experimental Psychology: General, 114*, 375-380.

McCloskey, M., & Zaragoza, M. (1985a). Misleading postevent information and memory for events: Arguments and evidence against memory impairment hypotheses. *Journal of Experimental Psychology: General, 114*, 1-16.

McCloskey, M., & Zaragoza, M. (1985b). Postevent information and memory: Reply to Loftus, Schooler, and Wagenaar. *Journal of Experimental Psychology: General, 114*, 381-387.

Metcalfe, J. (1990). Composite Holographic Associative Recall Model (CHARM) and blended memories in eyewitness testimony. *Journal of Experimental Psychology: General, 119*, 145-160.

Mitchell, K. J., & Zaragoza, S. (1996). Repeated exposure to suggestion and false memory: The role of contextual variability. *Journal of Memory and Language, 35*(2), 246-260.

Mitchell, K. J., & Zaragoza, M. S. (2001). Contextual overlap and eyewitness suggestibility. *Memory & Cognition, 29*, 616-626.

Münsterberg, H. (1908). *On the Witness Stand*. Garden City, NY: Doubleday.

Panksy, A., & Tenenboim, E. (2011). Inoculating against eyewitness suggestibility via interpolated verbatim vs. gist testing. *Memory & Cognition, 39*, 155-170.

Payne, D. G., Toglia, M. P., & Anastasi, J. S. (1994). Recognition performance level and the magnitude of the misinformation effect in eyewitness memory. *Psychonomic Bulletin & Review, 1*, 376-382.

Paz-Alonso, P. M., & Goodman, G. S. (2008). Trauma and memory: Effects of post-event misinformation, retrieval order, and retention interval. *Memory, 16*(1), 58-75.

Pezdek, K., Lam, S. T., & Sperry, K. (2009). Forced confabulation more strongly influences event memory if suggestions are other-generated than self-generated. *Legal and Criminological Psychology, 14*, 241-252.

Pezdek, K., & Roe, C. (1995). The effect of memory trace strength on suggestibility. *Journal of Experimental Child Psychology, 60*, 116-128.

Pezdek, K., Sperry, K., & Owens, S. M. (2007). Interviewing witnesses: The effect of forced confabulation on event memory. *Law and Human Behavior, 31*(5), 463-478.

Schank, R. C., & Abelson, R. P. (1977). *Scripts, Plans, Goals, and Understanding: An Inquiry into Human Knowledge Structures*. Hillsdale, NJ: Erlbaum.

Schiller, D., & Phelps, E. A. (2011). Does reconsolidation occur in humans? *Frontiers in Behavioral Neuroscience, 5*(24), 1-12.

Schooler, J. W., Foster, R. A., & Loftus, E. F. (1988). Some deleterious consequences of the act of recollection. *Memory & Cognition, 16*, 243-251.

Schreiber, N., & Paker, J. F. (2004). Inviting witnesses to speculate: Effects of age and interaction on children's recall. *Journal of Experimental Child Psychology, 89*(1), 31-52.

Schreiber, T. A., & Sergent, S. D. (1998). The role of commitment in producing misinformation effects in eyewitness memory. *Psychonomic Bulletin & Review, 5*, 443-448.

Schreiber, N., Wentura, D., & Bilsky, W. (2001). 'What else could he have done?' Creating false answers in children witnesses by inviting speculation. *Journal of Applied Psychology, 86*(3), 525-532.

Slamecka, N. J., & Graf, P. (1978). The generation effect: Delineation of a phenomenon. *Journal of Experimental Psychology: Human Learning and Memory, 4*(6), 592-604.

Thomas, A. K., Bulevich, J. B., & Loftus, E. F. (2003). Exploring the role of repetition and sensory elaboration in the imagination inflation effect. *Memory & Cognition, 31*(4), 630-640.

Thompson-Cannino, J., Cotton, R., & Torneo, E. (2009). *Picking Cotton: Our Memoir of Injustice and Redemption*. New York: St. Martin's Press.

Tousignant, J. P., Hall, D., & Loftus, B. F. (1986). Discrepancy detection and vulnerability to misleading postevent information. *Memory & Cognition, 14*, 329-338.

Tulving, E. (1985). Memory and consciousness. *Canadian Psychology, 26*, 1-12.

Tversky, B., & Tuchin, M. (1989). A reconciliation of the evidence on eyewitness testimony: Comments on McCloskey and Zaragoza. *Journal of Experimental Psychology: General, 118*, 86-91.

Weiner, B. (1985). 'Spontaneous' causal thinking. *Psychological Bulletin, 97*(1), 74-84.

Zaragoza, M. S., Belli, R. S., & Payment, K. E. (2007). Misinformation effects and the suggestibility of eyewitness memory. In M. Garry, & H. Hayne (Eds), *Do Justice and Let the Sky Fall: Elizabeth F. Loftus and Her Contributions to Science, Law, and Academic Freedom* (pp. 35-63). Hillsdale, NJ: Lawrence Erlbaum Associates.

Zaragoza, M. S., & Lane, S. M. (1994). Source misattributions and the suggestibility of eyewitness memory. *Journal of Experimental Psychology: Learning, Memory, & Cognition, 20*, 934-945.

Zaragoza, M. S., & Mitchell, J. (1996). Repeated exposure to suggestion and the creation of false memories. *Psychological Science, 7*(5), 294-300.

Zaragoza, M. S., Mitchell, K. J., Payment, K., & Drivdahl, S. (2011). False memories for suggestions: The impact of conceptual elaboration. *Journal of Memory and Language, 64*, 18-31.

Zaragoza, M. S., Payment, K. E., Ackil, J. K., Drivdahl, S. B., & Beck, M. (2001). Interviewing witnesses: Forced confabulation and confirmatory feedback increase false memories. *Psychological Science, 12*, 473-477.

## Chapter 3

Baxter, J. S., & Bain, S. A. (2002). Faking interrogative suggestibility: The truth machine. *Legal and Criminological Psychology, 7*, 219-225.

Binet, A. (1900). *La Suggestibilité*. Paris: Doin et Fils.

Blagrove, M. (1996). Effects of length of sleep deprivation on interrogative suggestibility. *Journal of Experimental Psychology: Applied, 2*(1), 48-59.

Blagrove, M., & Akehurst, L. (2000). Effects of sleep loss on confidence-accuracy relationships for reasoning and eyewitness memory. *Journal of Experimental Psychology: Applied, 6*, 59-73.

Boon, J., Gozna, L., & Hall, S. (2008). Detecting 'faking bad' on the Gudjonsson Suggestibility Scales. *Personality and Individual Differences, 44*, 263-272.

Candel, I., Merckelbach, H., & Muris, P. (2000). Measuring interrogative suggestibility in children: Reliability and validity of the Bonn Test of statement suggestibility. *Psychology, Crime and Law, 6*, 61-70.

Frumkin, I. B. (2008). Psychological evaluation in Miranda waiver and confession cases. In R. Denny, & J. Sullivan (Eds.), *Clinical Neuropsychology in the Criminal Forensic Setting* (pp. 135-175). New York: Guilford Press.

Fulero, S. M. (2010). Admissibility of expert testimony based on the Grisso and Gudjonsson Scales in disputed confession cases. *The Journal of Psychiatry and Law, 38*, 193-214.

Gorassini, D. R., Harris, J. A., Diamond, A., & Flynn-Dastoor, E. (2006). Computer assessment of interrogative suggestibility. *Personality and Individual Differences, 40*, 569-577.

Grisso, T. (1986). *Evaluating Competencies; Forensic Assessments and Instruments*. New York: Plenum Press.

Gudjonsson, G. H. (1983). Suggestibility, intelligence, memory recall and personality: An experimental study. *British Journal of Psychiatry, 142*, 35-37.

Gudjonsson, G. H. (1984). A new scale of interrogative suggestibility. *Personality and Individual Difference, 5*, 303-314.

Gudjonsson, G. H. (1987). A parallel form of the Gudjonsson. Suggestibility Scale. *British Journal of Clinical Psychology, 26*, 215-221.

Gudjonsson, G. H. (1989). Compliance in an interrogation situation: A new scale. *Personality and Individual Differences, 10*, 535-540.

Gudjonsson, G. H. (1992). *The Psychology of Interrogations, Confessions, and Testimony*. Chichester: John Wiley & Sons, Ltd.

Gudjonsson, G. H. (1997). *The Gudjonsson Suggestibility Scales Manual*. Hove, Sussex: Psychology Press.

Gudjonsson, G. H. (2003a). *The Psychology of Interrogations and Confessions. A Handbook*. Chichester: John Wiley & Sons, Ltd.

Gudjonsson, G. H. (2003b). Psychology brings justice: The science of forensic psychology. *Criminal Behaviour and Mental Health, 13*, 159-167.

Gudjonsson, G. H. (2006). Disputed confessions and miscarriages of justice in Britain: Expert psychological and psychiatric evidence in Court of Appeal. *The Manitoba Law Journal, 31*, 489-521.

Gudjonsson, G. H. (2010a). Psychological vulnerabilities during police interviews: Why are they important? *Legal and Criminological Psychology, 15*, 161-175.

Gudjonsson, G. H. (2010b). The psychology of false confessions: A review of the current evidence. In G. D. Lassiter, & C. A. Meissner (Eds), *Police Interrogations and False Confessions* (pp. 31-47). New York: American Psychological Association.

Gudjonsson, G. H. (2010c). Interrogative suggestibility and false confessions. In J.M. Brown, & E.A. Campbell (Eds), *The Cambridge Handbook of Forensic Psychology* (pp. 202-207). Cam-

bridge: Cambridge University Press.
Gudjonsson, G. H., & Clark, N. K. (1986). Suggestibility in police interrogation: A social psychological model. *Social Behaviour*, *1*, 83-104.
Gudjonsson, G. H., & Gunn, J. (1982). The competence and reliability of a witness in a criminal court. *British Journal of Psychiatry*, *141*, 624-627.
Gudjonsson, G. H., Hannesdottir, K., Agustsson, T. P., Sigurdsson, J. F., Gudmundsdottir, A., Pordardottir, P., Tyrfingsson, P., & Petursson, H. (2004). The relationship of alcohol withdrawal symptoms to suggestibility and compliance. *Psychology, Crime and Law*, *10*, 169-177.
Gudjonsson, G. H., Hannesdottir, K., Petursson, H., & Bjornsson, G. (2002). The effects of alcohol withdrawal on mental state, interrogative suggestibility, and compliance: An experimental study. *Journal of Forensic Psychology*, *13*, 53-67.
Gudjonsson, G. H., Kopelman, M. D., & MacKeith, J. A. C. (1999). Unreliable admissions to homicide: A case of misdiagnosis of amnesia and misuse of abreaction technique. *British Journal of Psychiatry*, *174*, 455-459.
Gudjonsson, G. H., & MacKeith, J. A. C. (1982). False confessions. Psychological effects of interrogation. A discussion paper. In A. Trankell (Ed.), *Reconstructing the Past: The Role of Psychologists in Criminal Trial* (pp. 253-269). Deventer, The Netherlands: Kluwer.
Gudjonsson, G. H., & Pearse, J. (2011). Suspect interviews and false confessions. *Current Directions in Psychological Science*, *20*, 33-37.
Gudjonsson, G. H., & Sigurdsson, J. F. (2004). Motivation for offending and personality. *Legal and Criminological Psychology*, *9*, 69-81.
Gudjonsson, G. H., & Sigurdsson, J. F. (2007). Motivation for offending and personality. A study among young offenders on probation. *Personality and Individual Differences*, *43*, 1243-1253.
Gudjonsson, G. H., & Sigurdsson, J. F. (2010a). False confessions in the Nordic countires Backgound and current landscape. In P. A. Granhag (Ed.), *Forensic Psychology in Context; Nordic and International Approaches* (pp. 94-116). Devon: Willan Publishing.
Gudjonsson, G. H., & Sigurdsson, J. F. (2010b). The relationship of compliance with inattention and hyperactivity/impulsivity. *Personality and Individual Differences*, *49*, 651-654,
Gudjonsson, G. H., Sigurdsson, J. F., & Einarsson, E. (2004). Compliance and personality: The vulnerability of the unstable-introvert. *European Journal of Personality*, *18*, 435-443.
Gudjonsson, G. H., Sigurdsson, J. F., & Einarsson, E. (2007). Taking blame for antisocial acts and its relationship with personality. *Personality and Individual Differences*, *43*, 3-13.
Gudjonsson, G. H., Sigurdsson, J. F., Einarsson, E., Bragason, O. O., & Newton, A. K. (2008). Interrogative suggestibility, compliance and false confessions among prisoners and their relationship with attention deficit hyperactivity disorder (ADHD) symptoms. *Psychological Medicine*, *38*, 1037-1044.
Gudjonsson, G. H., Sigurdsson, J. F., Einarsson, E., & Einarsson, J. H. (2008). Personal versus impersonal relationship compliance and their relationship with personality. *The Journal of Forensic Psychiatry and Psychology*, *19*, 502-516.
Gudjonsson, G. H., Sigurdsson, J. F., & Tryggvadottir, H. B. (2011). The relationship of compliance with a background of childhood neglect and physical and sexual abuse. *The Journal of Forensic Psychiatry and Psychology*, *22*, 87-98.

Gudjonsson, G. H., Wells, J., & Young, S. (2012). Personality disorders and clinical syndromes in ADHD prisoners. *Journal of Attention Disorders*, *16*, 305-314.

Gudjonsson, G., & Young, S. (2009). Suboptimal effort and malingering. In S. Young, M. Kopelman, & G. Gudjonsson (Eds), *Forensic Neuropsychology in Practice; A Guide to Assessment and Legal Processes* (pp. 267-299). Oxford: Oxford University Press.

Gudjonsson, G. H., & Young, S. (2010). Personality and deception. Are suggestibility, compliance and acquiescence related to socially desirable responding? *Personality and Individual Differences*, *50*, 192-195.

Gudjonsson, G. H., Young, S., & Bramham, J. (2007). Interrogative suggestibility in adults diagnosed with attention-deficit hyperactivity disorder (ADHD): A potential vulnerability during police questioning. *Personality and Individual Differences*, *43*, 737-745.

Hansen, I., Smeets, T., & Jelicic, M. (2010). Further data on interrogative suggestibility and compliance scores following instructed malingering. *Legal and Criminological Psychology*, *15*, 221-228.

Janoson, M., & Frumkin, B. (2007). Gudjonsson Suggestibility Scales. In K. F. Geisinger, R. A. Spies, J. F. Carlson, & B. S. Plake (Eds), *The Seventeenth Mental Measurement Yearbook*. Lincoln, NE: Buros Institute of Mental Measurements.

Kassin, S. M., Drizin, S. A., Grisso, T., Gudjonsson, G. H., Leo, R. A., & Redlich, A. P. (2010). Police-induced confessions: Risk factors and recommendations. *Law and Human Behavior*, *34*, 3-38.

Kassin, S. M., & Gudjonsson, G. H. (2004). The psychology of confessions. A review of the literature and issues. *Psychological Science in the Public Interest*, *5*, 33-67.

Loftus, E.F. (1979). *Eyewitness Testimony*. London: Harvard University Press.

McFarlane, F., & Powell (2002). The Video Suggestibility Scale for children: How generalizable is children's performance to other measures of suggestibility? *Behavioral Sciences and the Law*, *20*, 699-716.

Milgram, S. (1974). *Obedience to Authority*. London: Tavistock.

Schooler, J. W., & Loftus, E. F. (1986). Individual differences and experimentation: Complementary approaches to interrogative suggestibility. *Social Behaviour*, *1*, 105-112.

Scullin, M. H., & Ceci, S. J. (2001). A suggestibility scale for children. *Personality and Individual Differences*, *30*, 843-856.

Sigurdsson, J. F., & Gudjonsson, G. H. (1996). Psychological characteristics of 'false confessors': A study among Icelandic prison inmates and juvenile offenders. *Personality and Individual Differences*, *20*, 321-329.

Singh, K., & Gudjonsson, G. H. (1987). The internal consistency of the 'shift' factor on the Gudjonsson Suggestibility Scale. *Personality and Individual Differences*, *8*, 265-266.

Smeets, T., Leppink, J., Jelicic, M., & Merckelbach, H. (2009). Shortened versions of the Gudjonsson Suggestibility Scale meet the standards. *Legal and Criminological Psychology*, *14*, 149-155.

Smith, K., & Gudjonsson, G. H. (1986). Investigation of the responses of 'fakers' and 'non-fakers' on the Gudjonsson Suggestibility Scale. *Medicine, Science and the Law*, *26*, 66-71.

Sondenaa, E., Rasmussen, K., Palmstierna, T., & Nottestad, J. A. (2010). The usefulness of assessing suggestibility and compliance in prisoners with unidentified intellectual disabilities. *Scan-

*dinavian Journal of Psychology, 51*, 434-438.

Stern, W. (1939). The psychology of testimony. *Journal of Abnormal and Social Psychology, 34*, 3-20.

Stukat, K. G. (1958). *Suggestibility: A Factor and Experimental Analysis*. Stockholm: Almgvist & Wiksell.

Van Bergen, S., Jelicic, M., & Merckelbach, H. (2008). Interrogation techniques and memory distrust. *Psychology, Crime & Law, 14*, 425-434.

Wechsler, D. (1999). *Wechsler Abbreviated Scale of Intelligence (WASI)*. New York: The Psychological Corporation.

Woolston, R., Bain, S. A., & Baxter, J. S. (2006). Patterns of malingering and compliance in measures of interrogative suggestibility. *Personality and Individual Differences, 40*, 453-461.

## Chapter 4

Allan, K., & Gabbert, F. (2008). I still think it was a banana: Memorable 'lies' and forgettable 'truths'. *Acta Psychologica, 127*, 299-308.

Allan, K., Midjord, J. P., Martin, D., & Gabbert, F. (2012). Memory conformity and the perceived accuracy of Self versus Other. *Memory & Cognition, 40*, 280-286.

Ayers, M. S., & Reder, L. M. (1998). A theoretical review of the misinformation effect: Predictions from an activation-based memory model. *Psychonomic Bulletin & Review, 5*, 1-21.

Baron, R. S., Vandello, J. A., & Brunsman, B. (1996). The forgotten variable in conformity research: Impact of task importance on social influence. *Journal of Personality and Social Psychology, 71*, 915-927.

Betz, A. L., Skowronski, J. J., & Ostrom, T. M. (1996). Shared realities: Social influence and stimulus memory. *Social Cognition, 14*, 113-140.

Bodner, G. E., Musch, E., & Azad, T. (2009). Re-evaluating the potency of the memory conformity effect. *Memory & Cognition, 37*,1069-1076.

Carlucci, M. E., Kieckhaefer, J. M., Schwartz, S. L., Villalba, D. K., & Wright, D. B. (2011). The South Beach Study: Bystanders' memories are more malleable. *Applied Cognitive Psychology, 25*, 562-566.

Cathcart, B. (2002). Cover story: A question of identity; the conviction of Barry George for the murder of the TV presenter Jill Dando was one of the biggest stories of last year. But did he really do it? *The Independent*, 11 July.

Ceci, S. J., & Bruck, M. (1993). Suggestibility of the child witness: A historical review and synthesis. *Psychological Bulletin, 113*, 403-439.

Cialdini, R. B., & Goldstein, N. J. (2004). Social influence: Compliance and conformity. *Annual Review of Psychology, 55*, 591-621,

Corey, D., & Wood, J. (March, 2002). Information from co-witnesses can contaminate eyewitness reports. Paper presented at the American Psychology-Law Society, Austin, TX.

Deutsch, M., & Gerard, H. G. (1955). A study of normative and informational social influence upon individual judgement. *Journal of Abnormal and Social Psychology, 59*, 204-209.

Festinger, L. (1957). *A Theory of Cognitive Dissonance*, Stanford, CA: Stanford University Press.

French, L., Garry, M., & Mori, K. (2007). The MORI technique produces memory conformity in western subjects. *Applied Cognitive Psychology, 22*, 431-439.

French, L., Garry, M., & Mori, K. (2011). Relative - not absolute judgments of credibility affect susceptibility to misinformation conveyed during discussion. *Acta Psychologica, 136*, 119-128.

Gabbert, F., Memon, A., & Allan, K. (2003). Memory conformity: Can eyewitnesses influence each other's memories for an event? *Applied Cognitive Psychology, 17*, 533-543.

Gabbert, F., Memon, A., Allan, K., & Wright, D. B. (2004). Say it to my face: Examining the effects of socially encountered misinformation. *Legal and Criminological Psychology, 9*, 215-227.

Gabbert, F., Memon, A., & Wright, D. B. (2007). I saw it for longer than you: The relationship between perceived encoding duration and memory conformity. *Acta Psychologica, 124*, 319-331.

Granhag, P., Ask, K., & Rebelius, A. (2005). 'I saw the man who killed Anna Lindh': A case study of eyewitness descriptions. Presented at 15th European Conference on Psychology & Law, Vilnius, Lithuania, June.

Henkel, L. A., & Franklin, N. (1998). Reality monitoring of physically similar and conceptually related objects. *Memory and Cognition, 26*, 659-673.

Hoffman, H. G., Granhag, P. A., Kwong See, S. T., & Loftus, E. F. (2001). Social influences on reality-monitoring decisions. *Memory and Cognition, 29*, 394-404.

Hollin, C. R., & Clifford, B. R. (1983). Eyewitness testimony - the effects of discussion on recall accuracy and agreement. *Journal of Applied Social Psychology, 13*, 234-244.

Hope, L., Ost, J., Gabbert, F., Healey, S., & Lenton, E. (2008). "With a little help from my friends...": The role of co-witness relationship in susceptibility to misinformation. *Acta Psychologica, 127*, 476-484.

Johnson, M. K., Hashtroudi, S., & Lindsay, D. S. (1993). Source monitoring. *Psychological Bulletin, 114*, 3-28.

Kwong See, S. T., Hoffman, H. G., & Wood, T. (2001). Perceptions of an elderly eyewitness: Is the older eyewitness believable? *Psychology and Aging, 16*, 346-350.

Loftus, E. F., Miller, D. G., & Burns, H. J. (1978). Semantic integration of verbal information into a visual memory. *Journal of Experimental Psychology: Human Learning and Memory, 4*, 19-31.

Markham, R., & Hynes, L. (1993). The effect of vividness of imagery on reality monitoring. *Journal of Mental Imagery, 17*, 159-170.

Meade, M. L., & Roediger, H. L., III. (2002). Explorations in the social contagion of memory. *Memory & Cognition, 30*, 995-1009.

Memon, A., & Wright, D. B. (1999). Eyewitness testimony and the Oklahoma bombing. *The Psychologist, 12*, 292-295.

Paterson, H. M., & Kemp, R. I. (2006). Comparing methods of encountering post-event information: The power of co-witness suggestion. *Applied Cognitive Psychology, 20*, 1083-1099.

Paterson, H. M., Kemp, R. I., & Forgas, J. P. (2009). Co-witnesses, confederates, and conformity: Effects of discussion and delay on eyewitness memory. *Psychiatry, Psychology and Law, 16*, 112-124.

Paterson, H. M., Kemp, R. I., & Ng, J. R. (2011). Combating co-witness contamination: Attempting to decrease the negative effects of discussion on eyewitness memory. *Applied Cognitive Psychology*, *25*, 43-52.

Payne, D. G., Toglia, M. P., & Anastasi, J. S. (1994). Recognition performance-level and the magnitude of the misinformation effect in eyewitness memory. *Psychonomic Bulletin and Review*, *1*, 376-382.

Reysen, M. B. (2005). The effects of conformity on recognition judgements. *Memory*, *13*, 87-94.

Schacter, D. L. (2001). *The Seven Sins of Memory* (*How the Mind Forgets and Remembers*). New York: Houghton Mifflin Company.

Schneider, D. M., & Watkins, M. J. (1996). Response conformity in recognition testing. *Psychonomic Bulletin and Review*, *3*, 481-485.

Shaw, J. S., Garven, S., & Wood, J. M. (1997). Co-witness information can have immediate effects on eyewitness memory reports. *Law and Human Behaviour*, *21*, 503-523.

Skagerberg, E. M., & Wright, D. B. (2008). The prevalence of co-witnesses and co-witness discussions in real eyewitnesses. *Psychology, Crime, & Law*, *14*, 513-521.

Tajfel, H., & Turner, J. C. (1986). The social identity theory of inter-group behaviour. In S. Worchel, & W. G. Austin (Eds), *Psychology of Inter-group Relations* (2nd edn, pp. 7-24). Chicago: Nelson-Hall.

Valentine, T., Pickering, A., & Darling, S. (2003). Characteristics of eyewitness identification that predict the outcome of real lineups. *Applied Cognitive Psychology*, *17*, 969-993.

Wright, D. B., & McDaid, A. T. (1996). Comparing system and estimator variables using data from real line-ups. *Applied Cognitive Psychology*, *10*, 75-84.

Wright, D. B., London, K., & Waechter, M. (2010). Social anxiety moderates memory conformity in adolescents. *Applied Cognitive Psychology*, *24*, 1034-1045.

Wright, D. B., Gabbert, F., Memon, A., & London, K. (2008). Changing the criterion for memory conformity in free recall and recognition. *Memory*, *16*, 137-148.

Wright, D. B., Self, G., & Justice, C. (2000). Memory conformity: Exploring misinformation effects when presented by another person. *British Journal of Psychology*, *91*, 189-202.

Wright, D. B., & Schwartz, S. L. (2010). Conformity effects in memory for actions. *Memory & Cognition*, *38*, 1077-1086.

Zaragoza, M. S., & Lane, S. M. (1994). Source misattributions and suggestibility of eyewitness memory. *Journal of Experimental Psychology: Learning, Memory and Cognition*, *20*, 934-945.

## Chapter 5

Bain, S. A., Baxter, J. S., & Fellowes, V. (2004). Interacting influences on interrogative suggestibility. *Legal and Criminological Psychology*, *9*, 239-252.

Battle, J. (1981). *Culture-free SEI: Self-esteem Inventories for Children and Adults*. Seattle, WA: Special Child.

Baxter, J. S., Jackson, M., & Bain, S. A. (2003). Interrogative suggestibility: Interactions between interviewees' self-esteem and interviewer style. *Personality and Individual Differences, 35*, 1285-1292.

Bowlby, J. (1988). *A Secure Base: Parent-child Attachment and Healthy Human Development.* New York, NY: Basic Books.

Bruck, M., & Melnyk, L. (2004). Individual differences in children's suggestibility: A review and synthesis. *Applied Cognitive Psychology, 18*, 947-996.

Cohen, M. (1997). *Children's Memory Scale.* San Antonio, TX: The Psychological Corporation.

Drake, K.E. (2010a). Interrogative suggestibility: Life adversity, neuroticism and compliance. *Personality and Individual Differences, 48*, 493-498.

Drake, K. E. (2010b). The psychology of interrogative suggestibility: A vulnerability during interview. *Personality and Individual Differences, 49*, 683-688.

Drake, K. E. (2011a). Further insights into the relationship between the experience of life adversity, and interrogative suggestibility. *Personality and Individual Differences, 51*, 1056-1058.

Drake, K. E. (2011b). Why might innocents make false confessions? *The Psychologist, 24*, 752-755.

Drake, K. E., & Bull, R. (2011). Life adversity and field-dependence: Individual differences in interrogative suggestibility. *Psychology, Crime and Law, 17*, 677-687.

Drake, K. E., Bull, R., & Boon, J. C. W. (2008). Interrogative suggestibility, self-esteem and the influence of negative life events. *Legal and Criminological Psychology, 13*, 299-310.

Eisen, M. L., Winograd, E., & Qin, J. (2002). Individual differences in adults' suggestibility and memory performance. In M. L. Eisen, J. A. Quas, & G. S. Goodman (Eds), *Memory and Suggestibility in the Forensic Interview* (pp. 205-233). Mahwah, NJ: Lawrence Erlbaum.

Eysenck, M. W, & Calvo, M. G. (1992). Anxiety and performance: The processing efficiency theory. *Cognition and Emotion, 6*, 409-434.

Gudjonsson, G. H. (1983). Suggestibility, intelligence, memory recall and personality: An experimental study. *British Journal of Psychiatry, 142*, 35-37.

Gudjonsson, G. H. (1984). A new scale of interrogative suggestibility. *Personality and Individual Difference, 5*, 303-314.

Gudjonsson, G. H. (1987a). A parallel form of the Gudjonsson Suggestibility Scale. *British Journal of Clinical Psychology, 26*, 215-221.

Gudjonsson, G. H. (1987b). The relationship between memory and suggestibility. *Social Behaviour, 2*, 29-33.

Gudjonsson, G. H. (1988a). Interrogative suggestibility: Its relationship with assertiveness, social-evaluative anxiety, state anxiety and method of coping. *British Journal of Clinical Psychology, 26*, 215-221.

Gudjonsson, G. H. (1988b). The relationship of intelligence and memory to interrogative suggestibility: The importance of range effects. *British Journal of Clinical Psychology, 27*, 185-187.

Gudjonsson, G. H. (1989). Compliance in an interrogation situation: A new scale. *Personality and Individual Differences, 10*, 535-540.

Gudjonsson, G. H. (2003). *The Psychology of Interrogations, Confessions, and Testimony: A Handbook.* Chichester: John Wiley & Sons, Ltd.

Gudjonsson, G. H., & Clark, N. K. (1986). Suggestibility in police interrogation: a social psychological model. *Social Behaviour, 1*, 83-104.

Gudjonsson, G. H., & Lister, S. (1984). Interrogative suggestibility and its relationship with perceptions of self-concept and control. *Journal of the Forensic Science Society*, *24*, 99-110.

Gudjonsson, G. H., & MacKeith, J. A. C. (1982). False confessions. Psychological effects of interrogation. A discussion paper. In A. Trankell (Ed.), *Reconstructing the Past: The Role of Psychologists in Criminal Trial* (pp. 253-269). Deventer, The Netherlands: Kluwer.

Gudjonsson, G. H., Rutter, S. C., & Clare, I. C. H. (1995). The relationship between suggestibility and anxiety among suspects detained at police stations. *Psychological Medicine*, *25*, 875-878.

Gudjonsson, G. H., Sigurdsson, J. F., Asgeirsdottir, B. B., & Sigfusdottir, I. D. (2007). Custodial interrogation. What are the background factors associated with claimed false confessions? *The Journal of Forensic Psychiatry and Psychology*, *18*, 266-275.

Gudjonsson, G. H., Sigurdsson, J. F., & Sigfusdottir, I. D. (2009a). Interrogations and false confessions among adolescents in seven countries in Europe. What background and psychological factors best discriminate between false confessors and non-false confessors? *Psychology, Crime and Law*, *15*, 711-728.

Gudjonsson, G. H., Sigurdsson, J. F., & Sigfusdottir, I. D. (2009b). False confessions among 15 and 16 year olds in compulsory education and their relationship with adverse life events. *Journal of Forensic Psychiatry and Psychology*, *20*, 950-963.

Gudjonsson, G. H., Sigurdsson, J. F., & Sigfusdottir, I. D. (2010). Interrogation and false confessions among adolescents: Differences between bullies and victims. *Journal of Psychiatry and Law*, *38*, 57-76.

Gudjonsson, G. H., Sigurdsson, J. F., Sigfusdottir, I. D., & Asgeirsdottir, B. B. (2008). False confessions and individual differences. The importance of victimization among youth. *Personality and Individual Differences*, *45*, 801-805.

Gudjonsson, G. H., Sigurdsson, J. F., Sigfusdottir, I. D., & Young, S. (2012). False confessions to police and their relationship with conduct disorder, ADHD, and life adversity. *Personality and Individual Differences*, *52*, 696-701. doi: 10.1016/j.paid.2011.12.025.

Gudjonsson, G. H., Young, S., & Bramham, J. (2007). Interrogative suggestibility in adults diagnosed with attention-deficit hyperactivity disorder (ADHD). A potential vulnerability during police questioning. *Personality and Individual Differences*, *43*, 737-745.

Henkel, L. A., & Coffman, K. J. (2004). Memory distortions in coerced false confessions: A source monitoring framework. *Applied Cognitive Psychology*, *18*, 567-588.

Howard, R. C., & Chaiwutikornwanich, A. (2006). The relationship of interrogative suggestibility to memory and attention: An electrophysiological study. *Journal of Psychophysiology*, *20*, 79-93.

Lee, K. (2004). Age, neuropsychological, and social cognitive measures as predictors of individual differences in susceptibility to the misinformation effect. *Applied Cognitive Psychology*, *18*, 997-1019.

Loftus, E. F., Levidow, B., & Duensing, S. (1992). Who remembers best? Individual difference in memory for events that occurred in a science museum. *Applied Cognitive Psychology*, *6*, 93-107.

McGroarty, A., & Baxter, J. S. (2009). Interviewer behaviour, interviewee self-esteem and response change in simulated forensic interviews. *Personality and Individual Differences*, *47*, 642-646.

Milne, R., & Bull, R. (1993). Interviewing by the police. In J. Carson, & R. Bull (Eds), *Handbook of Psychology in Legal Contexts* (2nd edn). Chichester: John Wiley & Sons, Ltd.

Neeman, J., & Harter, S. (1986). *Manual for the Self-Perception Profile for College Students*. Denver, CO: University of Denver, Department of Psychology.

Norbeck, J. S. (1984). Modification of life event questionnaires for use with female respondents. *Research in Nursing Health, 7*, 61-71.

Peiffer, L. C., & Trull, T. J. (2000). Predictors of suggestibility and false-memory production in young adult women. *Journal of Personality Assessment, 74*, 384-399.

Polczyk, R. (2005). Interrogative suggestibility: Cross-cultural stability of psychometric and correlational properties of the Gudjonsson Suggestibility Scales. *Personality and Individual Differences, 38*, 177-186.

Polczyk, R., Wesolowska, B., Gabarczyk, A., Minakowska, I., Supska, M., & Bomba, E. (2004). Age differences in interrogative suggestibility: A comparison between young and older adults. *Applied Cognitive Psychology, 18*, 1097-1107.

Quas, J. A., Qin, J., Schaaf, J., & Goodman, G. S. (1997). Individual differences in children's and adults' suggestibility and false event memory. *Learning and Individual Differences, 9*, 359-390.

Ridley, A. M. (2003). The effect of anxiety on eyewitness testimony. Unpublished doctoral thesis. University of East London, United Kingdom.

Ridley, A. M., & Clifford, B. R. (2004). The effects of anxious mood induction on suggestibility to misleading post-event information. *Applied Cognitive Psychology, 18*, 233-244.

Ridley, A. M., & Clifford, B. R. (2006). Suggestibility and state anxiety: How the two concepts relate in a source identification paradigm. *Memory, 14*, 37-45.

Ridley, A. M., Clifford, B. R., & Keogh, E. (2002). The effects of state anxiety on the suggestibility and accuracy of child eye-witnesses. *Applied Cognitive Psychology, 16*, 547-558.

Schooler, J. W., & Loftus, E. F. (1986). Individual differences and experimentation: Complementary approaches to interrogative suggestibility. *Social Behaviour, 1*, 105-112.

Schooler, J. W., & Loftus E. F. (1993). Multiple mechanisms mediate individual differences in eyewitness accuracy and suggestibility. In J. M. Pucket, & H. W. Reese (Eds), *Mechanisms of Everyday Cognition* (pp. 177-204). Hillsdale, NJ: Laurence Erlbaum Associates.

Smith, P., & Gudjonsson, G. H. (1995). Confabulation among forensic inpatients and its relationship with memory, suggestibility, compliance, anxiety and self-esteem. *Personality and Individual Differences, 19*, 517-523.

Spielberger, C. D., Edwards, C. D., Luschene, R., Montouri, J., & Platzek, D. (1970). *How I Feel Questionnaire*. CA: Consulting and Psychologists Press Inc.

Spielberger, C. D., Gorsuch, R. L., Luschene, R., Vagg, P. R., & Jacobs, G. A. (1983). *State-Trait Anxiety Inventory for Adults*. CA: Mind Garden.

Squire, L. R., Wetzel, C. D., & Slater, P. C. (1979). Memory complaint after electroconvulsive therapy: Assessment with a new self-rating instrument. *Biological Psychiatry, 14*, 791-801.

Van Bergen, S., Brands, I., Jelicic, M., & Merckelbach, H. (2010). Assessing trait memory distrust: Psychometric properties of the Squire Subjective Memory Questionnaire. *Legal and Criminological Psychology, 15*, 373-384.

Van Bergen, S., Horselenberg, R., Merckelbach, H., Jelicic, M., & Beckers, R. (2010). Memory distrust and acceptance of misinformation. *Applied Cognitive Psychology, 24,* 885-896.

Van Bergen, S., Jelicic, M., & Merckelbach, H. (2009). Are subjective memory problems related to suggestibility, compliance, false memories, and objective memory performance? *American Journal of Psychology, 122,* 249-257.

Wechsler, D. (1945). *The Wechsler Memory Scale.* San Antonio, TX: The Psychological Corporation.

Williamson, T. M. (1994). Reflections on current police practice. In D. Morgan & G. Stephenson (Eds.), *Suspicion and Silence: The Rights of Silence in Criminal Investigations.* London: Blackstone Press.

Wolfradt, U., & Meyer, T. (1998). Interrogative suggestibility, anxiety and dissociation among anxious patients and normal controls. *Personality and Individual Differences, 25,* 425-432.

## Chapter 6

Arnold, M. M., & Lindsay, D. S. (2002). Remembering remembering. *Journal of Experimental Psychology: Learning, Memory, and Cognition, 28,* 521-529.

Ayers, M. S., & Reder, L. M. (1998). A theoretical review of the misinformation effect: Predictions from an activation-based memory model. *Psychonomic Bulletin & Review, 5,* 1-21.

Bartlett, F. C. (1932). *Remembering: A Study in Experimental and Social Psychology.* Cambridge: Cambridge University Press.

Berkowitz, S. R., Laney, C., Morris, E. K., Garry, M., & Loftus, E. F. (2008). Pluto behaving badly: False beliefs and their consequences. *American Journal of Psychology, 121,* 643-660.

Bernstein, D. M., Laney, C., Morris, E. K., & Loftus, E. F. (2005). False memories about food can produce food avoidance. *Social Cognition, 23,* 11-34.

Bernstein, D. M., & Loftus, E. F. (2009). The consequences of false memory for food preferences and choices. *Perspectives on Psychological Science, 4,* 135-139.

Blank, H. (1998). Memory states and memory tasks: An integrative framework for eyewitness memory and suggestibility. *Memory, 6,* 481-529.

Blank, H. (2009). Remembering: A theoretical interface between memory and social psychology. *Social Psychology, 40,* 164-175.

Bless, H., Strack, F., & Walther, E. (2001). Memory as a target of social influence? Memory distortions as a function of social influence and metacognitive knowledge. In J. P. Forgas, & K. D. Williams (Eds), *Social Influence: Direct and Indirect Processes.* Philadelphia, PA: Psychology Press.

Blume, E. S. (1990). *Secret Survivors: Uncovering Incest and its Aftereffects in Women.* New York: Ballantine Books.

Bottoms, B. L., & Davis, S. L. (1997). The creation of satanic ritual abuse. *Journal of Social and Clinical Psychology, 16,* 112-132.

Braun, K. A., Ellis, R., & Loftus, E. F. (2002). Make my memory: How advertising can change our memories of the past. *Psychology and Marketing, 19,* 1-23.

Broadbent, D. E., Cooper, P. F., Fitzgerald, P., & Parkes, L. R. (1982). The cognitive failures questionnaire (CFQ) and its correlates. *British Journal of Clinical Psychology, 21*, 1-16.

Clancy, S. A. (2005). *Abducted: How People Come to Believe They Were Kidnapped by Aliens*. Cambridge, MA: Harvard University Press.

Clancy, S. A. (2009). *The Trauma Myth: The Truth About the Sexual Abuse of Children - and its Aftermath*. New York: Basic Books.

Clancy, S. A., & McNally, R. J. (2005/2006). Who needs repression? Normal memory processes can explain "forgetting" of childhood sexual abuse. *Scientific Review of Mental Health Practice, 4*, 66-73.

Clancy, S. A., McNally, R. J., Schacter, D. L., Lenzenweger, M. F., & Pitman, R. K. (2002). Memory distortion in people reporting abduction by aliens. *Journal of Abnormal Psychology, 111*, 455-461.

Clancy, S. A., Schacter, D. L., McNally, R. J., & Pitman, R. K. (2000). False recognition in women reporting recovered memories of sexual abuse. *Psychological Science, 11*, 26-31.

Conway, M. A. (1997). *Recovered Memories and False Memories*. Oxford: Oxford University Press.

Crombag, H. F. M., Wagenaar W. A., & van Koppen, P. J. (1996). Crashing memories and the problem of 'source monitoring'. *Applied Cognitive Psychology, 10*, 95-104.

Dalgleish, T., Hauer, B., & Kuyken, W. (2008). The mental regulation of autobiographical recollection in the aftermath of trauma. *Current Directions in Psychological Science, 17*, 259-263.

DePrince, A. P., Allard, C. B., Oh, H., & Freyd, J. J. (2004). What's in a name for memory errors? Implications and ethical issues arising from the use of the term "false memory" for errors in memory for details. *Ethics & Behavior, 14*, 201-233.

de Rivera, J. (1997). The construction of false memory syndrome: The experience of retractors. *Psychological Inquiry, 8*, 271-292.

Desjardins, T., & Scoboria, A. (2007). 'You and your best friend Suzy put Slime in Ms. Smollett's desk': Producing false memories with self-relevant details. *Psychonomic Bulletin and Review, 14*, 1090-1095.

French, C. C., & Santomauro, J. (2007). Something wicked this way comes. Causes and interpretations of sleep paralysis. In S. Della Sala (Ed.), *Tall Tales about the Mind and Brain: Separating Fact from Fiction* (pp. 380-398). Oxford: Oxford University Press.

French, L., Garry, M., & Mori, K. (2008). You say tomato? Collaborative remembering leads to more false memories for intimate couples than for strangers. *Memory, 16*, 262-273.

Freyd, J. J., & Gleaves, D. H. (1996). "Remembering" words not presented in lists: Relevance to the current recovered/false memory controversy. *Journal of Experimental Psychology: Learning, Memory, and Cognition, 22*, 811-813.

Freyd, J. J., Putnam, F. W., Lyon, T. D., Becker-Blease, K. A., Cheit, R. E., Siegel, N. B., & Pezdek, K. (2005). The science of child sexual abuse. *Science, 308*, 501.

Gabbert, F., Memon, A., & Allan, K. (2003). Memory conformity: Can eyewitnesses influence each other's memories for an event? *Applied Cognitive Psychology, 17*, 533-543.

Gallo, D. A. (2010). False memories and fantastic beliefs: 15 years of the DRM illusion. *Memory & Cognition, 38*, 833-848.

Gauld, A., & Stephenson, G. M. (1967). Some experiments relating to Bartlett's theory of remembering. *British Journal of Psychology, 58*, 39-50.

Gerrie, M. P., Belcher, L. E., & Garry, M. (2006). 'Mind the gap': False memories for missing aspects of an event. *Applied Cognitive Psychology, 20*, 689-696.

Goodman, G. S., Ghetti, S., Quas, J. A., Edelstein, R. S., Alexander, K. W., Redlich, A. D., Cordon, I. M., & Jones, D. P. H. (2003). A prospective study of memory for child sexual abuse: New findings relevant to the repressed-memory controversy. *Psychological Science, 14*, 113-118.

Goodman, G. S., Quas, J., & Ogle, C. M. (2010). Child maltreatment and memory. *Annual Review of Psychology, 61*, 325-351.

Granhag, P.-A., Strömwall, L., & Billings, F. J. (2003). "I'll never forget the sinking ferry": How social influence makes false memories surface. In M. Vanderhallen, G. Vervaeke, P. J. van Koppen, & J. Goethals (Eds), *Much Ado About Crime: Chapters on Psychology and Law* (pp. 129-140). Belgium: Uitgeverij Politeia.

Gudjonsson, G. H. (1997). False memory syndrome and the retractors: Methodological and theoretical issues. *Psychological Inquiry, 8*, 296-299.

Gudjonsson, G. H. (2003). *The Psychology of Interrogations and Confessions: A Handbook*. Chichester, UK: John Wiley & Sons, Ltd.

Hayne, H., Garry, M., & Loftus, E. F. (2006). On the continuing lack of evidence for repressed memories. *Behavioral and Brain Sciences, 29*, 521-522.

Holden, K. J., & French, C. C. (2002). Alien abduction experiences: Some clues from Neuropsychology and Neuropsychiatry. *Cognitive Neuropsychiatry, 7*, 163-178.

Hope, L., Ost, J., Gabbert, F., Healey, S., & Lenton, E. (2008). "With a little help from my friends...": The role of co-witness relationship in susceptibility to misinformation. *Acta Psychologica, 127*, 476-484.

Hyman, I. E., Jr., Husband, T. H., & Billings, F. J. (1995). False memories of childhood experiences. *Applied Cognitive Psychology, 9*, 181-197.

Kanematsu, H., Mori, K., & Mori, H. (2003). Memory distortion in eyewitness pairs who observed nonconforming events and discussed them. *Journal of the Faculty of Education, Shinshu University, 109*, 75-84.

Kassin, S. M., & Kiechel, K. L. (1996). The social psychology of false confessions: Compliance, internalization, and confabulation. *Psychological Science, 7*, 125-128.

Kihlstrom, J. F. (2002). No need for repression. *Trends in Cognitive Sciences, 6*, 502.

Koriat, A., & Goldsmith, M. (1996). Monitoring and control processes in the strategic regulation of memory accuracy. *Psychological Review, 103*, 490-517.

Koriat, A., Goldsmith, M., & Pansky, A. (2000). Toward a psychology of memory accuracy. *Annual Review of Psychology, 51*, 481-537.

La Fontaine, J. S. (1998). *Speak of the Devil: Tales of Satanic Abuse in Contemporary England*. Cambridge: Cambridge University Press.

Laney, C., Morris, E. K., Bernstein, D. M., Wakefield, B. M., & Loftus, E. F. (2008). Asparagus, a love story: Healthier eating could be just a false memory away. *Experimental Psychology, 55*, 291-300.

Lanning, K. V. (1991). Ritual abuse: A law enforcement view or perspective. *Child Abuse and Ne-

*glect, 15,* 171-173.
Lief, H., & Fetkewicz, J. (1995). Retractors of false memories: The evolution of pseudo-memories. *The Journal of Psychiatry and Law, 23,* 411-436.
Lindsay, D. S., Hagen, L., Read, J. D., Wade, K. A., & Garry, M. (2004). True photographs and false memories. *Psychological Science, 15,* 149-154.
Lindsay, D. S., & Read, J. D. (1994). Psychotherapy and memories of childhood sexual abuse: A cognitive perspective. *Applied Cognitive Psychology, 8,* 281-338.
Loftus, E. F. (1997a). Dispatches from the (un)civil memory wars. In J.D. Read, & D.S. Lindsay (Eds), *Recollections of Trauma: Scientific Evidence and Clinical Practice* (pp. 171-194). New York: Plenum Press.
Loftus, E. F. (1997b). Repressed memory accusations: Devastated families and devastated patients. *Applied Cognitive Psychology, 11,* 25-30.
Loftus, E. F. (2004). Memories of things unseen. *Current Directions in Psychological Science, 13,* 145-147.
Loftus, E. F., & Hoffman, H. G. (1989). Misinformation and memory: The creation of new memories. *Journal of Experimental Psychology: General, 118,* 100-104.
Loftus, E. F., & Palmer, J. C. (1974). Reconstruction of automobile destruction: An example of the interaction between language and memory. *Journal of Verbal Learning and Verbal Behavior, 13,* 585-589.
Loftus, E. F., & Pickrell, J. E. (1995). The formation of false memories. *Psychiatric Annals, 25,* 720-725.
Lynn, S. J., & Kirsch, I. (1996). Alleged alien abductions: False memories, hypnosis, and fantasy proneness. *Psychological Inquiry, 7,* 151-155.
Mazzoni, G. (2002). Naturally-occurring and suggestion-dependent memory distortions. *European Psychologist, 7,* 17-30.
Mazzoni, G., & Kirsch, I. (2002). Autobiographical memories and beliefs: A preliminary metacognitive model. In T. Perfect, & B. Schwartz (Eds), *Applied Metacognition* (pp. 121-145). Cambridge, UK: Cambridge University Press.
Mazzoni, G., Loftus, E. F., Seitz, A., & Lynn, S. J. (1999). Changing beliefs and memories through dream interpretation. *Applied Cognitive Psychology, 13,* 125-144.
Mazzoni, G., & Memon, A. (2003). Imagination can create false autobiographical memories. *Psychological Science, 14,* 186-188.
Mazzoni, G., Scoboria, A., & Harvey, L. (2010). Non-believed memories. *Psychological Science, 21,* 1334-1340.
McNally, R. J. (2003). *Remembering Trauma.* Cambridge, MA: Harvard University Press.
McNally, R. J. (2007). Betrayal trauma theory: A critical appraisal. *Memory, 15,* 280-294.
McNally, R. J., & Clancy, S. A. (2005). Sleep paralysis in adults reporting repressed, recovered, or continuous memories of childhood sexual abuse. *Journal of Anxiety Disorders, 19,* 595-602.
McNally, R. J., & Geraerts, E. (2009). A new solution to the recovered memory debate. *Perspectives on Psychological Science, 4,* 126-134.
McNally, R. J., Lasko, N. B., Clancy, S. A., Macklin, M. L., Pitman, R. K., & Orr, S. P. (2004). Psychophysiological responding during script-driven imagery in people reporting abduction by

space aliens. *Psychological Science*, *15*, 493-497.

Merckelbach, H., Smeets, T., Geraerts, E., Jelicic, M., Bouwen, A., & Smeets, E. (2006). I haven't thought about this for years! Dating recent recalls of vivid memories. *Applied Cognitive Psychology*, *20*, 33-42.

Meyersburg, C. A., Bogdan, R., Gallo, D. A., & McNally, R. J. (2009). False memory propensity in people reporting recovered memories of past lives. *Journal of Abnormal Psychology*, *118*, 399-404.

Mulhern, S. (1994). Satanism, ritual abuse, and multiple personality disorder. *International Journal of Clinical and Experimental Hypnosis*, *42*, 265-288.

Nash, R. A., Wade, K. A., & Brewer, R. J. (2009). Why do doctored images distort memory? *Consciousness and Cognition*, *18*, 773-780.

Ofshe, R. (1989). Coerced confessions: The logic of seemingly irrational action. *Cultic Studies Journal*, *6*, 1-15.

Orne, M. T. (1962). On the social psychology of the psychological experiment: With particular reference to demand characteristics and their implications. *American Psychologist*, *17*, 776-783.

Ost, J. (2003). Essay review: Seeking the middle ground in the 'memory wars'. *British Journal of Psychology*, *94*, 125-139.

Ost, J. (2010). Recovered memories. In T. Williamson, T. Valentine, & R. Bull (Eds), *Handbook of Psychology of Investigative Interviewing: Current Developments and Future Directions* (pp. 181-204). Chichester, UK: John Wiley & Sons, Ltd.

Ost, J., & Costall, A. (2002). Misremembering Bartlett: a study in serial reproduction. *British Journal of Psychology*, *93*, 243-255.

Ost, J., Costall, A., & Bull, R. (2001). False confessions and false memories? A model for understanding retractors' experiences? *The Journal of Forensic Psychiatry*, *12*, 549-579.

Ost, J., Costall, A., & Bull, R. (2002). A perfect symmetry? A study of retractors' experiences of making and repudiating claims of early sexual abuse. *Psychology, Crime & Law*, *8*, 155-181.

Ost, J., Foster, S., Costall, A., & Bull, R. (2005). False reports of childhood events in appropriate interviews. *Memory*, *13*, 700-710.

Ost, J., Granhag, P.-A., Udell, J., & Roos af Hjelmsäter, E. (2008). Familiarity breeds distortion: The effects of media exposure on false reports concerning the media coverage of the terrorist attacks in London on 7$^{th}$ July 2005. *Memory*, *16*, 76-85.

Ost, J., Hogbin, I., & Granhag, P.-A. (2006). Altering false reports via confederate influence. *Social Influence*, *1*, 105-116.

Ost, J., & Nunkoosing, K. (2010). Reconstructing Bartlett and revisiting the 'false memory' controversy. In J. Haaken, & P. Reavey (Eds), *Memory Matters: Understanding Contexts for Recollecting Child Sexual Abuse* (pp. 41-62). London: Routledge.

Ost, J., Vrij, A., Costall, A., & Bull, R. (2002). Crashing memories and reality monitoring: distinguishing between perceptions, imaginings and false memories. *Applied Cognitive Psychology*, *16*, 125-134.

Ost, J., Wright, D., Easton, S., Hope, L., & French, C. C. (2010). Recovered memories, satanic abuse, dissociative identity disorder and false memories in the United Kingdom: A survey of Chartered Clinical Psychologists and Hypnotherapists' (and students') beliefs. Paper presented at the 20th conference of the European Association of Psychology and Law, 15-18 June, 2010, Göteborg, Sweden.

Ost, J., Wright, D. B., Easton, S., Hope, L., & French, C. C. (2013). Recovered memories, satanic abuse, dissociative identity disorder and false memories in the United Kingdom: A survey of Clinical Psychologists and Hypnotherapists. *Psychology, Crime & Law, 19*(1), 1-19.

Paterson, H. M., & Kemp, R. I. (2006). Co-witnesses talk: A survey of eyewitness discussion. *Psychology Crime & Law, 12*, 181-191.

Payne, D. G., & Blackwell, J. M. (1998). Truth in memory: Caveat emptor. In S. J. Lynn, & K. M. McConkey (Eds), *Truth in Memory* (pp. 32-61). New York: Guilford Press.

Pezdek, K., & Banks, W. P. (1996). Preface. In K. Pezdek, & W. P. Banks (Eds), *The Recovered Memory/False Memory Debate* (pp. xi-xv). San Diego: Academic Press.

Pezdek, K., & Blandon-Gitlin, I. (2008). Planting false memories for childhood sexual abuse only happens to emotionally disturbed people ... not me or my friends. *Applied Cognitive Psychology, 23*, 162-169.

Pezdek, K., & Freyd, J. J. (2009). The fallacy of generalizing from egg salad in false belief research. *Analyses of Social Issues and Public Policy, 9*, 177-183.

Pezdek, K., & Lam, S. (2007). What research paradigms have cognitive psychologists used to study "false memory," and what are the implications of these choices? *Consciousness and Cognition, 16*, 2-17.

Pipe, M.-E., Lamb, M. E., Orbach, Y., & Cederborg, A.-C. (Eds) (2007). *Child Sexual Abuse: Disclosure, Delay, and Denial*. New York: Routledge.

Piper, A., Lillevik, L., & Kritzer, R. (2008). What's wrong with believing in repression? A review for legal professionals. *Psychology, Public Policy, and Law, 14*, 223-242.

Pope, H. G., Jr., Poliakoff, M. B., Parker, M. P., Boynes, M., & Hudson, J. I. (2007). Is dissociative amnesia a culture-bound syndrome? Findings from a survey of historical literature. *Psychological Medicine, 37*, 225-233.

Porter, S., & Peace, K. (2007). The scars of memory: A prospective, longitudinal investigation of the consistency of traumatic and positive emotional memories in adulthood. *Psychological Science, 18*, 435-441.

Porter, S., Taylor, K., & ten Brinke, L. (2008). Memory for media: Investigation of false memories for negatively and positively charged public events. *Memory, 16*, 658-666.

Porter, S., Yuille, J. C., & Lehman, D. R. (1999). The nature of real, implanted, and fabricated memories for emotional childhood events: Implications for the recovered memory debate. *Law and Human Behavior, 23*, 517-537.

Qin, J., Goodman, G. S., Bottoms, B. L., & Shaver, P. R. (1998). Repressed memories of ritualistic and religion-related child abuse. In S. J. Lynn, & K. M. McConkey (Eds.), *Truth in Memory* (pp. 260-283). New York: Guilford Press.

Qin, J., Ogle, C. M., & Goodman, G. S. (2008). Adults' memories of childhood: True and false reports. *Journal of Experimental Psychology: Applied, 14*, 373-391.

Raymaekers, L., Peters, M. J. V., Smeets, T., Abidi, L., & Merckelbach, H. (2011). Underestimation of prior remembering and susceptibility to false memories: Two sides of the same coin? *Consciousness and Cognition, 20*, 1144-1153.

Roediger, H. L., & McDermott, K. B. (1995). Creating false memories: Remembering words not presented in lists. *Journal of Experimental Psychology: Learning, Memory, and Cognition, 21*, 803-814.

Roediger, H. L., & McDermott, K. B. (1996). False perceptions of false memories. *Journal of Experimental Psychology: Learning, Memory, and Cognition, 22*, 814-816.

Roos af Hjelmsäter, E., Granhag, P. A., Strömwall, L. A., & Memon, A. (2008). The effects of social influence on children's memory reports: The omission and commission error asymmetry. *Scandinavian Journal of Psychology, 49*, 507-513.

Rubin, D. C., & Berntsen, D. (2007). People believe it is plausible to have forgotten memories of childhood sexual abuse. *Psychonomic Bulletin & Review, 14*, 776-778.

Rubin, D. C., & Boals, A. (2010). People who expect to enter psychotherapy are prone to believing that they have forgotten memories of childhood trauma and abuse. *Memory, 18*, 556-562.

Schacter, D. L., Verfaellie, M., & Pradere, D. (1996). The neuropsychology of memory illusions: False recall and recognition in Amnesic patients. *Journal of Memory and Language, 35*, 319-334.

Schneider, D. M., & Watkins, M. J. (1996). Response conformity in recognition testing. *Psychonomic Bulletin & Review, 3*, 481-485.

Schooler, J. W., Bendiksen, M., & Ambadar, Z. (1997). Taking the middle line: Can we accommodate both fabricated and recovered memories of sexual abuse? In M.A. Conway (Ed.), *Recovered Memories and False Memories* (pp. 251-292). Oxford: Oxford University Press.

Scoboria, A., Lynn, S. J., Hessen, J., & Fisico, S. (2007). So that is why I don't remember: Normalizing forgetting of childhood events influences false autobiographical beliefs but not memories. *Memory, 15*, 801-813.

Scoboria, A., Mazzoni, G., & Jarry, J. (2008). Suggesting childhood food illness results in reduced eating behavior. *Acta Psychologica, 128*, 304-309.

Scoboria, A., Mazzoni, G., Kirsch, I., & Relyea, M. (2004). Plausibility and belief in autobiographical memory. *Applied Cognitive Psychology, 18*, 791-807.

Sheen, M., Kemp, S., & Rubin, D. (2001). Twins dispute memory ownership: A new false memory phenomenon. *Memory & Cognition, 29*, 779-788.

Sheen, M., Kemp, S., & Rubin, D. (2006). Disputes over memory ownership: What memories are disputed? *Genes, Brain and Behavior, 5*, 9-13.

Shobe, K. K., & Schooler, J. W. (2001). Discovering fact and fiction: Case-based analyses of authentic and fabricated discovered memories of abuse. In G.M. Davies, & T. Dalgleish (Eds), *Recovered Memories: Seeking the Middle Ground* (pp. 95-151). Chichester: John Wiley & Sons, Ltd.

Sjödén, B., Granhag, P.-A., Ost, J., & Roos af Hjelmsäter, E. (2009). Is the truth in the detail? Extended narratives help distinguishing false "memories" from false "reports". *Scandinavian Journal of Psychology, 50*, 203-210.

Smeets, T., Jelicic, M., Peters, M. J. V., Candel, I., Horselenberg, R., & Merckelbach, H. (2006). "Of course I remember seeing that film!" - How ambiguous questions generate crashing memories. *Applied Cognitive Psychology, 20*, 779-789.

Smeets, T., Merckelbach, H., Horselenberg, R., & Jelicic, M. (2005). Trying to recollect past events:

Confidence, beliefs, and memories. *Clinical Psychology Review*, 25, 917-934.
Smeets, T., Telgen, S., Ost, J., Jelicic, M., & Merckelbach, H. (2009). What's behind crashing memories? Plausibility, belief, and memory of reports of having seen non-existent images. *Applied Cognitive Psychology*, 23, 1333-1341.
Spence, D. P. (1996). Abduction tales as metaphors. *Psychological Inquiry*, 7, 177-179.
Wade, K. A., Garry, M., Nash, R. A., & Harper, D. N. (2010). Anchoring effects in the development of false childhood memories. *Psychonomic Bulletin & Review*, 17, 66-72.
Wade, K. A., Garry, M., Read, J. D., & Lindsay, D. S. (2002). A picture is worth a thousand lies: Using false photographs to create false childhood memories. *Psychonomic Bulletin and Review*, 9, 597-603.
Wade, K. A., Sharman, S. J., Garry, M., Memon, A., Mazzoni, G., Merckelbach, H., & Loftus, E. F. (2007). False claims about false memory research. *Consciousness and Cognition*, 16, 18-28.
Wegner, D. M., Schneider, D. J., Carter, S., & White, T. (1987). Paradoxical effects of thought suppression. *Journal of Personality and Social Psychology*, 53, 5-13.
Wilkinson, C., & Hyman, I. E. (1998). Individual differences related to two types of memory errors: Word lists may not generalize to autobiographical memory. *Applied Cognitive Psychology*, 12, 29-46.
Wilson, K., & French, C. C. (2006). The relationship between susceptibility to false memories, dissociativity, and paranormal belief and experience. *Personality and Individual Differences*, 41, 1493-1502.
Woodiwiss, J. (2010). 'Alternative memories' and the construction of a sexual abuse narrative. In J. Haaken, & P. Reavey (Eds), *Memory Matters: Understanding Contexts for Recollecting Child Sexual Abuse* (pp. 105-127). London; Routledge.
Wright, D. B., Loftus, E. F., & Hall, M. (2001). Now you see it; now you don't: Inhibiting recall and recognition of scenes. *Applied Cognitive Psychology*, 15, 471-482.
Wright, D. B., Ost, J., & French, C. C. (2006). Ten years after: What we know now that we didn't know then about recovered and false memories. *The Psychologist*, 19, 352-355.
Yapko, M. (1994). Suggestibility and repressed memories of abuse: A survey of psychotherapists' beliefs. *American Journal of Clinical Hypnosis*, 36, 162-171.

## Chapter 7

Agnew, S. E., & Powell, M. B. (2004). The effect of intellectual disability on children's recall of an event across different question types. *Law and Human Behavior*, 28, 273-294.
Bartsch, K., & London, K. (2000). Children's use of mental state information in persuasion. *Developmental Psychology*, 36, 352-365.
Bettenay, C. (2010). Memory under cross-examination of children with and without intellectual disabilities. Unpublished doctoral dissertation, London South Bank University.
Brainerd, C. J., Reyna, V. F., & Ceci, S. J. (2008). Developmental reversals in false memory: A review of data and theory. *Psychological Bulletin*, 134, 343-382.
Bright-Paul, A., Jarrold, C., & Wright, D. B. (2008). Theory-of-mind development influences sug-

gestibility and source monitoring. *Developmental Psychology*, *44*,1055-1068.

Brown, D. A., & Pipe, M. E. (2003a). Individual differences in children's event memory reports and the narrative elaboration training. *Journal of Applied Psychology*, *88*, 195-206.

Brown, D. A., & Pipe, M. E. (2003b). Variations on a technique: Enhancing children's recall through Narrative Elaboration Training. *Applied Cognitive Psychology*, *17*, 377-399.

Bruck, M., & Ceci, S. J. (1999). The suggestibility of children's memory. *Annual Review of Psychology*, *50*, 419-439.

Bruck, M., Ceci, S. J., & Principe, G. F. (2006). The child and the law. In K. A. Renninger, I. E. Sigel, W. Damon, & R. M. Lerner (Eds), *Handbook of Child Psychology* (6th edn, Vol. 4, pp. 776-816). New York: John Wiley & Sons, Ltd.

Bruck, M., London, K., Landa, R., & Goodman, J. (2007). Autobiographical memory and suggestibility in children with autism spectrum disorder. *Development and Psychopathology*, *19*, 73-95.

Bruck, M., & Melnyk, L. (2004). Individual differences in children's suggestibility: A review and synthesis. *Applied Cognitive Psychology*, *18*, 947-996.

Ceci, S. J., & Bruck, M. (1993). Suggestibility of the child witness: A historical review and synthesis. *Psychological Bulletin*, *113*, 403-439.

Ceci, S. J., Kulkofsky, S., Klemfuss, J. Z., Sweeney, C. D., & Bruck, M. (2007). Unwarranted assumptions about children's testimonial accuracy. *Annual Review of Clinical Psychology*, *3*, 311-328.

Chae Y., & Ceci S. J. (2005). Individual differences in children's recall and suggestibility: The effect of intelligence, temperament, and self-perceptions. *Applied Cognitive Psychology*, *19*, 383-407.

Danielsdottir, G., Sigurgeirsdottir, S., Einarsdottir, H. R., & Haraldsson, E. (1993). Interrogative suggestibility in children and its relationship with memory and vocabulary. *Personality and Individual Differences*, *14*, 499-502.

Davis, E., Quas, J. A., & Levine, L. J. (2008). Children's memory for stressful events: Exploring the role of discrete emotions. In M. Howe, D. Cicchetti, & G. Goodman (Eds), *Stress, Trauma, and Children's Memory Development: Neurobiological, Cognitive, Clinical, and Legal Perspectives* (pp. 236-264). Oxford: Oxford University Press.

Finnillä, K., Mahlberga, N., Santtilaa, P., Sandnabbaa, K.& Niernib, P. (2003). Validity of a test of children's suggestibility for predicting responses to two interview situations differing in their degree of suggestiveness. *Journal of Experimental Child Psychology*, *85*, 32-49.

Fivush, R., & Reese, E. (1992). The social construction of autobiographical memory. In M. A. Conway, D. C. Rubin, H. Spinnler, & W. A. Wagenaar (Eds), *Theoretical Perspectives on Autobiographical Memory* (pp. 115-132). Dordrecht, the Netherlands: Kluwer Academic.

Gordon, B. N., Jens, K. G., Hollings, R., & Watson, T. E. (1994). Remembering activities performed versus those imagined: Implications for testimony of children with mental retardation. *Journal of Clinical Child Psychology*, *23*, 239-248.

Gudjonsson, G. H. (1988). The relationship of intelligence and memory to interrogative suggestibility: The importance of ranged effects. *British Journal of Clinical Psychology*, *27*, 185-187.

Gudjonsson, G. H. (1997). *The Gudjonsson Suggestibility Scales Manual*. London, UK: Psychology Press.

Gudjonsson, G. H., & Clark, N. K. (1986). Suggestibility in police interrogation: A social psychological model. *Social Behaviour, 1*, 83-104.

Gudjonsson, G. H., & Henry, L. A. (2003). Child and adult witnesses with intellectual disability: The importance of suggestibility. *Legal and Criminological Psychology, 8*, 241-252.

Haden, C. A., Haine, R. A., & Fivush, R. (1997). Developing narrative structure in parent-child reminiscing across the preschool years. *Developmental Psychology, 33*, 295-307.

Happe, F. G. E., Winner, E., & Brownell, H. (1998). The getting of wisdom: Theory of mind in old age. *Developmental Psychology, 34*, 358-362.

Harley, K., & Reese, E. (1999). Origins of autobiographical memory. *Developmental Psychology, 35*, 1338-1348.

Harris, J. C. (2006). *Intellectual Disability: Understanding Its Development, Causes, Classification, Evaluation and Treatment*. Oxford: Oxford University Press.

Heal, L. W., & Sigelman, C. K. (1995). Response biases in interviews of individuals with limited mental ability. *Journal of Intellectual Disability Research, 39*, 331-340.

Henry, L. A., & Gudjonsson, G. H. (1999). Eyewitness memory and suggestibility in children with mental retardation. *American Journal on Mental Retardation, 104*, 491-508.

Henry, L. A., & Gudjonsson, G. H. (2003). Eyewitness memory, suggestibility and repeated recall sessions in children with mild and moderate intellectual disabilities. *Law and Human Behavior, 27*, 481-505.

Henry, L. A., & Gudjonsson, G. H. (2007). Individual and developmental differences in eyewitness memory and suggestibility in children with intellectual disabilities. *Applied Cognitive Psychology, 21*, 361-381.

Henry, L. A., Bettenay, C., & Carney, D. P. J. (2011). Children with intellectual disabilities and developmental disorders. In M.E. Lamb, D. J. La Rooy, L. C. Malloy, & C. Katz (Eds), *Children's Testimony: A Handbook of Psychological Research and Forensic Practice* (2nd edn, pp. 251-283). Chichester: John Wiley & Sons, Ltd.

Hershkowitz, I., Lamb, M. E., & Horowitz, D. (2007). Victimisation of children with disabilities. *American Journal of Orthopsychiatry, 77* (4), 629-635.

Jens, K. G., Gordon, B. N., & Shaddock, A. J. (1990). Remembering activities performed versus imagined: A comparison of children with mental retardation and children with normal intelligence. *International Journal of Disability, Development and Education, 37*, 201-213.

Karpinski, A. C., & Scullin, M. H. (2009). Suggestibility under pressure: Theory of mind, executive function and suggestibility in preschoolers. *Journal of Applied Developmental Psychology, 30*, 749-763.

Kulkofsky, S. (2010). The effect of verbal labels and vocabulary on memory and suggestibility. *Journal of Applied Developmental Psychology, 31*, 460-466.

Kulkofsky, S., & Klemfuss, J. Z. (2008). What the stories children tell can tell about their memory: Narrative skill and young children's suggestibility. *Developmental Psychology, 44*, 1442-1456.

Kulkofsky, S., Wang, Q., & Ceci, S. J. (2008). Do better stories make better memories? Narrative quality and memory accuracy in preschool children. *Applied Cognitive Psychology, 22*, 21-38.

LaLonde, C. E., & Chandler, M. J. (2002). Children's understanding of interpretation. *New Ideas in Psychology*, *20*, 163-198.

Lamb, M. E., & Brown, D. A. (2006). Conversational apprentices: Helping children become competent informants about their own experiences. *British Journal of Developmental Psychology*, *24*, 215-234.

Levine, L. J., Burgess, S. L., & Laney, C. (2008). Effects of discrete emotions on young children's suggestibility. *Child Development*, *44*, 681-694.

Levine, L. J., & Pizarro, D. A. (2004). Emotion and memory research: A grumpy overview. *Social Cognition*, *22*, 530-554.

Levine, L. J., & Pizarro, D. A. (2006). Emotional valence, discrete emotions, and memory. In B. Uttl, N. Ohta, & A.L. Siegenthaler (Eds), *Memory and Emotion: Interdisciplinary Perspectives*. Oxford: Blackwell Publishing.

Lin, L.-P., Yen, C.-F., Kuo, F.-Y., Wu, J.-L. & Lin, J.-D. (2009). Sexual assault of people with disabilities: Results of a 2002-2007 national report in Taiwan. *Research in Developmental Disabilities*, *30*, 969-975.

London, K., & Kulkofsky, S. (2010). Factors affecting the reliability of children's reports. In G. M. Davies, & D. B. Wright (Eds), *New Frontiers in Applied Memory* (pp. 119-141). New York: Psychology Press.

Melinder, A., Endestad, T., & Magnussen, S. (2006). Relations between episodic memory, suggestibility, theory of mind, and cognitive inhibition in the preschool child. *Scandinavian Journal of Psychology*, *47*, 485-495.

Mencap (1999). *Living in Fear*. London: Mencap.

Michel, M. K., Gordon, B. N., Ornstein, P. A., & Simpson, M. A. (2000). The abilities of children with mental retardation to remember personal experiences: Implications for testimony. *Journal of Clinical Child Psychology*, *29*, 453-463.

Miles, K. L., Powell, M. B., Gignac, G. E., & Thomson, D. M. (2007). How well does the Gudjonsson Suggestibility Scale for Children, version 2 predict the recall of false details among children with and without intellectual disabilities? *Legal and Criminological Psychology*, *12*, 217-232.

Milne, R., Clare, I. C. H., & Bull, R. (2002). Interrogative suggestibility among witnesses with mild intellectual disabilities: The use of an adaptation of the GSS. *Journal of Applied Research in Intellectual Disabilities*, *15*, 8-17.

Nelson, K. (2003). Self and social. functions: Individual autobiographical memory and collective narrative. *Memory*, *11*, 125-136.

Nelson, K. & Fivush, R. (2004). The emergence of autobiographical memory: A social cultural developmental theory. *Psychological Review*, *111*, 486-511.

Paz-Alonso, P. M., Larson, R. P., Castelli, P., Alley, D., & Goodman, G. S. (2009). Memory development: emotion, stress, and trauma. In M.L. Courage, & N. Cowan (Eds), *The Development of Memory in Infancy and Childhood* (2nd edn; pp. 197-239). New York: Psychology Press.

Perner, J., Leekam, S. R., & Wimmer, H. (1987). Three-year-olds' difficulty with false belief: The case for a conceptual deficit. *British Journal of Developmental Psychology*, *5*,125-137.

Principe, G. F., Guiliano, S., & Root, C. (2008). Rumor mongering and remembering: How rumors originating in children's inferences can affect memory. *Journal of Experimental Child Psychology, 99*, 135-155.

Quas, J. A., Carrick, N., Alkon, A., Goldstein, L., & Boyce, W. T. (2006). Children's memory for a mild stressor: The role of sympathetic activation and parasympathetic withdrawal. *Developmental Psychobiology, 48*, 686-702.

Quas, J. A., Qin, J., Schaaf, J. M., & Goodman, G. S. (1997). Individual differences in children's and adult's suggestibility and false event memory. *Learning and Individual Differences, 9*, 359-390.

Quas, J. A., & Schaaf, J. M. (2002). Children's memories for experienced and nonexperienced events following repeated interviews. *Journal of Experimental Psychology, 83*, 304-338.

Reese, E., Haden, C. A., & Fivush, R. (1993). Mother-child conversations about the past: Relationships of style and memory over time. *Cognitive Development, 8*, 403-430.

Reynolds, C. R., & Bigler, E. R. (1994). *Test of Memory and Learning (TOMAL)*. Austin, TX: Pro-Ed.

Roebers, C. M., & Schneider, W. (2005). Individual differences in young children's suggestibility: Relations to event memory, language abilities, working memory, and executive functioning. *Cognitive Development, 20*, 427-447.

Scullin, M. H., & Bonner, K. (2006). Theory of mind, inhibitory control, and preschool-age children's suggestibility in different interviewing contexts. *Journal of Experimental Child Psychology, 93*, 120-138.

Scullin, M. H., & Ceci, S. J. (2001). A suggestibility scale for children. *Personality and Individual Differences, 30*, 843-856.

Scullin, M. H., Kanaya, T., & Ceci, S. J. (2002). Measurement of individual differences in children's suggestibility across situations. *Journal of Experimental Psychology: Applied, 8*, 233-246.

Shapiro, L. R., & Purdy, T. (2005). Suggestibility and source monitoring errors: Blame the interview style, interviewer consistency, and the child's personality. *Applied Cognitive Psychology, 19*, 489-506.

Sharp, H. (2001). Challenging crime and harassment against people with learning difficulties. *Mental Health Care & Learning Disabilities, 4*, 398-400.

Stein, N. L., & Levine, L. J. (1989). The causal organization of emotional knowledge: A developmental study. *Cognition and Emotion, 3*, 343-378.

Stein, N. L., & Levine, L. J. (1990). Making sense out of emotion: The representation and use of goal-structured knowledge. In N. L. Stein, B. Leventhal, & T. Trabasso (Eds), *Psychological and Biological Approaches to Emotion* (pp. 45-73). Hillsdale, NJ: Erlbaum.

Stein, N. L., & Liwag, M. D. (1997). Children's understanding, evaluation, and memory for emotional events. In P. W. van den Broek, P. J. Bauer, & T. Bourg (Eds), *Developmental Spans in Event Comprehension and Representation: Bridging Fictional and Actual Events* (pp. 199-235). Hillsdale, NJ: Erlbaum.

Stein, N. L., Liwag, M. D., & Wade, E. (1996). A goal-based approach to memory for emotional events: Implications for theories of understanding and socialization. In R. D. Kavanaugh, B. Zimmerberg, & S. Fein (Eds), *Emotion: Interdisciplinary Perspectives* (pp. 91-118). Mhawah,

NJ: Erlbaum.
Sullivan, P. M., & Knutson, J. F. (2000). Maltreatment and disabilities: A population-based epidemiological study. *Child Abuse & Neglect, 24*, 1257-1273.
Templeton, L. M., & Wilcox, S. A. (2000). A tale of two representations: The mis-information effect and children's developing theory of mind. *Child Development, 71*, 402-416.
Thomsen, Y., & Bernsten, D. (2005). Knowing that I didn't know: Preschoolers' understanding of their own false belief is a predictor of assents to fictitious events. *Applied Cognitive Psychology, 19*, 507-527.
Weiss, B., Weisz, J. R., & Bromfield, R. (1986). Performance of retarded and nonretarded persons on information-processing tasks: Further tests of the similar structure hypothesis. *Psychological Bulletin, 100*, 157-175.
Welch-Ross, M. K. (1999a). Preschoolers' understanding of mind: Implications for suggestibility. *Cognitive Development, 14*, 101-131.
Welch-Ross, M. K. (1999b). Interviewer knowledge and preschoolers' reasoning about knowledge states moderate suggestibility. *Cognitive Development, 14*, 423-442.
Welch-Ross, M. K., Diecidue, K., & Miller, S. A. (1997). Young children's understanding of conflicting mental representations predicts suggestibility. *Developmental Psychology, 33*, 43-53.
Wellman, H. M., Cross, D., & Watson, J. (2001). Meta-analysis of theory-of-mind development: The truth about false belief. *Child Development, 72*, 655-684.
Westcott, H. (1991). The abuse of disabled children: A review of the literature. *Child Care Health and Development, 174*, 243-258.
Williams, C. (1995). *Invisible Victims: Crime and Abuse against People with Learning Difficulties*. London: Jessica Kingsley Publishers.
Wilson, C., & Brewer, N. (1992). The incidence of criminal victimisation of individuals with an intellectual disability. *Australian Psychologist, 27*, 114-117.
Young, K., Powell, M. B., & Dudgeon, P. (2003). Individual differences in children's suggestibility: A comparison between intellectually disabled and mainstream sample. *Personality and Individual Differences, 35*, 31-49.
Zaragoza, M. S., Belli, R. S., & Payment, K. E. (2006). Misinformation effects and the suggestibility of eyewitness memory. In M. Garry, & H. Hayne (Eds), *Do Justice and Let the Sky Fall: Elizabeth F. Loftus and Her Contributions to Science, Law, and Academic Freedom* (pp. 35-63). Hillsdale, NJ: Lawrence Erlbaum Associates.

## Chapter 8

Aging in the Americas into the 21st Century. www.census.gov/ipc/prod/agegame.pdf Retrieved 10 August 2010.
Allan, J. (2008). Older people and wellbeing. *Institute for Public Policy Research*.
Allen, D., Evans, C., Hider, A., Hawkins, S., Peckett, H., & Morgan, H. (2008). Offending behaviour in adults with Asperger syndrome. *Journal of Autism and Developmental Disorders, 38*, 748-758.

American Psychiatric Association (2000). *Diagnostic and Statistical Manual of Mental Disorders (4th edn)*, *(DSM-IV)*. Washington, DC: American Psychiatric Press.

Baird, G., Simonoff, E., Pickles, A., Chandler, S., Loucas, T., Meldrum, D., & Charman, T. (2006). Prevalence of disorders of the autism spectrum in a population cohort of children in South Thames: The Special Needs and Autism Project (SNAP). *Lancet*, *368*, 210-215.

Baron-Cohen, S. (2001). Theory of mind and autism: A review. *International Review of Research in Mental Retardation: Autism*, *23*, 169-184.

Bartlett, J. C., & Memon, A. (2007). Eyewitness memory in younger and older adults. In R. C. L. Lindsay, D. F. Ross, J. D. Read, & M. P. Toglia (Eds), *The Handbook of Eyewitness Psychology: Memory for People* (Vol. II, pp. 309-338), Hillsdale, NJ: Lawrence Erlbaum.

Beail, N. (2002). Interrogative suggestibility, memory and intellectual disability. *Journal of Applied Research in Intellectual Disabilities*, *15*, 129-137.

Bennetto, L., Pennington, B. F., & Rogers, S. J. (1996). Intact and impaired memory functions in autism. *Child Development*, *67*, 1816-1835.

Blair, R. J. R., Frith, U., Smith, N., Abell, F., & Cipolotti, L. (2002). Fractionation of visual memory: Agency detection and its impairment in autism. *Neuropsychologia*, *40*, 108-118.

Bornstein, B. H., Witt, C. J., Cherry, K. E., & Greene, E. (2000). The suggestibility of older witnesses. In M. B. Rothman, B. D. Dunlop, & P. Entzel (Eds), *Elders, Crime, and the Criminal Justice System. Myth, Perceptions, and Reality in the 21st Century* (pp. 149-162). Series on Life Styles and Issues in Aging. New York: Springer.

Boucher, J., & Bowler, D. (2008). *Memory in Autism: Theory and Evidence*. New York, NY: Cambridge University Press.

Boucher, J., Mayes, A., & Bigham, S. (2008). Memory, language and intellectual ability in low-functioning autism. In J. Boucher, & D. M. Bowler (Eds), *Memory in Autism* (pp. 330-349). Cambridge: Cambridge University Press.

Bowler, D. M., Gaigg, S. B., & Gardiner, J. M. (2008). Subjective organization in the free recall learning of adults with Asperger's syndrome. *Journal of Autism and Developmental Disorders*, *38*, 104-413.

Bowler, D. M., Gardiner, J. M., & Berthollier, N. (2004). Source memory in adolescents and adults with Asperger's syndrome. *Journal of Autism and Developmental Disorders*, *34*, 533-542.

Bowler, D. M., Gardiner, J. M., & Grice, S. J. (2000). Episodic memory and remembering in adults with Asperger's syndrome. *Journal of Autism and Developmental Disorders*, *30*, 295-304.

Burack, J. A. (1994). Selective attention deficits in persons with autism: Preliminary evidence of an inefficient attentional lens. *Journal of Abnormal Psychology*, *103*(3), 535-543.

Cardone, D., & Dent, H. (1996). Memory and interrogative suggestibility: The effects of modality of information presentation and retrieval conditions upon the suggestibility scores of people with learning disabilities. *Legal and Criminological Psychology*, *1*, 165-177.

Cath, D. C., Ran, N., Smit, J. H., van Balkom, A. J. L. M., & Comijs, H. C. (2008). Symptom overlap between autism spectrum disorder, generalized social anxiety disorder and obsessive-compulsive disorder in adults: A preliminary case-controlled study. *Psychopathology*, *41*, 101-110.

Cederborg, A.-C., Danielsson, H., La Rooy, D., & Lamb, M. (2009). Repetition of contaminating question types when children and youths with intellectual disabilities are interviewed. *Journal of Intellectual Disability Research, 53*, 440-449.

Cederborg, A.-C., Hultman, E., & La Rooy, D. (2012). The quality of details when children and youths with intellectual disabilities are interviewed about their abuse experiences. *Scandinavian Journal of Disability Research, 14*, 113-125.

Cederborg, A.-C., & Lamb, M. (2008). Interviewing alleged victims with intellectual disabilities. *Journal of Intellectual Disability Research, 52*, 49-58.

Ciesielski, K.T., Courchesne, E., & Elmasian, R. (1990). Effects of focused selective attention tasks on event-related potentials in autistic and normal individuals. *Electroencephalography and Clinical Neurophysiology, 75*(3), 207-220.

Clare, I. C., & Gudjonsson, G. H. (1993). Interrogative suggestibility, confabulation, and acquiescence in people with mild learning disabilities (mental handicap): Implications for reliability during police interrogations. *British Journal of Clinical Psychology, 32*, 295-301.

Clements, J. (1998). Development, cognition and performance. *Clinical Psychology and People with Intellectual Disabilities* (pp. 39-53). New York: John Wiley & Sons, Ltd.

Cohen, G., & Faulkner, D. (1989). Age differences in source forgetting: Effects on reality monitoring and on eyewitness testimony. *Psychology and Aging, 4*, 10-17.

Coxon, P., & Valentine, T. (1997). The effects of the age of eyewitnesses on the accuracy and suggestibility of their testimony. *Applied Cognitive Psychology, 11*, 415-430.

Crane, L., & Goddard, L. (2008). Episodic and semantic autobiographical memory in adults with autism spectrum disorders. *Journal of Autism and Developmental Disorders, 38*, 498-506.

Crane, L., Goddard, L., & Pring, L. (2009). Specific and general autobiographical knowledge in adults with autism spectrum disorders: The role of personal goals. *Memory, 17*, 557-576.

Cronbach, L. J. (1946). Response sets and test validity. *Educational and Psychological Measurement, 6*, 475-494.

Cutler, B. L., Penrod, S. D., & Stuve, T. E. (1988). Juror decision making in eyewitness identification cases. *Law and Human Behavior, 12*, 41-55.

Dawson, G., & Watling, R. (2000). Interventions to facilitate auditory, visual, and motor integration in autism: A review of the evidence. *Journal of Autism and Developmental Disorders, 30*(5), 415-421.

Dodson, C. S., & Krueger, L. E. (2006). I misremember it well: Why older adults are unreliable eyewitnesses. *Psychonomic Bulletin & Review, 15*, 770-775.

Ericson, K., Perlman, N., & Isaacs, B. (1994). Witness competency, communication issues and people with developmental disabilities. *Developmental Disabilities Bulletin, 22*, 101-109.

Eurostat (2010). http://epp.eurostat.ec.europa.eu/statistics_explained/index.php/Population_projections

Gabbert, F., Memon, A., & Allan, K. (2003). Memory conformity: Can eyewitnesses influence each other's memories for an event? *Applied Cognitive Psychology, 17*, 533-543.

Gabbert, F., Memon, A., Allan, K., & Wright, D. B. (2004). Say it to my face: Examining the effects of socially encountered misinformation. *Legal and Criminological Psychology, 9*, 215-227.

Görgen, T. (2006). 'As if I just didn't exist' - elder abuse and neglect in nursing homes. In A. Wahidn, & M. Cain (Eds), *Aging, Crime and Society* (pp. 71-89) Devon: Willan Publishing.

Gudjonsson, G. H. (1988). Interrogative suggestibility: Its relationship with assertiveness, social-evaluative anxiety, state anxiety and method of coping. *British Journal of Clinical Psychology, 27*, 159-166.

Gudjonsson G. H. (1992). *The Psychology of Interrogations, Confessions and Testimony*. Chichester: John Wiley & Sons, Ltd.

Gudjonsson, G. H. (2003). *The Psychology of Interrogations and Confessions: A Handbook*. New York: John Wiley & Sons, Ltd.

Gudjonsson, G. H., & Clare, I. C. H. (1995). The relationship between confabulation and intellectual ability, memory, interrogative suggestibility and acquiescence. *Personality and Individual Differences, 19*, 333-338.

Gudjonsson, G. H., Murphy, G. H., & Clare, I. C. H. (2000). Assessing the capacity of people with intellectual disabilities to be witnesses in court. *Psychological Medicine, 30*(2), 307-314.

Hare, D. J., Gould, J., Mills, R., & Wing, L. (1999). *A Preliminary Study of Individuals with Autistic Spectrum Disorders in Three Special Hospitals in England*. London: National Autistic Society.

Hashtroudi, S., Johnson, M. K., & Chrosniak, L. D. (1989). Aging and source monitoring. *Psychology and Aging, 4*, 106-112.

Hatton, C., Emerson, E., Bromley, J., & Caine, A. (1998). Intellectual disabilities and epidemiology and causes. In *Clinical Psychology and People with Intellectual Disabilities* (pp. 20-38). New York: John Wiley & Sons, Ltd.

Heal, L. W., & Sigelman, C. K. (1995). Response biases in interviews of individuals with limited mental ability. *Journal of Intellectual Disability Research, 39*, 331-340.

Henry, L., Cornoldi, C., & Mahler, C. (2010). Special issues on working memory and executive functioning in individuals with intellectual disabilities. *Journal of Intellectual Disability Research, 54*, 293-294.

Howlin, P. (1997). *Autism: Preparing for Adulthood*. London: Routledge.

Kanner, L. (1943). Autistic disturbances of affective contact. *Nervous Child, 2*, 217-250.

Karpel, M. E., Hoyer, W. J., & Toglia, M. P. (2001). Accuracy and qualities of real and suggested memories: Nonspecific age differences. *Journal of Gerontology, 56B*(2), 103-110.

Kebbell, M. R., & Hatton, C. (1999). People with mental retardation as witnesses in court: A review. *Mental Retardation, 37*, 179-187.

Kebbell, M. R., Hatton, C., & Johnson, S. D. (2004). Witnesses with intellectual disabilities in court: What questions are asked and what influence do they have? *Legal and Criminological Psychology, 9*, 23-35.

Kebbell, M. R., Milne, R., & Wagstaff, G. F. (1999). The cognitive interview: A survey of its forensic effectiveness. *Psychology Crime & Law, 5*, 101-115.

Klein, S. B., Chan, R. L., & Loftus, J. (1999). Independence of episodic and semantic self-knowledge: The case from autism. *Social Cognition, 17*, 413-436.

Lifshitz, H., Shtein, S., Weiss, I., & Vakil, E. (2011). Meta-analysis of explicit memory studies in populations with intellectual disability. *European Journal of Special Needs Education, 26*(1), 93-111.

Loftus, E. F., Levidow, B., & Duensing, S. (1992). Who remembers best? Individual differences in memory for events that occurred in a science museum. *Applied Cognitive Psychology, 6*, 93-

107.

Luckasson, R., Borthwick-Duffy, S., Buntinx, W. H. E., Coulter, D. L., Craig, E. M., Reeve, A., Schalock, R. L., Snell, M. E., Spitalnik, D. M., Spreat, S., & Tassa, M. J. (2002). *Mental Retardation: Definition, Classification, and Systems of Supports* (10th edn). Washington, DC: American Association on Mental Retardation.

Maras, K. L., & Bowler, D. M. (2014). Eyewitness testimony in autism spectrum disorder: A review. *Journal of Autism and Developmental Disorders. 44*(11), 2682-2697.

Maras, K. L., & Bowler, D. M. (2011). Brief report: Schema consistent misinformation effects in eyewitnesses with autism spectrum disorder. *Journal of Autism and Developmental Disorders, 41*, 815-820.

McDowd, J. M., & Shaw, R. J. (2000). Attention and aging: A functional perspective. In F. I. M. Craik, & T. A. Salthouse (Eds), *The Handbook of Aging and Cognition* (2nd edn, pp. 221-292). Mahwah, NJ: Lawrence Erlbaum Associates Publishers.

Millward, C., Powell, S., Messer, D., & Jordan, R. (2000). Recall for self and other in autism: Children's memory for events experienced by themselves and their peers. *Journal of Autism and Developmental Disorders, 30*, 15-28.

Milne, R., Clare, I. C. H., & Bull, R. (2002). Interrogative suggestibility among witnesses with mild intellectual disabilities: The use of an adaptation of the GSS. *Journal of Applied Research in Intellectual Disabilities, 15*, 8-17.

Ministry of Justice (2011). *Achieving Best Evidence in Criminal Proceedings: Guidance on Interviewing Victims and Witnesses, and Guidance on using Special Measures* (3rd ed). London: Ministry of Justice.

Minshew, N. J., & Goldstein, G. (1993). Is autism an amnesic disorder? Evidence from the California Verbal Learning Test. *Neuropsychology, 7*, 209-216.

Mitchell, K. J., Johnson, M. K., & Mather, M. (2003). Source monitoring and suggestibility to misinformation: Adult age-related differences. *Applied Cognitive Psychology, 17*, 107-119.

Mueller-Johnson, K., & Ceci, S. J. (2004). Memory and suggestibility in older adults: Live event participation and repeated interview. *Applied Cognitive Psychology, 18*, 1109-1127.

Navah-Benjamin, M. (2000). Adult age differences in memory performance: Tests of an associative deficit hypothesis. *Journal of Experimental Psychology: Learning Memory and Cognition, 26*, 1170-1187.

Nerenberg, L. (2000). Forgotten victims of financial crime and abuse: Facing the challenge. *Journal of Elder Abuse & Neglect, 12*, 49-73.

Nettelbeck, T., & Wilson, C. (2002). Personal vulnerability to victimization of people with mental retardation. *Trauma, Violence, & Abuse, 3*, 289-306.

North, A. S., Russell, A. J., & Gudjonsson, G. H. (2008). High functioning autism spectrum disorders: An investigation of psychological vulnerabilities during interrogative interview. *Journal of Forensic Psychiatry & Psychology, 19*, 323-334.

Perlman, N. B., Ericson, K. I., Esses, V. M., & Isaacs, B. J. (1994). The developmentally handicapped witness: Competency as a function of question format. *Law and Human Behavior, 18*, 171-187.

Perske, R. (2004). Misunderstood responses in police interrogation rooms. *Intellectual and Developmental Disabilities, 48(1), 75-77.

Petersilia, J. R. (2001). Crime victims with developmental disabilities: A review essay. *Criminal Justice and Behavior*, 28, 655-694.

Polczyk, R., Wesolowska, B., Gabarczyk, A., Minakowska, I., Supska, M., & Bomba, E. (2004). Age differences in interrogative suggestibility: A comparison between young and older adults. *Applied Cognitive Psychology*, 18, 1097-1107.

Prosser, H., & Bromley, J. (1998). Interviewing people with intellectual disabilities. In E. Emerson, C. Hatton, J. Bromley, & A. Caine (Eds), *Clinical Psychology and People with Intellectual Disabilities*. (pp. 99-113). New York: John Wiley & Sons, Ltd.

Rabinowitz, J. C., Craik, F. I., & Ackerman, B. P. (1982). A processing resource account of age differences in recall. *Canadian Journal of Psychology/Revue canadienne de psychologie*, 36(2), 325-344.

Reid, K. A., Smiley, E., & Cooper, S.-A. (2011). Prevalence and associations of anxiety disorders in adults with intellectual disabilities. *Journal of Intellectual Disability Research*, 55(2), 172-181.

Remington, A., Swettenham, J., Campbell, R., & Coleman, M. (2009). Selective attention and perceptual load in autism spectrum disorder. *Psychological Science*, 20(11), 1388-1393.

Schneider, B. A., & Pichora-Fuller, M. K. (2000). Implications of perceptual deterioration for cognitive aging research. In F. I. M. Craik, & T. A. Salthouse (Eds), *The Handbook of Aging and Cognition* (2nd edn, pp. 155-219). Mahwah, NJ: Lawrence Erlbaum Associates.

Sharrock, R., & Gudjonsson, G. H. (1993). Intelligence, previous convictions and interrogative suggestibility: A path analysis of alleged false-confession cases. *British Journal of Clinical Psychology*, 32, 169-175.

Shaw, J. A., & Budd, E. C. (1982). Determinants of acquiescence and naysaying of mentally retarded persons. *American Journal of Mental Deficiency*, 87, 108-110.

Sigelman, C. K., Budd, E. C., Spanhel, C. L., & Schoenrock, C. J. (1981). When in doubt, say yes: Acquiescence in interviews with mentally retarded persons. *Mental Retardation*, 19, 53-58.

Tager-Flusberg, H. (1991). Semantic processing in the free-recall of autistic children: further evidence for a cognitive deficit. *British Journal of Developmental Psychology*, 9, 417-430.

Ternes, M., & Yuille, J. C. (2008). Eyewitness memory and eyewitness identification performance in adults with intellectual disabilities. *Journal of Applied Research in Intellectual Disabilities*, 21, 519-531.

Tharinger, D., Horton, C. B., & Millea, S. (1990). Sexual abuse and exploitation of children and adults with mental retardation and other handicaps. *Child Abuse & Neglect*, 14, 301-312.

Thornton, A., Hatton, C., Malone, C., Fryer, T., Walker, D., Cunningham, J., & Durrani, N. (2003). *Distraction Burglary Amongst Older Adults and Ethnic Minority Communities*. Home Office Research Study 269. Development and Statistics Directorate. London: Home Office.

White, R., & Willner, P. (2005). Suggestibility and salience in people with intellectual disabilities: An experimental critique of the Gudjonsson Suggestibility Scale. *Journal of Forensic Psychiatry & Psychology*, 16, 638-650.

Wilcock, R., Bull, R., & Milne, R. (2008). *Witness Identification in Criminal Cases: Psychology and Practice*. Oxford: Oxford University Press.

Willner, P. (2008). Clarification of the memory artefact in the assessment of suggestibility. *Journal of Intellectual Disability Research*, *52*, 318-326.

Willner, P. (2011). Assessment of capacity to participate in court proceedings: a selective critique and some recommendations. *Psychology, Crime & Law*, *17*(2), 117-131.

## Chapter 9

Bandura, A. (1997). *Self-efficacy: The Exercise of Control*. New York: W.H. Freeman/Times Books/ Henry Holt & Co.

Barnes, C. M., & Hollenbeck, J. R. (2009). Sleep deprivation and decision-making teams: Burning the midnight oil or playing with fire? *Academy of Management Review*, *34*(1), 56-66.

Baumeister, R. F., Bratslavsky, E., Muraven, M., & Tice, D. M. (1998). Ego depletion: Is the active self a limited resource? *Journal of Personality and Social Psychology*, *74*(5), 1252-1265. doi: 10.1037/0022-3514.74.5.1252

Baumeister, R. F., Schmeichel, B. J., & Vohs, K. D. (2007). Self-regulation and the executive function: The self as controlling agent. In A. W. Kruglanski, & E. T. Higgins (Eds), *Social Psychology: Handbook of Basic Principles* (2nd edn, pp. 516-539). New York: Guilford Press.

Blagrove, M. (1996). Effects of length of sleep deprivation on interrogative suggestibility. *Journal of Experimental Psychology: Applied*, *2*(1), 48-59.

Blagrove, M., Alexander, C. A., & Horne, J. A. (1995). The effects of chronic sleep reduction on the performance of cognitive tasks sensitive to sleep deprivation. *Applied Cognitive Psychology*, *9*, 21-40.

Blagrove, M., Cole-Morgan, D., & Lambe, H. (1994). Interrogative suggestibility: The effects of sleep deprivation and relationship with field-dependence. *Applied Cognitive Psychology*, *8*, 169-179.

Brehm, J. W. (1966). *A Theory of Psychological Reactance*. New York: Academic Press.

Dahle, C. L., Jacobs, B. S., & Raz, N. (2009). Aging, vascular risk, and cognition: Blood glucose, pulse pressure, and cognitive performance in healthy adults. *Psychology and Aging*, *24*(1), 154-162. doi: 10.1037/a0014283

Davis, D. (2008). Selling confession: The interrogator, the con man, and their weapons of influence. *Wisconsin Defender*, *16*(1), 1-16.

Davis, D., & Leo, R. A. (2010). Commentary: Overcoming judicial preferences for person-versus situation-based analyses of interrogation-induced confessions [Opinion]. *Journal of the American Academy of Psychiatry and the Law*, *38*(2), 187-194.

Davis, D., & Leo, R. A. (2011). Three prongs of the confession problem: Issues and proposed solutions. In J. Epstein (Ed.), *The Future of Evidence* (pp. 233-264): Westlaw.

Davis, D., & Leo, R. A. (2012). Interrogation-related regulatory decline: Ego depletion, failures of self-regulation, and the decision to confess. *Psychology, Public Policy and Law*, *18*(4), 673-704.

Davis, D., Leo, R. A., & Follette, W. C. (2010). Selling confession: setting the stage with the 'sympathetic detective with a time-limited offer'. *Journal of Contemporary Criminal Justice*, *26*(4), 441-457. doi: 10.1177/10439862103772

Davis, D., & O'Donohue, W. T. (2004). The road to perdition: Extreme influence tactics in the interrogation room. In W.T. O'Donohue, & E. R. Levensky (Eds.), *Handbook of Forensic Psychology: Resource for Mental Health and Legal Professionals* (pp. 897-996). New York: Elsevier Science,

Driskell, J. E., Salas, E., & Johnston, J. H. (2006). Decision making and performance under stress. In T. W. Britt, C. A. Castro, & A. B. Adler (Eds), *Military Life: The Psychology of Serving in Peace and Combat (Vol. 1): Military Performance.* (pp. 128-154). Westport, CT: Praeger Security International.

Drizin, S., & Leo, R. A. (2004). The problem of false confessions in the post-DNA world. *North Carolina Law Review, 82*, 891-1007.

Fazey, J. A., & Hardy, L. (1988). *The Inverted-U Hypothesis: A Catastrophe for Sport Psychology.* British Association of Sport Sciences Monograph 1. Leeds, UK: National Coaching Foundation.

Fishbein, M., & Ajzen, I. (2009). *Predicting and Changing Behavior: The Reasoned Action Approach.* New York: Psychology Press.

Follette, W. C., Davis, D., & Leo, R. A. (2007). Mental health status and vulnerability to interrogative influence. *Criminal Justice, 22*(3), 42-49.

Gagnon, C., Greenwood, C. E., & Bherer, L. (2010). The acute effects of glucose ingestion on attentional control in fasting healthy older adults. *Psychopharmacology, 211*(3), 337-346. doi: 10.1007/s00213-010-1905-9

Gailliot, M. T., & Baumeister, R. F. (2007). The physiology of willpower: Linking blood glucose to self-control. *Personality and Social Psychology Review, 11*(4), 303-327. doi: 10.1177/1088868307303030

Galanina, N., Surampudi, V., Ciltea, D., Singh, S. P., & Perlmuter, L. C. (2008). Blood glucose levels before and after cognitive testing in diabetes mellitus. *Experimental Aging Research, 34*(2), 152-161. doi: 10.1080/03610730701876979

Garrett, B. (2010). The substance of false confessions. *Stanford Law Review, 62*, 1051-1118.

Garrett, B. L. (2011). *Convicting the Innocent: Where Criminal Prosecutions Go Wrong.* Cambridge, MA: Harvard University Press.

Gilsenan, M., de Bruin, E. A. & Dye, L. (2009). The influence of carbohydrate on cognitive performance: A critical evaluation from the perspective of glycaemic load. *British Journal of Nutrition, 101*, 941-949.

Gonzales, L. (2003). *Deep Survival: Who lives, Who Dies, and Why.* New York: W.W. Norton & Company.

Gudjonsson, G. H. (2003). *The Psychology of Interrogations and Confessions: A Handbook.* New York: John Wiley & Sons, Ltd.

Hagger, M. S., Wood, C., Stiff, C., & Chatzisarantis, N. L. D. (2010). Ego depletion and the strength model of self-control: A meta-analysis. *Psychological Bulletin, 136*(4), 495-525. doi: 10.1037/a0019486; 10.1037/a0019486.supp (Supplemental).

Hammond, K. R. (2000). *Judgments Under Stress.* New York: Oxford University Press.

Harrison, Y., & Horne, J. A. (2000). The impact of sleep deprivation on decision making: A review. *Journal of Experimental Psychology: Applied, 6*(3), 236-249. doi: 10.1037/1076-

Hofmann, W., Friese, M., Schmeichel, B. J., & Baddeley, A. D. (2011). Working memory and self-regulation. In K. D. Vohs, & R. F. Baumeister (Eds), *Handbook of Self-regulation: Research, Theory, and Applications* (2nd edn, pp. 204-225). New York: Guilford Press.

Inbau, F. E., Reid, J. E., Buckley, J. P., & Jayne, B. C. (2011). *Criminal Interrogation and Confessions* (5th edn). Gaithersburg, MD: Aspen Publishers.

Jarrett, R. J., Viberti, G. C., & Sayegh, H. A. (1978). Does "afternoon diabetes" predict diabetes? *British Medical Journal, 1*, 199-201.

Kahneman, D. (2011). *Thinking, Fast and Slow*. New York: Farrar, Straus and Giroux.

Kassin, S. M. (1997). The psychology of confession evidence. *American Psychologist, 52*(3), 221-233. doi: 10.1037/0003-066x.52.3.221

Kassin, S. M. (2007). Internalized false confessions. In M.P. Toglia, J. D. Read, D. F. Ross, & R. C. L. Lindsay (Eds), *The Handbook of Eyewitness Psychology, Vol I: Memory for Events* (pp. 175-192). Mahwah, NJ: Lawrence Erlbaum Associates.

Kassin, S. M., Drizin, S. A., Grisso, T., Gudjonsson, G. H., Leo, R. A., & Redlich, A. D. (2010). Police-induced confessions, risk factors, and recommendations: Looking ahead. *Law and Human Behavior, 34*(1), 49-52. doi: 10.1007/s10979-010-9217-5

Knowles, E. S., & Linn, J. A. (2004). Approach-avoidance model of persuasion: Alpha and omega strategies for change. In E. S. Knowles, & J. A. Linn (Eds), *Resistance and Persuasion* (pp. 117-148). Mahwah, NJ: Lawrence Erlbaum Associates.

Knowles, E. S., & Riner, D. D. (2007). Omega approaches to persuasion: Overcoming resistance. In A. R. Pratkanis (Ed.), *The Science of Social Influence: Advances and Future Progress* (pp. 83-114). New York: Psychology Press.

Kruglanski, A. W., & Webster, D. M. (1996). Motivated closing of the mind: 'Seizing' and 'freezing'. *Psychological Review, 103*(2), 263-283. doi: 10.1037/0033-295x.103.2.263

Lamport, D. J., Hoyle, E., Lawton, C. L., Mansfield, M. W., & Dye, L. (2011). Evidence for a second meal cognitive effect: Glycaemic responses to high and low glycaemic index evening meals are associated with cognition the following morning. *Nutritional Neuroscience, 14*(2), 66-71. doi: 10.1179/1476830511y.0000000002

Lamport, D. J., Lawton, C. L., Mansfield, M. W., & Dye, L. (2009). Impairments in glucose tolerance can have a negative impact on cognitive function: A systematic research review. *Neuroscience and Biobehavioral Reviews, 33*(3), 394-413. doi: 10.1016/j.neubiorev.2008.10.008

Larsen, R. P. (2001). Decision making by military students under severe stress. *Military Psychology, 13*(2), 89-98. doi: 10.1207/s15327876mp1302_02

Leo, R. A. (2008). *Police Interrogation and American Justice*. Cambridge, MA: Harvard University Press.

Leo, R. A., & Ofshe, R. J. (1998). The consequences of false confessions: Deprivations of liberty and miscarriages of justice in the age of psychological interrogation. *Journal of Criminal Law & Criminology, 88*(2), 429-496.

Lieberman, H. R., Bathalon, G. P., Falco, C. M., Morgan, C. A., III, Niro, P. J., & Tharion, W. J. (2005). The fog of war: Decrements in cognitive performance and mood associated with combat-like stress, *Aviation, Space, and Environmental Medicine, 76*(7, Sect 2, Suppl), C7-C14.

MacDonald, K. B. (2008). Effortful control, explicit processing, and the regulation of human evolved predispositions. *Psychological Review*, *115*(4), 1012-1031. doi: 10.1037/a0013327

Martin, A. (2011). The prosecution's case against DNA. *New York Times Magazine*, 25 November 2011. www.nytimes.com/2011/11/27/magazine/dna-evidence-lake-county.html

Masicampo, E. J., & Baumeister, R. F. (2008). Toward a physiology of dual-process reasoning and judgment: Lemonade, willpower, and expensive rule-based analysis. *Psychological Science*, *19*(3), 255-260. doi: 10.1111/j.1467-9280.2008.02077.x

McMahon, A. J., & Scheel, M. H. (2010). Glucose promotes controlled processing: Matching, maximizing, and root beer. *Judgment and Decision Making*, *5*(6), 450-457.

McNeil, J. A., & Morgan, C. A., III. (2010). Cognition and decision making in extreme environments. In C. H. Kennedy, & J. L. Moore (Eds), *Military Neuropsychology* (pp. 361-382). New York: Springer.

Messier, C., Awad-Shimoon, N., Gagnon, M. L., Desrochers, A., & Tsiakas, M. (2011). Glucose regulation is associated with cognitive performance in young nondiabetic adults. *Behavioural Brain Research*, *222*(1), 81-88. doi: 10.1016/j.bbr.2011.03.023

*Miranda v. Arizona*, 384 U.S. 436 (1966).

Najdowski, C. J. (2011). Stereotype threat in criminal interrogations: Why innocent black suspects are at risk for confessing falsely. *Psychology, Public Policy, and Law*, *17*(4), 562-591. doi: 10.1037/a0023741

*New York v. Zahira Matos and Carmen Molina*: Ind. No. 5162 2004.

Otgaar, H., Alberts, H., & Cuppens, L. (2012). How cognitive resources alter our perception of the past: Ego depletion enhances the susceptibility to suggestion. *Applied Cognitive Psychology*, *26*, 159-163. doi: 10.1002/acp.1810

Petty, R. E., Cacioppo, J. T., Strathman, A. J., & Priester, J. R. (2005). To think or not to think: Exploring two routes to persuasion. In T. C. Brock, & M. C. Green (Eds), *Persuasion: Psychological Insights and Perspectives* (2nd edn, pp. 81-116). Thousand Oaks, CA: Sage.

Phelps, E. A., & Delgado, M. R. (2009). Emotion and decision making. In M.S. Gazzaniga, E. Bizzi, L. M. Chalupa, S. T. Grafton, T. F. Heatherton, C. Koch, J. E, LeDoux, S. J. Luck, G. R. Mangan, J. A. Movshon, H. Neville, E. A. Phelps, P. Rakic, D.L. Schacter, M. Sur, & B. A. Wandell (Eds), *The Cognitive Neurosciences* (4th edn, pp. 1093-1103). Cambridge, MA: Massachusetts Institute of Technology.

Radulian, G., Rusu, E., Dragomir, A., & Posea, M. (2009). Metabolic effects of low glycaemic index diets. *Nutrition Journal*, *8*(5). doi: 10.1186/1475-2891-8-5

Roets, A., & Van Hiel, A. (2011). Impaired performance as a source of reduced energy investment in judgement under stressors. *Journal of Cognitive Psychology*, *23*(5), 625-632. doi: 10.1080/20445911.2011.550569

Seligman, M. E. P. (1975). *Helplessness: On Depression, Development, and Death*. New York: W.H. Freeman/Times Books/Henry Holt & Co.

Serra-Grabulosa, J. M., Adan, A., Falcon, C., & Bargallo, N. R. (2010). Glucose and caffeine effects on sustained attention: An exploratory fMRI study. *Human Psychopharmacology: Clinical and Experimental*, *25*(7-8), 543-552.

Thomas, G. C. I. (1996). Plain talk about the Miranda empirical debate: A "steady-state" theory of confessions. *UCLA Law Review, 43*, 933-959.

Thompson, H. L. (2010). *The Stress Effect: Why Smart Leaders Make Dumb Decisions, and What To Do About It*. San Francisco, CA: Jossey-Bass.

Tucker, D. M., & Williamson, P. A. (1984). Asymmetric neural control systems in human self-regulation. *Psychological Review, 91*(2), 185-215. doi: 10.1037/0033-295x.91.2.185

Vohs, K. D., & Baumeister, R. F. (2011). *Handbook of Self-regulation: Research, Theory, and Applications* (2nd edn). New York: Guilford Press.

Walker, M. P., & van der Helm, E. (2009). Overnight therapy? The role of sleep in emotional brain processing. *Psychological Bulletin, 135*(5), 731-748. doi: 10.1037/a0016570

Wesensten, N. J., & Balkin, T. J. (2010). Cognitive sequelae of sustained operations. In C.H. Kennedy, & J. L. Moore (Eds), *Military Neuropsychology* (pp. 297-320). New York: Springer.

Wrightsman, L. S. (2010). The Supreme Court on Miranda rights and interrogations: The past, the present, and the future. In G. D. Lassiter, & C. A. Meissner (Eds), *Police Interrogations and False Confessions: Current Research, Practice, and Policy Recommendations* (pp. 161-177). Washington, DC: American Psychological Association.

Yerkes, R. M., & Dodson, J. D. (1908). The relation of strength of stimulus to rapidity of habit-formation. *Journal of Comparative Neurology and Psychology, 18*, 459-482.

## Chapter 10

Akehurst, L, Milne, R., & Köhnken, G. (2003). The effects of children's age and delay on recall in a cognitive or structured interview. *Psychology, Crime & Law, 9*, 97-107.

American Professional Society on the Abuse of Children (1997). *Guidelines for Psychosocial Evaluation of Suspected Sexual Abuse in Young Children* (Revised). Chicago, IL: APSAC.

Baker-Ward, L., Gordon, B. N., Ornstein, P. A., Larus, D., & Clubb, P. (1993). Young children's long-term retention of a pediatric examination. *Child Development, 56*, 1103-1119.

Bass, E., & Davis, L. (1988). *The Courage to Heal*. New York: Harper & Row.

Bower, G. H. (1967). A multicomponent view of a memory trace. In K. W. Spence, & J. T. Spence (Eds), *The Psychology of Learning and Motivation* (Vol 1. pp. 299-325). New York: Academic Press.

Brown, C. L., & Geiselman, R. E. (1990). Eyewitness testimony of the mentally retarded: Effect of the cognitive interview. *Journal of Police and Criminal Psychology, 6*, 14-22.

Brubacher, S. P., Glisic, U., Roberts, K. P, & Powell, M. (2011). Children's ability to recall unique aspects of one occurrence of a repeated event. *Applied Cognitive Psychology, 25*, 351-358.

Brubacher, S. P., Roberts, K. P., & Powell, M. (2011). Effects of practicing episodic versus scripted recall on children's subsequent narratives of a repeated event. *Psychology, Public Policy, and Law, 17*, 286-314.

Bruck, M., & Ceci, S. J. (1995). Amicus brief for the case of State of New Jersey v. Michaels presented by Committee of Concerned Social Scientists. *Psychology, Public Policy, and Law, 1*, 272-322.

Bruck, M., Ceci, S. J., Francoeur, E., & Barr, R. (1995). "I hardly cried when I got my shot!" Influ-

encing children's reports about a visit to their pediatrician. *Child Development, 66*, 193-208.
Bruck, M., Ceci, S. J., Francoeur, E., & Renick, A. (1995). Anatomically detailed dolls do not facilitate pre-schoolers' reports of a paediatric examination involving genital touch. *Journal of Experimental Psychology: Applied, 1*, 95-109.
Bruck, M., Ceci, S. J., & Hembrooke, H. (2002). The nature of children's true and false narratives. *Developmental Review, 22*, 520-554.
Bruck, M., & Melnyk, L. (2004). Individual differences in children's suggestibility: A review and synthesis. *Applied Cognitive Psychology, 18*(8), 947-996.
Bull, R. (2010). The investigative interviewing of children and other vulnerable witnesses: Psychological research and working/professional practice. *Legal and Criminological Psychology, 15*, 5-23.
Ceci, S. J., & Bruck, M. (1993). Suggestibility of the child witness: A historical review and synthesis. *Psychological Bulletin, 113*, 403-439.
Ceci, S. J., & Huffman, M. L. C. (1997). How suggestive are preschool children? Cognitive and social factors. *Journal of the American Academy of Child and Adolescent Psychiatry, 36*, 948-958.
Ceci, S. J., Huffman, M. L. C., Smith, E., & Loftus, E. F. (1994). Repeatedly thinking about a non-event-source misattributions among preschoolers. *Consciousness and Cognition, 3*, 388-407.
Cederborg, A.-C., La Rooy, D., & Lamb, M. (2008). Repeated interviews with children who have intellectual disabilities. *Journal of Applied Research in Intellectual Disabilities, 21*, 103-113.
Centofanti, A. T., & Reece, J. E. (2006). The cognitive interview and its effect on misleading post-event information. *Psychology, Crime & Law, 12*, 669-683.
Dando, C. J., Ormerod, T. C., Wilcock, R., & Milne, R. (2011). When help becomes hindrance: Unexpected errors of omission and commission in eyewitness memory resulting from change temporal order at retrieval? *Cognition, 121*, 416-421.
Dando, C., Wilcock, R., Milne, R., & Henry, L. (2009). A modified cognitive interview procedure for frontline police investigators. *Applied Cognitive Psychology, 23*, 698-716.
Dale, P. S., Loftus, E. F., & Rathbun, L. (1978). The influence of the form of the question of the eyewitness testimony of preschool children. *Journal of Psycholinguistic Research, 74*, 269-277.
Davis, M. R., McMahon, M., & Greenwood, K. M. (2005). The efficacy of mnemonic components of the cognitive interview: Towards a shortened variant for time-critical investigations. *Applied Cognitive Psychology, 19*, 75-93.
Dent, H. R. (1982). The effects of interviewing strategies on the results of interviews with child witnesses. In A. Trankell (Ed.), *Reconstructing the Past: The Role of Psychologists in Criminal Trials* (pp. 279-297). Stockholm: Norstedt.
Dent, H. R. (1986). Experimental study of the effectiveness of different techniques of questioning child witnesses. *British Journal of Social and Clinical Psychology, 18*, 41-51.
Dent, H. R., & Stephenson, G. M. (1979). An experimental study of the effectiveness of different techniques of questioning child witnesses. *British Journal of Social and Clinical Psychology, 18*, 41-51.
Erdmann, K., Volbert, R., & Bohm, C. (2004). Children report suggested events even when in-

terviewed in a non-suggestive manner: What are the implications for credibility assessment? *Applied Cognitive Psychology, 18*, 589-611.
Fisher, R. P. (2010). Interviewing cooperative witnesses. *Legal and Criminological Psychology, 15*, 25-38.
Fisher, R. P., & Geiselman, R. E. (1992). *Memory-enhancing Techniques for Investigating Interviewing: The Cognitive Interview*. Springfield, IL: Charles C. Thomas.
Fisher, R. P., Geiselman, R. E. & Raymond, D. S. (1987). Critical analysis of police interviewing techniques. *Journal of Police Science & Administration, 15*, 177-185.
Fisher, R. P., Geiselman, R. E., Raymond, D. S., Jurkevich, L. M., & Warhaftig, M. L. (1987). Enhancing enhanced eyewitness memory: Refining the cognitive interview. *Journal of Police Science and Administration, 15*, 291-297.
Fisher, R. P., Milne, R., & Bull, R. (2011). Interviewing cooperative witnesses. *Current Directions in Psychological Science, 20*, 16-19.
Fisher, R. P., & Schreiber, N. (2007). Interviewing protocols to improve eyewitness memory. In M. Toglia, J. Reed, D. Ross, & R. Lindsay (Eds), *The Handbook of Eyewitness Psychology: Volume 1. Memory for Events* (pp. 53-80). Mahwah, NJ: Erlbaum Associates.
Gabbert, F., Hope, L., & Fisher, R. P. (2009). Protecting eyewitness evidence: Examining the efficacy of a self-administered interview tool. *Law and Human Behavior, 33*, 298-307.
Geiselman, R. E., Fisher, R. P., Cohen, G., Holland, H., & Surtes, L. (1986). Eyewitness responses to leading and misleading questions under the cognitive interview. *Journal of Police Science and Administration, 14*, 31-39.
Geiselman, R. E., & Padilla, J. (1988). Cognitive interviewing with child witnesses. *Journal of Police Science and Administration, 16*, 236-242.
George, R. C., & Clifford, B. (1992). Making the most of witnesses. *Policing, 8*, 185-198.
Goodman, G. S., & Aman, C. (1990). Children's use of anatomically detailed dolls to recount an event. *Child Development, 61*, 1859-1871.
Goodman, G. S., Bottoms, B. L., Schwartz-Kenney, B. M., & Rudy, L. (1991). Children's testimony about a stressful event: Improving children's reports. *Journal of Narrative and Life History, 1*, 69-99.
Hayes, B. K., & Delamothe, K. (1997). Cognitive interviewing procedures and suggestibility in children's recall. *Journal of Applied Psychology, 82*, 562-577.
Holliday, R. (2003). Reducing misinformation effects in children with cognitive interviews: Dissociating recollection and familiarity. *Child Development, 74*, 728-751.
Holliday, R. E., & Albon, A. (2004). Minimising misinformation effects in young children with cognitive interview mnemonics. *Applied Cognitive Psychology, 18*, 263-281.
Holliday, R. E., Humphries, J. E., Milne, R., Memon, A., Houlder, L., Lyons, A., & Bull, R. (2012). Reducing misinformation effects in older adults with Cognitive Interview mnemonics. *Psychology and Aging, 27*, 1191-1203.
Home Office (2002). *Achieving Best Evidence in Criminal Proceedings: Guidance for Vulnerable or Intimidated Witnesses, Including Children*. London: Home Office.
Home Office (2007). *Achieving Best Evidence in Criminal Proceedings: Guidance on Interviewing Victims and Witnesses, and Using Special Measures*. London: Home Office.

Hutcheson, G. D., Baxter, J. S., Telfer, K., & Warden, D. (1995). Child witness statement quality: Question type and errors of omission. *Law and Human Behavior, 19,* 631-648.

Jones, D. P. H. (2003). *Communicating with Vulnerable Children.* London: Gaskell and Royal College of Psychiatrists.

Jones, D. P. H., & Krugman, R. D. (1986). Can a three-year-old child bear witness to her sexual assault and attempted murder? *Child Abuse & Neglect, 10,* 253-258.

Kebbell, M., Milne, R., & Wagstaff, G. (1999). The cognitive interview: A survey of its forensic effectiveness. *Psychology, Crime and Law, 5,* 101-116.

Köhnken, G., Milne, R., Memon, A., & Bull, R. (1999). The cognitive interview: A meta-analysis. *Psychology, Crime & Law, 5,* 3-27.

Koriat, A., & Goldsmith, M. (1996). Monitoring and control processes in the strategic regulation of memory accuracy. *Psychological Review, 103,* 490-517.

Krähenbühl, S., & Blades, M. (2006). The effect of question repetition within interviews on young children's eyewitness recall. *Journal of Experimental Child Psychology, 94,* 57-67.

Kuehnle, K., & Connell, M. (2009). *The Evaluation of Child Sexual Abuse Allegations: A Comprehensive Guide to Assessment and Testimony.* Chichester: John Wiley & Sons, Ltd.

Lamb, M. E., & Brown, D. A. (2006). Conversational apprentices: Helping children become competent informants about their own experiences. *British Journal of Developmental Psychology, 24,* 215-234.

Lamb, M. E., Hershkowitz, I., Orbach, Y., & Esplin, P. W. (2008). *Tell Me What Happened.* Chichester,: John Wiley & Sons, Ltd.

Lamb, M. E., La Rooy, D. J., Malloy, L. C., & Katz, C. (2011). *Children's Testimony: A Handbook of Psychological Research and Forensic Practice* (2nd edn). Oxford: Wiley-Blackwell.

Larsson, A., Granhag, P. A., & Spjut, E. (2003). Children's recall and the Cognitive Interview: Do the positive effects hold over time? *Applied Cognitive Psychology, 17,* 203-214.

Law Commission (1997). *The Evidence of Children and Other Vulnerable Witnesses.* Wellington, NZ: Law Commission.

Leichtman, M. D., & Ceci, S. J. (1995). The effects of stereotypes and suggestions on preschoolers' reports. *Developmental Psychology, 31,* 568-578.

Maras, K. L., & Bowler, D. M. (2010). The Cognitive Interview for eyewitnesses with autism spectrum disorder. *Journal of Autism and Developmental Disorders, 40,* 1350-1360.

McCauley, M. R., & Fisher, R. P. (1995). Facilitating children's eyewitness recall with the revised cognitive interview. *Journal of Applied Psychology, 80,* 510-516.

McMahon, M. (2000). The effect of the Enhanced Cognitive Interview on recall and confidence in elderly adults. *Psychiatry, Psychology and Law, 7,* 9-32.

Melnyk, L., & Bruck, M. (2004). Timing moderates the effects of repeated suggestive interviewing on children's eyewitness memory. *Applied Cognitive Psychology, 18,* 613-631.

Memon, A., Cronin, O., Eaves, R., & Bull, R. (1996). An empirical test of the mnemonic components of the cognitive interview. In G. M. Davies, S. Lloyd-Bostock, M. McMurran, & J. C. Wilson (Eds), *Psychology and Law: Advances in Research* (pp. 135-145). Berlin: De Gruyter.

Memon, A., Holley, A., Wark, L., Bull, R., & Köhnken, G. (1996). Reducing suggestibility in child witness interviews. *Applied Cognitive Psychology, 10,* 503-518.

Memon, A., Meissner, C. A., & Fraser, J. (2010). The Cognitive Interview: A meta-analytic analysis and study space analysis of the past 25 years. *Psychology, Public Policy & Law, 16*, 340-372.

Memon, A., Wark, L., Bull, R., & Köhnken, G. (1997). Isolating the effects of the cognitive interview techniques. *British Journal of Psychology, 88*, 179-197.

Memon, A., Zaragoza, M., Clifford, B. R., & Kidd, L. (2010b). Inoculation or antidote? The effects of cognitive interview timing on false memory for forcibly fabricated events. *Law and Human Behavior, 34*, 105-117.

Milne, R., & Bull, R. (1996). Interviewing children with mild learning disability with the cognitive interview. *Issues in Criminological and Legal Psychology, 26*, 44-51.

Milne, R., & Bull, R. (2003). Does the cognitive interview help children to resist the effects of suggestive questioning? *Legal and Criminological Psychology, 8*, 21-38.

Milne, R., Bull, R., Köhnken, G., & Memon, A. (1995). The cognitive interview and suggestibility. In N. K. Clark, & G. M. Stephenson (Eds), *Criminal Behaviour: Perceptions, Attributions and Rationality*. Leicester: British Psychological Society.

Milne, R., Clare, I. C. H., & Bull, R. (1999). Using the cognitive interview with adults with mild learning disabilities. *Psychology, Crime and Law, 5*, 81-99.

Ministry of Justice (2011). *Achieving Best Evidence in Criminal Proceedings: Guidance on Interviewing Victims and Witnesses, and using Special Measures*. London: Ministry of Justice.

Oates, K., & Shrimpton, S. (1991). Children's memories for stressful and non-stressful events. *Medical Science and Law, 31*, 4-10.

Orbach, Y., Hershkowitz, I., Lamb, M. E., Sternberg, K. J., Esplin, P. W., & Horowitz, D. (2000). Assessing the value of structured protocols for forensic interviews of alleged child abuse victims. *Child Abuse and Neglect, 24*, 733-752.

Ornstein, P. A., Gordon, B. N., & Larus, D. M. (1992). Children's memory for a personally experienced event, Implications for testimony. *Applied Cognitive Psychology, 6*, 49-60.

Pipe, M.-E., Sutherland, R., Webster, N., Jones, C. H., & La Rooy, D. (2004). Do early interviews affect children's long-term recall? *Applied Cognitive Psychology, 18*, 1-17.

Poole, D. A., & Lamb, M. E. (1998). *Investigative Interviews of Children: A Guide for Helping Professionals*. Washington, DC: American Psychological Association.

Poole, D. A., & Lindsay, D. S. (1998). Assessing the accuracy of young children's reports: Lessons from the investigation of child sexual abuse. *Applied and Preventive Psychology, 7*, 1-26.

Poole, D. A., & White, L. T. (1991). Effects of question repetition on the eyewitness testimony of children and adults. *Developmental Psychology, 27*, 975-986.

Poole, D. A., & White, L. T. (1993). Two years later: Effects of question repetition and retention interval on the eyewitness testimony of children and adults. *Developmental Psychology, 29*, 844-853.

Powell, M. B., Jones, C. H., & Campbell, C. (2003). A comparison of preschoolers' recall of experienced versus non-experienced events across multiple interviews. *Applied Cognitive Psychology, 17*, 935-952.

Powell, M., Roberts, K., & Guadagno, B. (2007). Particularisation of child abuse offences: Common problems when questioning child witnesses. *Current Issues in Criminal Justice, 19*, 64-74.

Principe, G. F., & Ceci, S. J. (2002). 'I saw it with my own ears': The effects of peer conversations on preschoolers' reports of nonexperienced events. *Journal of Experimental Child Psychology, 83*, 1-25.

Robinson, J., & McGuire, J. (2006). Suggestibility and children with mild learning disabilities: The use of the cognitive interview. *Psychology, Crime & Law, 12*, 537-556.

Sattler, J. (1998). *Clinical and Forensic Interviewing of Children and Families*. San Diego, CA: Jerome M. Sattler Publishing.

Saywitz, K. J., Geiselman, R. E., & Bornstein, G. K. (1992). Effects of cognitive interviewing and practice on children's recall performance. *Journal of Applied Psychology, 77*, 744-756.

Scottish Executive (2003). *Guidance Interviewing Child Witnesses and Victims in Scotland*. Edinburgh: Scottish Executive.

Scottish Executive (2011). *Guidance on Joint Investigative Interviewing of Child Witnesses in Scotland*. Edinburgh: Scottish Executive.

Sternberg, K. J., Lamb, M. E., Davies, G. M., & Westcott, H. L. (2001). The Memorandum of good practice: Theory versus application. *Child Abuse and Neglect, 25*, 669-681.

Tulving, E., & Thomson, D. M. (1973). Encoding specificity and retrieval processes in episodic memory. *Psychological Review, 80*, 359-380.

Westera, N. J., Kebbell, M. R., & Milne, R. (2011). Interviewing rape complainants: Police officers' perceptions of interview format and quality of evidence. *Applied Cognitive Psychology, 25*, 917-926.

Wickens, D. (1970). Encoding categories of words: An empirical approach to meaning. *Psychological Review, 77*, 1-15.

Wright, A. M., & Holliday, R. E. (2007). Interviewing cognitively impaired older adults: How useful is a cognitive interview? *Memory, 15*, 17-33.


## Chapter 11

Bettenay, C. (2010). Memory under cross-examination of children with and without intellectual disabilities. Unpublished doctoral dissertation, London South Bank University.

Carlucci, M. E., Kieckhaefer, J. M., Schwartz, S. L., Villalba, D. K., & Wright, D. B. (2011). The South Beach Study: Bystanders' memories are more malleable. *Applied Cognitive Psychology, 25*, 562-566.

Fisher, R. P., Geiselman, R. E., Raymond, D. S., Jurkevich, L. M., & Warhaftig, M. L. (1987). Enhancing enhanced eyewitness memory: Refining the cognitive interview. *Journal of Police Science and Administration, 15*, 291-297.

Gabbert, F., Hope, L., & Fisher, R. P. (2009). Protecting eyewitness evidence: Examining the efficacy of a Self-Administered Interview tool. *Law & Human Behavior, 33*, 298-307.

Gabbert, F., Hope, L., Fisher, R. P., & Jamieson, K. (2012). Protecting against susceptibility to misinformation with the use of a Self-Administered Interview. *Applied Cognitive Psychology*, doi: 10.1002/acp.2828.

Kebbell, M. R., Hatton, C., & Johnson, S. D. (2004). Witnesses with intellectual disabilities in court: What questions are asked and what influence do they have? *Legal and Criminological Psychology*, *9*, 23-35.

Kebbell, M. R., Hatton, C., Johnson, S. D., & O'Kelly, C. M. E. (2001). People with learning disabilities as witnesses in court: What questions should lawyers ask? *British Journal of Learning Disabilities*, *29*(3), 98-102.

O'Kelly, C. M. E., Kebbell, M. R., Hatton, C., & Johnson, S. D. (2003). Judicial intervention in court cases involving witnesses with and without learning disabilities. *Legal and Criminological Psychology*, *8*, 229-240.

Pigot, T. (1989). *Report of the Advisory Group on Video-Recorded Evidence*. Chairman His Honour Judge Thomas Pigot, QC; London: Home Office, 1989.

Spencer, J. R. (2011). Evidence and cross-examination. In M. E. Lamb, D. J. La Rooy, L. C. Malloy, & C. Katz (Eds), *Children's Testimony: A Handbook of Psychological Research and Forensic Practice* (pp. 285-307). Oxford: Wiley-Blackwell.

Zajac, R., & Hayne, H. (2003). I don't think that's what really happened: The effect of cross-examination on the accuracy of children's reports. *Journal of Experimental Psychology: Applied*, *9*, 187-195.

# 索 引

■あ■

IQ　　057, 104, 146-152, 158, 165-168
IQと迎合性　　057-059
愛着スタイル　　101, 102
悪魔崇拝的なカルトの虐待　　122
アッシュの同調実験　　017
アルファ戦略　　185

イエス・バイアス（yes-saying）　　160
一次性の被誘導性　　004-006
偽りの記憶　　031-045
偽りの自伝的記憶　　125, 133
偽りのフィードバック　　129-132

ヴァレンドンクの研究　　013, 014
ウェクスラー記憶検査（WMS）　　104, 105, 175
ウェクスラー式知能検査（WAIS）　　057
ウェクスラー式知能検査短縮版（WASI）　　058

影響力の武器　　180
エイリアンによる誘拐　　122, 123
NICHDプロトコル　　014, 208, 217-225, 233
NICHDプロトコルの段階　　220
エピソード記憶　　170, 200
エピソード記憶の訓練　　221
エピソード記憶の障害　　166

オープン質問（形式）　　099, 148, 151, 159, 211, 218-225
オメガ戦略　　185

■か■

回復した記憶（recovered memory）　　115-134, 230
かい離　　117, 118, 203
学習性無力感（learned helplessness）　　188
確信度　　010, 037, 073, 128, 172-176
覚醒　　007, 195, 196, 234
感情価　　136, 145
感情の覚醒　　144, 145, 216,

記憶障害効果（memory impairment effects）　　029, 030
記憶戦争　　218
記憶と被誘導性　　103-108
記憶に対する自信　　060, 112
記憶に対する自信の欠如と被誘導性　　059, 060, 062
記憶の上書き　　026, 027, 029, 084
記憶の錯覚　　125, 133
記憶の同調（memory conformity）　　067-087, 127, 172, 229, 230
記憶の掘り起こし　　119, 120
記憶の歪曲（memory distortion）　　006, 083, 124, 125, 197, 208

記憶不信症候群（memory distrust syndrome：MDS）　059, 062, 112
記憶不信と被誘導性　108-110
記憶力の悪さ　104-109, 158, 159, 162
期待　019, 057, 064, 101, 108, 159, 208, 229
期待を示す質問　013, 014
逆説的な負の感情仮説（Paradoxical Negative Emotional hypothesis：PNE 仮説）　126
虐待の記憶　007, 115-121, 217, 218, 230
逆境（ネガティブ/ライフイベント）　094, 100-102, 111
ギャップを埋める　026, 028, 029, 047, 124, 236
急性の尋問による被誘導性　184-186, 191, 233
急性の尋問による被誘導性の例　180-185
急速眼球運動（rapid eye movement：REM）　123
供述の被誘導性に関するボン検査（Bonn Test of Statement Suggestibility：BTSS）　055
強制された捏造　036-045
共同想起　072-075, 077
虚記憶（false memory）　010, 020, 024, 030-036, 038, 041, 043-045, 120-134
虚偽自白（false confession）　059-063, 100, 101, 108, 121, 182, 184, 187, 194, 195, 208, 233, 237, 238

グッドジョンソン迎合性尺度（Gudjonsson Compliance Scale：GCS）　049, 056-065, 109, 167
GCS の反応歪曲　063-065
グッドジョンソンとクラークのモデル（理論）　054, 057, 061, 098
グッドジョンソン被誘導性尺度（Gudjonsson Suggestibility Scale：GSS）　006, 049-065, 092-111, 148, 150, 152, 160-163, 167, 175, 228, 229
GSS の修正版　054-056
GSS の反応歪曲　063-065
GSS1 のコンピュータ実施版　055
グラウンド・ルール　220, 221
グルコース欠乏　198-202

クローズド質問（形式）　099, 149, 151, 159, 160, 224
迎合（性）　012, 017, 018, 049, 056-065, 100, 102, 150, 167, 196, 229, 238, 239
警告　031-033, 053, 083, 084, 087, 096, 132
言語記憶　151, 152
言語能力と被誘導性　137, 138
高機能の自閉スペクトラム症　165, 166, 168
合理的行動（reasoned action）　188
勾留のプレッシャー　061, 063
高齢化と刑事司法システム　168, 169
高齢者の被誘導性　169-176
高齢の目撃者　168-176, 231
国立小児保健発達研究所（National Institute of Child Health and Human Development：NICHD）→ NICHD プロトコル参照　208
個々の感情（状態）　145, 146
心の理論（theory of mind：TOM）　141-144, 153, 164, 231, 232
心の理論と被誘導性　141-144
誤情報効果　023-046, 148, 170-172, 174
誤情報創出　037
誤情報パラダイム　036, 037, 098, 099, 103, 106, 109, 141, 142, 152, 167, 172, 228, 229
誤信念　115, 116, 120-134, 141
誤信念課題　142
誤誘導質問　098, 138-140, 143, 148, 149, 151, 152, 162, 163, 208, 214, 218, 228-231, 233

■さ■

再構成　015, 016
最小化　188-190
最大化　190
再認　025, 027, 029, 031-034, 042, 071, 106, 110, 123-125, 166, 171, 174, 219
催眠術　007
催眠と被誘導性　006-008
参加者（目撃者）同士の相互作用　072
三次性の被誘導性　006

自我消耗（ego-depletion）　191-193
時間的な制約のある提案を持った共感的な刑事（sympathetic detective with a time-limited offer）　189
自己記述式面接プロトコル（self-administered interview protocol：SAI）　215, 235, 236
自己効力感（self-efficacy）　146, 188
自己制御の障害　179-233
実行機能　143, 165, 166, 199
自伝的記憶　120, 121, 125, 133, 137, 138, 140
自伝的信念　120, 121
自閉スペクトラム症（Autism Spectrum Disorder：ASD）　152, 164-168, 213, 214, 232
自閉スペクトラム症と刑事司法システム　164, 165
自閉スペクトラム症と被誘導性　165-168
司法面接のガイドライン　219
社会的影響　003, 017, 081, 126, 175
社会的影響の理論　185
社会的に遭遇した事後の誤情報　074
社会的プレッシャー　094, 218
遮断　117-119
修正版再認テスト　027, 029
シュテルンの研究　012, 013
衝撃的な出来事の記憶を用いた方法（crashing memory method）　125, 126, 132
状態－特性不安検査（STAI）　094-096
状態不安　094-096, 097, 151, 153
情緒的苦痛　184, 185, 194-198, 205, 233
焦点化質問　140, 159, 161, 211, 220, 224
情報源記憶（source memory）　174
情報源再認テスト　032-034
情報源特定（情報源帰属）　096, 106
情報源特定課題　106
情報源の誤帰属　034, 076, 084
情報源の混同　035, 039, 045, 084-086
情報源の信ぴょう性　081, 082
情報処理過程のスピード　152
情報的影響　078-082, 086, 087
処理効率性理論　097
信念　031, 033, 040, 056, 061, 079, 082, 085, 120, 123, 128, 141, 145, 187, 219, 230

信念固執　018, 019
尋問に関連した制御の減退（Interrogation-related regulatory deline：IRRD）　185, 194-203
尋問による被誘導性　002, 006, 011, 037, 049-066, 097, 098, 100-102, 167, 175, 184-186, 191, 193, 228, 229, 232
尋問による被誘導性のモデル　020, 053, 102, 147
尋問の影響力に対する脆弱性を高める要因　185
尋問の影響力に抵抗する動機づけ　186, 190
尋問の影響力に抵抗する能力　186, 190, 191
尋問の技術　182, 184
尋問のプレッシャー　002, 054, 056, 060, 062, 064, 162, 177, 183, 204

睡眠剥奪　185, 194, 197, 198
睡眠麻痺　123
スキーマ（Schema）　015, 016, 124, 167, 168
ストレスが誘発した自白　187

生活年齢　147-150, 152
脆弱な目撃者　101, 212, 214, 238, 239
脆弱な目撃者に対する認知面接の適用　212-215
精神年齢　136, 147-150, 154, 231
精緻化　040, 124, 221
説得に抵抗する能力　191
説明役割仮説（explanatoory role hypothesis）　040-046
選択肢提示質問　161

ソースモニタリング　035, 045, 086, 111, 142, 143, 166, 170, 171, 215, 223
ソースモニタリング課題　085
ソースモニタリングの誤り　034, 035, 077, 084-087, 089, 094
ソースモニタリング・フレームワーク　034-036, 046, 084

■た■

他者の記憶の質に関する知覚　079
他者の記憶への信頼　080

遅延の被誘導性（delayed suggestibility）　068, 091-095, 097-099, 102, 103, 105-108, 110-112
知的障害（intellectual disability：ID）　158-164, 176, 177, 183, 213, 230-232, 237-239
知的障害児　136, 146-154, 231
知的障害児に対する反対尋問　153
知的障害者（児）の被誘導性　146-153, 161-164
知的障害と刑事司法システム　158
知的障害を有する目撃者の事例　238, 239
注意　011, 012, 016, 017, 164, 197, 234
注意欠陥多動性障害（Attention deficit hyperactivity disorder：ADHD）　062, 109
注意の障害　158, 164, 165, 169
注意の制御　192, 200
聴取による被誘導性　002, 005, 006, 024, 036, 068, 225, 228, 229, 232
直後の被誘導性（immediate suggestibility）　092-095, 099, 102, 103, 105-108, 110, 111, 112

動機づけの障害　187
同調の規範的動機づけ　077, 086
同調の情報的動機づけ　077, 078, 086, 088
同調の方向性　073
特性不安　094-096, 187
トラウマ記憶　117, 119
取調べにおける被誘導性　010-014, 227

■な■

内面化型虚偽自白　059, 061
ナラティブ（自由な語り）　013, 075, 163, 173, 209, 219
ナラティブの訓練　140, 221, 231
ナラティブの能力　137-140, 232

二次性の被誘導性　004, 006, 019
二重課題消耗パラダイム（dual-task depletion paradigm）　193, 196, 199, 200
認知的評価理論（cognitive appraisal theories）　145
認知的不協和理論（cognitive dissonance theory）　018
認知面接（cognitive interview：CI）　208-217, 225, 233, 235
認知面接の効果に関するメタ分析　211, 212

ネガティブな感情を伴う出来事　144
ネガティブ・ライフイベント（逆境）と被誘導性　094, 100-102, 111

ノー・バイアス（nay-saying）　160

■は■

バートレットの研究　015, 016
バイアスをかける面接　149, 152
はい・いいえ質問　149, 151, 161, 237
発達障害　213
発問技術　014

被疑者取調べにおける被誘導性　179-206
非言語記憶　151
否定的なフィードバック　002, 052, 053, 093, 095, 097, 099, 100, 102, 104, 108, 111, 167, 175, 228, 229, 237
ビデオ被誘導性尺度（Video Suggestibility Scale：VSS）　054, 143
ビネーの研究　010-012
被誘導性とIQとの関連　146-152, 158-164
被誘導性と記憶　015-017
被誘導性と迎合性と虚偽自白　060-063
被誘導性と自尊心　098-100
被誘導性とナラティブの能力　137-140
被誘導性と不安　094-098
被誘導性の定義　003
被誘導性の防御要因　236, 237

不確かさ　053, 057, 159
プレッシャー　031, 037, 038, 042, 121, 139,

索引　289

143, 218, 221, 228, 234
プレッシャーをかける面接　　183

防護効果　　214, 215
法廷尋問　　238, 239

■ま■

慢性の自己制御のリソース　　192

ミュンスターバーグの研究　　008-010
ミルグラムの服従実験　　017, 018, 056

メタ認知　　133, 134, 230
面接の練習　　220, 221

目撃者同士の影響　　071
目撃者同士の話し合い／他の目撃者との話し合い
　　068-076, 083-086, 088, 127, 173, 229, 234, 235
目撃証言　　008, 009, 012, 014, 021, 025, 037, 045-047, 069, 071, 087, 089, 125, 127, 169, 170, 227
黙従（acquiescence）　　058, 059, 093, 159-160, 162, 221, 224

■や■

誘導（暗示）の定義　　003

誘導依存　　124, 125
誘導（的な）技術　　121, 127, 128, 218
誘導（的な）質問　　002, 008, 010, 011, 016, 018, 019, 024, 050-054, 056, 060, 064, 065, 091-093, 097, 100, 102, 103, 108, 142, 146, 147, 152, 161, 163, 208, 214, 222, 228, 229, 231, 234, 236-238
誘導的な心理療法　　116, 230
誘導の影響に対する脆弱性　　176, 230
有能感（コンピテンス）　　099

抑圧　　117, 118, 218
抑制コントロール　　143

■ら■

ライフイベント尺度　　101
ラポール形成　　092, 209, 210, 220, 221

リアクタンス（reactance）　　018, 019, 187-190
リトラクター（retractor，取り消す人）　　121

連合欠陥仮説（Associative Deficit Hypothesis）　　169
連続性のない記憶（discontinuous memories）　　117, 119

ロフタスらの研究　　025, 026

## 執筆者一覧

Anne M. Ridley ［Chapter 1, 5, 11］* … （アン・M・リドリー；ロンドン・サウスバンク大学）

Quin M. Chrobak ［Chapter 2］ ……… （クイン・M・クロバック；ウィスコンシン大学オシュコシュ校）

Maria S. Zaragoza ［Chapter 2］ ……… （マリア・S・サラゴサ；ケント州立大学）

Gisli H. Gudjonsson ［Chapter 3, 5］ … （ギスリー・H・グッドジョンソン；ロンドン大学キングスカレッジ校）

Fiona Gabbert ［Chapter 4, 11］* ……… （フィオナ・ギャバート；ロンドン大学ゴールドスミス校）

Lorraine Hope ［Chapter 4］ …………… （ロレイン・ホープ；ポーツマス大学）

James Ost ［Chapter 6］ ………………… （ジェームズ・オスト；ポーツマス大学）

Kamala London ［Chapter 7］ ………… （カマラ・ロンドン；トレド大学）

Lucy A. Henry ［Chapter 7］ …………… （ルーシー・A・ヘンリー；ロンドン・サウスバンク大学）

Travis Conradt ［Chapter 7］ …………… （トラヴィス・コンラッド；トレド大学）

Ryan Corser ［Chapter 7］ ……………… （ライアン・コーサー；トレド大学）

Katie L. Maras ［Chapter 8］ …………… （ケイティ・L・マラス；ロンドン大学シティ校）

Rachel Wilcock ［Chapter 8］ ………… （レイチェル・ウィルコック；ロンドン・サウスバンク大学）

Deborah Davis ［Chapter 9］ …………… （デボラ・デイビス；ネバダ大学リノ校）

Richard A. Leo ［Chapter 9］ …………… （リチャード・A・レオ；サンフランシスコ大学法科大学院）

David J. La Rooy ［Chapter 10, 11］* … （デイビッド・J・ラルーイ；アバーティ・ダンディー大学）

Deirdre Brown ［Chapter 10］ ………… （ディアードレ・ブラウン；ヴィクトリア大学ウェリントン校）

Michael E. Lamb ［Chapter 10］ ……… （マイケル・E・ラム；ケンブリッジ大学）

＊は編者を示す

## 訳者あとがき

　近年，取調べを取り巻く環境は急激な変化を示している。被疑者に対する取調べにおいては，2012年3月に「捜査手法，取調べの高度化プログラム」が発出されて以降，それまで主にオン・ザ・ジョブ・トレーニング（OJT）で伝達されてきた取調べの技術について，心理学的な知見を取り入れた教本「取調べ（基礎編）」（警察庁刑事局刑事企画課，2012年12月）が作成され，それに基づく研修が実施されるようになった。心理学的な知見を取り入れた教本では，真実の供述を得るための効果的な質問方法や，虚偽供述を防止するための方策などの基礎的な技術に触れており，対象者を誘導することなく，対象者の記憶にある体験に関する語りを得ることに焦点が置かれている。

　警察では，2013年5月に警察大学校内に取調べ総合技術研究・研修センターが設置され，全国の警察官に対して，この教本に基づく研修が開始された。検察においても，厚生労働省が行なう虐待防止研修の中でも，心理学的知見を取り入れた研修が行なわれていることから，誘導することなく真実の供述を得るための基礎的な技術は普及しつつある。2019年6月には，裁判員裁判対象事件などで取調べの全過程の録音録画を義務づける改正刑事訴訟法が施行された。これにより，対象者の被誘導性やそれを高める要因に関する認識や，それらに配慮した取調べがなされているかについて，録音録画情報からの検証がより実施されるようになるという可能性がある。誘導的なはたらきかけをしたら必ず人は誘導されてしまうわけではなく，被誘導性に関わる要因は多様で複雑であるが，被誘導性に関する配慮は事実を聞き取るすべての面接者に求められるものになるだろう。そして，心理学の専門家には，被誘導性に関わる要因がそうした複雑な関係にあることをふまえたうえで，対象者の特性を査定し，面接におけるインタラクションを評価し，誘導のリスクについて検討する姿勢が求められるようになるだろう。こうした流れから，捜査の実務に携わる人たちだけでなく，心理学の研究や鑑定に携わる人たちにとっても，本書のテーマ「取調べにおける被誘導性」は多くの関心を寄せるものとなるだろう。

　取調べをめぐるもう一つの潮流として，参考人取調べに関するもの，とりわ

け被害児童に対する聴取面接の問題がある。幼い子どもは聴取において脆弱性の高い対象者であり，対象児童のコミュニケーション能力や発達特性に配慮したうえでの聴取が求められる。現在，日本においては裁判所が認める「司法面接」はまだなく，心理学的な知見をふまえて，あるいは実務の知識に基づいて欧米で開発された手法（代表的なものとして，NICHDプロトコル，チャイルドファーストなどがあるが，本書ではNICHDが紹介されている）を参考とした面接が行なわれているようである。しかしながら，心理学的な知見をふまえた聴取面接の実施状況は，地域差や個人差が大きいのが現状である。2015年には，児童にとっての過度な心身の負担を避け，誘導や暗示の影響を受けやすい児童の供述の信用性に疑義が生じることを避けるため，それぞれの機関が重複した内容の事情聴取を繰り返し行なうのではなく，協同面接（代表者面接）を行なうために，検察，警察，児童相談所の連携を強化するよう法務省，警察庁，厚生労働省のそれぞれにおいて通達が出されている。

2010年以降継続して児童ポルノ排除総合対策が推進されているが，2016年には犯罪対策閣僚会議により「児童の性的搾取等に係る対策の基本計画」が策定され，その中で，児童の性的搾取等事犯に対する捜査能力の向上が掲げられている。また，未だ重大な事案が発生している児童虐待については，2018年には犯罪対策閣僚会議により「児童虐待防止対策の強化に向けた緊急総合対策」が示され，その中で，児童虐待事案にかかる協同面接のさらなる推進が掲げられている。2019年5月には，児童虐待防止対策の強化に向けた法案が可決されており，児童虐待の防止と児童の適切な保護は社会が取り組むべき喫緊の課題となっている。こうした流れの中で，子どもに対する聴取面接者には，被害者となる子どもを適切に保護するため，被害事実について，誘導することなくできるだけ多くの正確な情報を子どもから聴取する技術の向上が広く求められており，日本の文化や法律に適した面接方法の確立のための研究が進められているところである。

訳者らは，科学警察研究所において，取調べ（児童を含む参考人取調べ，被疑者取調べ）の場面における対象者の脆弱性やそれを高める要因，誘導の影響力に抗う要因などについて，それぞれの観点から研究に取り組んでいる者たちである。渡邉は，共訳者の和智や捜査支援研究室のメンバー，ときに精神科医の共同研究者ら（岡田幸之教授（東京医科歯科大学大学院），安藤久美子准教

授（聖マリアンナ医科大学））とともに，対象者の脆弱性への気づきを高めるために警察の面接場面の初期に知的障害者である可能性をスクリーニングする方法に関する研究に取り組んでいる。また，和智とともに対象者の脆弱性を測定するためのグッドジョンソン被誘導性尺度（GSS）やグッドジョンソン迎合性尺度（GCS）の研修を受け，GSS 日本語版や GCS 日本語版を作成し，その妥当性を検討する研究に取り組んでいる。和智は，博士論文において取調べをテーマとしてその専門性を高め，捜査支援研究室のメンバーとともに，より適正な取調べ手法に関する体系化を目指した研究に取り組んでいる。全国の取調べ官や受刑者を対象とした調査や，一般の人たちを対象とした実験に取り組み，本当のことを話してもらうために効果的な取調べの手法を明らかにするための多くの論文を発表している。また，裁判員となりうる国民がどのように取調べを評価するかを検討したり，対象者を誘導した後に行なわれる警告が誘導の影響力を減弱するかについての論文を執筆し，供述の信ぴょう性を判断する方法についても研究を進めるなど，多角的に取調べに関する問題に取り組んでいる。上記 2 名は，捜査支援研究室のメンバーとともに，警察大学校取調べ総合技術研究・研修センターの教授を兼務しており，幹部警察官に対する研修や検察官を対象とした研修にも従事している。久原は，少年研究室のメンバーとともに，幼い子どもに対する効果的な面接方法を明らかにすることを目指して，調査や実験に取り組んでいる。また，その中で，対象児童の被誘導性を測定するためのボン検査（BTSS）の日本語版（ボン検査（BTSS）については本書の中で紹介されている）を作成し，その妥当性や被誘導性と関連する認知的な要因および心理社会的な要因を検討している。久原が所属する少年研究室では，主に警察官を対象として，幼い子どもから被害事実を聴取する面接技術を習得させるための研修にも取り組んでいる。訳者 3 名はいずれも，司法実務における面接に関する評価や助言をすることにも取り組んでおり，対象者の被誘導性の測定と，対象者の被誘導性の程度に対応した面接時の留意点や配慮についての知見を貪欲に求めていたこともあり，本書を翻訳するのに最適なメンバーがそろったのではないかと考えている。

　これまでに，被誘導性については取調べや面接の成書の中の一部で語られることが多かったが，ここまで被誘導性のみに焦点を置いたものはなかった。編

著者のリドリーの序文にもあるが，本書には国際的に知られた執筆者が名をそろえており，歴史的には古くに提案された被誘導性の概念から，事後情報効果や尋問による被誘導性，対象者の特性と被誘導性といった，近年において司法の中で重要となるテーマについて最新の知見をふまえた議論が行なわれており，訳者のわれわれにとっても非常に興味深く，参考となるものであった。訳者たちは，この成書を日本語として翻訳することを通して，学びを深めるとともに，国内の研究者や学生，実務家の人たちにもまとまった知見を紹介したいという思いに駆られたのである。

　翻訳においては，被誘導性に関する初学者でもわかりやすい文章を目指したつもりである。また，訳語の選出には，これまでの研究経験や研究者間での議論をふまえたつもりであるが，最終的には監訳者である渡邉が判断を行なった。そのため，不適切だと思われる訳語や文章があった場合には，すべて監訳者の責任である。本書のタイトルにもある suggestibility という言葉には，被暗示性という訳語もあるが，暗示された情報に誘導される傾向を意味することから，被誘導性という訳語のほうが適切ではないかという議論から，われわれは被誘導性という言葉を用いている。

　多忙な業務の合間を縫って翻訳を行ない，相互に確認をとるかたちで進めたため，本書の出版までには当初の計画よりもずっと時間がかかってしまった。その間，私たちを励まし続けてくれた北大路書房の奥野浩之氏に厚く感謝申し上げる。

　本書が，面接場面における対象者の脆弱性に関する研究に興味・関心をもつきっかけや，司法場面における対象者の被誘導性についての理解を深めるきっかけとなれば幸いである。本書は心理学の専門家が執筆したものであるが，心理学の研究者や学生に限らず，司法における面接に関わるあらゆる領域の専門家や実務家にとっても有用な知識がつまった本であるので，是非参考にしていただきたいと考えている。

　訳者の3名は，それぞれ所属の同僚たちとともに，今後も面接場面における対象者の被誘導性に関する研究やそれに近接する領域の研究を進めていくつもりである。訳者たちの今後の研究成果についても関心をもっていただけたら幸いである。

　　　　　2019年6月　　訳者を代表して　渡邉和美（科学警察研究所）

# 訳者一覧

**渡邉 和美**（わたなべ・かずみ）……………………［監訳, 第1章, 第3章, 第6章, 第8章］

科学警察研究所犯罪行動科学部付主任研究官，警察大学校取調べ総合技術研究・研修センター教授（兼務）　博士（医学），公認心理師，臨床心理士
1990年　学習院大学文学部心理学科卒
2007年　東京医科歯科大学大学院博士課程医歯学総合研究科（社会精神保健学）修了

【本書と関連する主な著書・論文】
渡邉和美（2016）体験した事実を聴き取るための面接技術，法と心理学，16(1), 43-51.
渡邉和美（2017）取調べを取り巻く課題『テキスト　司法・犯罪心理学』北大路書房　pp.466-490.
渡邉和美（2017）被害事実と供述：被害者供述の取得とその評価『捜査と弁護』岩波書店　pp.76-98.
Wachi, T. & Watanabe, K. (2015) Current practice in Japanese interrogation. In D. Walsh., G. E. Oxburgh., A. D. Redlich & T. Myklebust (Eds.) (2015) *International developments and practices in investigative interviewing and interrogation: volume2 Suspects*. Routledge, pp.56-67.
宮寺貴之・渡邉和美・久原恵理子・小林寿一（2018）警察の事情聴取における被害児童の供述と関連する要因　心理学研究，89(5), 469-478.


**和智 妙子**（わち・たえこ）……………………［第2章, 第5章, 第10章, 第11章］

科学警察研究所犯罪行動科学部捜査支援研究室主任研究官，警察大学校取調べ総合技術研究・研修センター教授（兼務）　Ph.D., 公認心理師
1995年　東京大学教育学部教育心理学コース卒
2001年　東京大学大学院教育学研究科教育心理学コース修士課程修了
2003年　英国ケンブリッジ大学大学院犯罪学研究所修士課程修了
2009年　英国オックスフォード大学大学院犯罪学研究センター修士課程修了
2014年　英国ケンブリッジ大学大学院心理学部博士課程修了

【本書と関連する主な著書・論文】
Wachi, T., Watanabe, K., Yokota, K., Otsuka, Y., & Lamb, M. E. (2016) Japanese interrogation techniques from prisoners' perspectives. *Criminal justice and behavior*, 43(5), 617-634.
Wachi, T., Watanabe, K., Yokota, K., Otsuka, Y., & Lamb, M. E. (2016) The relationship between police officers' personalities and interviewing styles. *Personality and Individual Differences*, 97,

151-156.

和智妙子・渡邉和美・横田賀英子・大塚祐輔・Lamb Michael. E.（2016）受刑者の自白理由と取調べの手法　心理学研究, 87(6), 611-621.

Wachi, T., Kuraishi, H., Watanabe, K., Otsuka, Y., Yokota, K., & Lamb, M. E. (2018) Effects of rapport building on confessions in an experimental paradigm. *Psychology, Public Policy, and Law*, 24(1), 36-47.

Wachi, T., Watanabe, K., Yokota, K., Otsuka, Y., & Hirama, K. (2019) Comparison between Japanese online and standard administrations of the Gudjonsson Suggestibility Scale 2 and effects of post-warning. *Legal and Criminological Psychology*, 24(1), 71-86.

Wachi, T., Watanabe, K., Yokota, K., Otsuka, Y., & Hirama, K. (2019). The immediate and delayed suggestibility examined by the online version of the Gudjonsson Suggestibility Scale 2. *Personality and Individual Differences*, 146, 20-25.


## 久原 恵理子（くはら・えりこ）　　［第4章，第7章，第9章］

科学警察研究所犯罪行動科学部少年研究室主任研究官　　修士（教育学），臨床心理士
2004年　お茶の水女子大学生活科学部人間生活学科発達臨床学コース卒業
2006年　東京大学大学院教育学研究科臨床心理学コース修士課程修了

【本書と関連する主な著書・論文】

久原恵理子・宮寺貴之・藤原佑貴・小林寿一（2016）非行少年の指導に対して教師が抱くイメージの特徴について：態度や共感性との関連から　犯罪心理学研究, 53(2), 43-57.

久原恵理子・宮寺貴之・藤原佑貴（2017）児童の被誘導性と関連する要因について　犯罪心理学研究, 55（特別号), 202-203.

藤原佑貴・宮寺貴之・久原恵理子・小林寿一（2017）面接の導入段階における質問方法が児童の話す情報に与える影響　心理学研究, 88(1), 11-20.

宮寺貴之・渡邉和美・久原恵理子・小林寿一（2018）警察の事情聴取における被害児童の供述と関連する要因　心理学研究, 89(5), 469-478.

# 取調べにおける被誘導性
―― 心理学的研究と司法への示唆 ――

| | |
|---|---|
| 2019 年 8 月 10 日 | 初版第 1 刷印刷 |
| 2019 年 8 月 20 日 | 初版第 1 刷発行 |

定価はカバーに表示してあります。

編　　者　　アン・M・リドリー
　　　　　　フィオナ・ギャバート
　　　　　　デイビッド・J・ラルーイ

監訳者　　渡邉　和美
訳　　者　　和智　妙子
　　　　　　久原恵理子

発行所　　（株）北大路書房
　　　　　〒603-8303
　　　　　京都市北区紫野十二坊町 12-8
　　　　　電話 （075）431-0361（代）
　　　　　FAX （075）431-9393
　　　　　振替 01050-4-2083

編集・デザイン・装丁　上瀬奈緒子（綴水社）
印刷・製本　（株）太洋社

©2019　ISBN978-4-7628-3073-0　Printed in Japan
検印省略　落丁・乱丁本はお取り替えいたします

・ JCOPY 〈(社)出版者著作権管理機構 委託出版物〉
本書の無断複写は著作権法上での例外を除き禁じられています。複写される場合は，そのつど事前に，(社)出版者著作権管理機構（電話 03-5244-5088, FAX 03-5244-5089, e-mail: info@jcopy.or.jp）の許諾を得てください。